现代汽车新技术解析

第2版

崔胜民　编著

化学工业出版社
·北京·

内容简介

本书重点讲解了汽车发动机技术、汽车底盘技术、汽车安全控制技术、汽车电动化技术和汽车智能网联技术。这些技术既有燃油汽车的技术，也有新能源汽车的技术；既有已经应用的技术，也有处于研发的技术。这些技术代表了汽车未来的发展方向。

本书内容新颖，实例解析，图文并茂，通俗易懂，可作为高等学校车辆工程、汽车服务工程、交通运输等相关专业的教材，也可为从事汽车行业的工程技术人员提供参考，还可供汽车爱好者阅读。

图书在版编目（CIP）数据

现代汽车新技术解析/崔胜民编著.—2版.—北京：化学工业出版社，2021.2（2023.7重印）
ISBN 978-7-122-38120-0

Ⅰ.①现… Ⅱ.①崔… Ⅲ.①汽车-高技术
Ⅳ.①U46

中国版本图书馆CIP数据核字（2020）第243535号

责任编辑：陈景薇　　　　　　　　　　装帧设计：王晓宇
责任校对：边　涛

出版发行：化学工业出版社（北京市东城区青年湖南街13号　邮政编码100011）
印　　装：涿州市般润文化传播有限公司
710mm×1000mm　1/16　印张18½　字数355千字　2023年7月北京第2版第5次印刷

购书咨询：010-64518888　　　　　　　售后服务：010-64518899
网　　址：http://www.cip.com.cn
凡购买本书，如有缺损质量问题，本社销售中心负责调换。

定　　价：69.00元　　　　　　　　　　　　　　　版权所有　违者必究

第 2 版前言

目前,世界汽车保有量已达到 12 亿辆,预计到 2030 年将突破 20 亿辆。随着汽车保有量的大幅度增加,也带来了能源消耗过度、环境污染、交通拥堵、事故频发等严重的社会问题。如何从新技术角度解决汽车带来的社会问题,以及未来汽车的发展趋势是什么,这些都是人们急于了解的。另外,为了解决汽车所带来的社会问题,世界各国都通过制定严格的汽车标准和法规,促进汽车技术的提高。可以说,汽车标准和法规促进了汽车新技术的发展,是解决汽车能源消耗过度、环境污染、交通拥堵、事故频发的重要手段。

节能、环保、安全是汽车工业永恒的主题,电动化、智能化、网联化是汽车的新发展方向。围绕汽车工业永恒的主题和汽车的新发展方向,不断推出各种新的汽车技术,这些新技术将促进汽车转型升级,向智能网联汽车和无人驾驶汽车方向发展;同时,降低汽车的燃料消耗和废气排放,提高安全性,缓解交通拥堵。

全书共分五章:第一章介绍了汽车发动机技术,包括汽油机和柴油机的燃油喷射技术,发动机的燃烧、增压、可变气门正时、可变压缩比、可变气缸和自动启停技术,以及汽油机和柴油机的排放处理技术;第二章介绍了汽车底盘技术,包括传动系统技术、行驶系统技术、转向系统技术和制动系统技术;第三章介绍了汽车安全控制技术,包括汽车防抱死制动系统、汽车电子制动力分配系统、汽车驱动防滑系统、汽车电子稳定控制系统、轮胎气压监测系统、汽车自适应巡航控制系统、汽车自动紧急制动系统、车道偏离报警系统、车道保持辅助系统、汽车夜视辅助系统、汽车自适应前照明系统、汽车平视显示系统、驾驶员疲劳预警系统、汽车并线辅助系统和自动泊车辅助系统;第四章介绍了汽车电动化技术,包括纯电动汽车技术、混合动力电动汽车技术和燃料电池电动汽车技术;第五章介绍了汽车智能网联技术,包括智能传感器技术、网络系统技术、V2X 通信技术、导航定位技术、车路协同控制技术、无人驾驶汽车路径规划技术和无人驾驶汽车自主循迹控制技术。

汽车技术在不断进步，本书第 1 版于 2016 年出版，销量较好，第 2 版在第 1 版的基础上作了改进，增加了更为先进的新技术及应用实例。

由于笔者学识有限，书中不足之处在所难免，恳盼读者给予指正。

编著者

目录 CONTENTS

第一章　汽车发动机技术

第一节　发动机结构与原理 ………………………………………… 1
第二节　汽油机燃油喷射技术 ……………………………………… 9
第三节　柴油机燃油喷射技术 ……………………………………… 15
第四节　发动机燃烧技术 …………………………………………… 17
第五节　发动机增压技术 …………………………………………… 21
第六节　发动机可变气门正时技术 ………………………………… 27
第七节　发动机可变压缩比技术 …………………………………… 32
第八节　发动机可变气缸技术 ……………………………………… 34
第九节　发动机自动启停技术 ……………………………………… 37
第十节　汽油机排气后处理技术 …………………………………… 38
第十一节　柴油机排气后处理技术 ………………………………… 40

第二章　汽车底盘技术

第一节　传动系统技术 ……………………………………………… 51
第二节　行驶系统技术 ……………………………………………… 65
第三节　转向系统技术 ……………………………………………… 79
第四节　制动系统技术 ……………………………………………… 84

第三章　汽车安全控制技术

第一节　汽车防抱死制动系统 ……………………………………… 93
第二节　汽车电子制动力分配系统 ………………………………… 99
第三节　汽车驱动防滑系统 ………………………………………… 102
第四节　汽车电子稳定控制系统 …………………………………… 108
第五节　轮胎气压监测系统 ………………………………………… 113
第六节　汽车自适应巡航控制系统 ………………………………… 117
第七节　汽车自动紧急制动系统 …………………………………… 123
第八节　车道偏离报警系统 ………………………………………… 129
第九节　车道保持辅助系统 ………………………………………… 132
第十节　汽车夜视辅助系统 ………………………………………… 135
第十一节　汽车自适应前照明系统 ………………………………… 141

目录 CONTENTS

第十二节　汽车平视显示系统 …………………………………………… 147
第十三节　驾驶员疲劳预警系统 ………………………………………… 153
第十四节　汽车并线辅助系统 …………………………………………… 158
第十五节　自动泊车辅助系统 …………………………………………… 161

第四章　汽车电动化技术

第一节　纯电动汽车技术 ………………………………………………… 167
第二节　混合动力电动汽车技术 ………………………………………… 198
第三节　燃料电池电动汽车技术 ………………………………………… 214

第五章　汽车智能网联技术　218

第一节　智能传感器技术 ………………………………………………… 218
第二节　网络系统技术 …………………………………………………… 237
第三节　V2X通信技术 …………………………………………………… 247
第四节　导航定位技术 …………………………………………………… 252
第五节　车路协同控制技术 ……………………………………………… 261
第六节　无人驾驶汽车路径规划技术 …………………………………… 270
第七节　无人驾驶汽车自主循迹控制技术 ……………………………… 276

参考文献　290

第一章
汽车发动机技术

发动机是为汽车提供动力的装置，是汽车的心脏，决定着汽车的动力性、经济性、稳定性和环保性。现今汽车发动机技术突飞猛进，很多厂商都拥有自己的独特技术，例如可变气门正时、可变压缩比、可变气缸等，这些技术均可实现对发动机性能提升的目的。

第一节　发动机结构与原理

一、发动机基本组成

汽油发动机主要由两大机构和五大系统组成，即曲柄连杆机构、配气机构、燃料供给系统、润滑系统、冷却系统、点火系统和启动系统。

1. 曲柄连杆机构

曲柄连杆机构由机体组、活塞连杆组和曲轴飞轮组等组成，如图1-1所示。曲柄连杆机构的功用是将燃油燃烧时的热能转变为活塞往复运动的机械能，再转变为曲轴的转矩，从而对外输出动力。

2. 配气机构

配气机构由气门组和气门传动组组成，如图1-2所示。配气机构的功用是根据发动机的工作顺序和工作过程，定时开启和关闭进气门和排气门，使可燃混合气或空气进入气缸，并使废气从气缸内排出，实现换气过程。

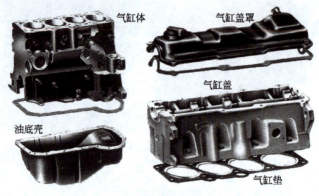

(a) 机体组

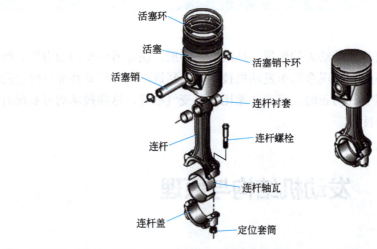

(b) 活塞连杆组

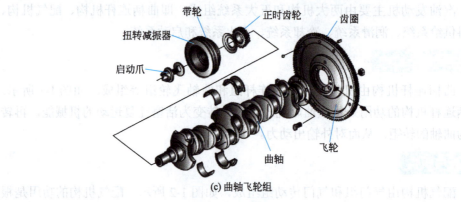

(c) 曲轴飞轮组

图 1-1　曲柄连杆机构

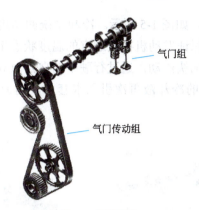

图 1-2 配气机构

3. 燃料供给系统

汽油机燃料供给系统主要由空气供给系统、汽油供给系统和电子控制系统三大部分组成，如图 1-3 所示。汽油机燃料供给系统的功用是根据发动机的要求，配制出一定数量和浓度的混合气，供入气缸，并将燃烧后的废气从气缸内排出到大气中。

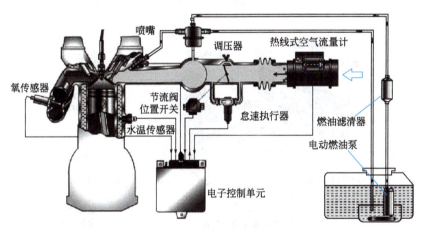

图 1-3 汽油机燃料供给系统

4. 润滑系统

润滑系统通常由润滑油道、机油泵和机油滤清器等组成，如图 1-4 所示。润滑系统的功用是向做相对运动的零件表面输送定量的清洁润滑油，以实现液体摩擦，减小摩擦阻力，减轻机件的磨损，并对零件表面进行清洗和冷却。

5. 冷却系统

水冷发动机的冷却系统通常由气缸体水套、水泵、电动风扇、冷却液膨胀箱、节温器、散热器等组成,如图1-5所示。冷却系统的功用是将受热零件吸收的部分热量及时散发出去,保证发动机在最适宜的温度状态下工作;通过水泵使环绕在气缸水套中的冷却液加快流动,通过行驶中的自然风和电动风扇,使冷却液在散热器中冷却,冷却后的冷却液再次引入水套中,周而复始,实现对发动机的冷却。

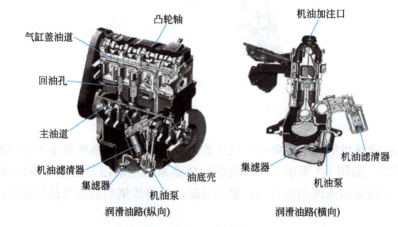

图1-4 润滑系统

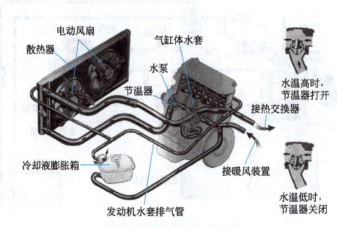

图1-5 水冷发动机的冷却系统

6. 点火系统

点火系统通常由蓄电池、分电器、点火线圈、点火器和火花塞等组成,如图1-6所示。在汽油机中,点火系统的作用是根据发动机的工作状态,按照发动机的工作顺序,在合适的时刻供给火花塞以足够能量的高压电,使其电极间产生火花,确保能点燃混合气,使发动机做功。

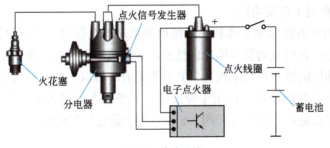

图 1-6 点火系统

7. 启动系统

启动系统主要由启动电源（蓄电池）、起动机和点火开关组成，如图 1-7 所示。要使发动机由静止状态过渡到工作状态，必须先用外力转动发动机的曲轴，使活塞做往复运动，气缸内的可燃混合气燃烧膨胀做功，推动活塞向下运动使曲轴旋转，发动机才能自行运转，工作循环才能自动进行。因此，曲轴在外力作用下开始转动到发动机开始自动地怠速运转的全过程，称为发动机的启动。完成启动过程所需的装置，称为发动机的启动系统。

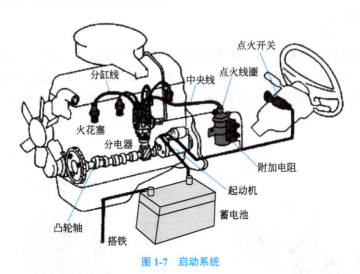

图 1-7 启动系统

二、发动机结构形式

根据发动机气缸排列方式，发动机分为直列发动机、V 型发动机、W 型发动机和水平对置发动机。

1. 直列发动机

直列发动机的所有气缸均按同一角度肩并肩排成一个平面，一般用缩写 L 表示，L4代表直列4缸发动机。

直列发动机的优点是缸体和曲轴结构简单，而且使用一个气缸盖，制造成本低，尺寸紧凑；直列发动机性能稳定性高，低速转矩特性好，燃料消耗也较少。

直列发动机的缺点是功率较低，并且不适合6缸以上的发动机采用。

直列发动机在国产车中应用十分广泛，几乎所有中档以下国产车及采用4缸发动机的车型都是直列发动机。图1-8所示为一款直列发动机。

图1-8 直列发动机

2. V型发动机

V型发动机就是将所有气缸分成两组，把相邻气缸以一定夹角布置一起（左右两列气缸中心线的夹角小于180°），使两组气缸形成一个夹角的平面，从侧面看气缸呈V字形（通常的夹角为60°），故称V型发动机。图1-9所示为一款V型发动机。

图1-9 V型发动机

V型发动机的优点是高度和长度尺寸小，在汽车上布置较方便；气缸之间相互错开布置，便于通过扩大气缸直径来提高排量和功率，并且适合较多的气缸数。

V型发动机的缺点是必须使用两个气缸盖，结构较为复杂，成本较高；宽度加大后，发动机两侧空间较小，不易再安放其他装置。

3. W型发动机

W型发动机是德国大众专属发动机技术。W型发动机的气缸排列形式是由两个小V形组成一个大V形，两组V型发动机共用一根曲轴。W型发动机有W8、W12和W16三种。图1-10所示是一款W12型发动机，由12个气缸构成，分两个单元，每个单元又都是一个独立的V6。

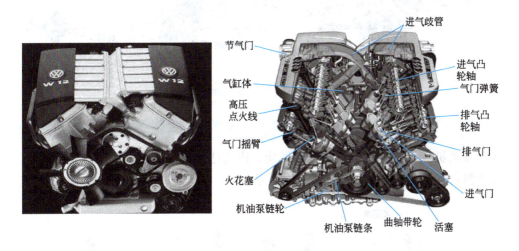

图1-10　W12型发动机

W型与V型发动机相比可将发动机做得更短些，曲轴也可短些，这样就能节省发动机占用的空间，同时重量也可以轻些，但它的宽度更大，使发动机室更满。

W型发动机往往都是12缸以上，是目前造价最高的一种发动机，构造十分复杂，有很高的空间利用率。比如，奥迪A8L配用的6.3L W12发动机和大众辉腾配用的6.0L W12发动机。但由于专利的原因，这种发动机只在大众和奥迪等少量车上可以见到，在欧版大众高尔夫、欧版大众帕萨特以及奥迪A8上，也曾分别装备W6、W8和W12发动机。

4. 水平对置发动机

水平对置发动机是指发动机活塞平均分布在曲轴两侧，在水平方向上左右运动。图1-11所示为一款水平对置发动机。

水平对置发动机的优点是发动机的整体高度降低，长度缩短，整车的重心降低，汽车行驶更加平稳，发动机安装在整车的中心线上，两侧活塞产生的力矩相互抵消，大大降低了汽车在行驶中的振动，使发动机转速得到很大提升，噪声减少。水平对置发动机应用比较少，家用车市场更是比重小一些，比如斯巴鲁旗下的车型会用到水平对置发动机。

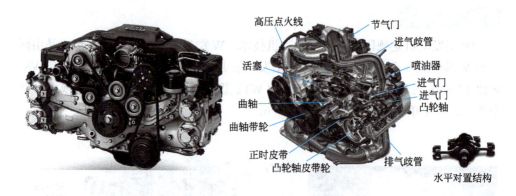

图 1-11　水平对置发动机

三、发动机工作原理

发动机气缸内的进气、压缩、做功、排气这 4 个行程有条不紊地循环运作，发动机就不断地输出动力，如图 1-12 所示。

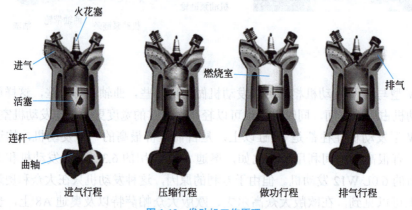

图 1-12　发动机工作原理

（1）进气行程　活塞从气缸内上止点移动至下止点时，进气门打开，排气门关闭，新鲜的空气和汽油混合气被吸入气缸内。

（2）压缩行程　进排气门关闭，活塞从下止点移动至上止点，将混合气体压缩至气缸顶部，以提高混合气的温度，为做功行程做准备。

（3）做功行程　火花塞将压缩的气体点燃，混合气体在气缸内发生"爆炸"

产生巨大压力,将活塞从上止点推至下止点,通过连杆推动曲轴旋转。

(4)排气行程　活塞从下止点移至上止点,此时进气门关闭,排气门打开,将燃烧后的废气通过排气歧管排出气缸外。

汽油机经过进气、压缩、做功、排气 4 个行程,完成一个工作循环。连续不断的工作循环,维持了发动机的连续运转,不断向外输出动力。

第二节　汽油机燃油喷射技术

汽油机燃油喷射技术主要有进气歧管喷射技术、缸内直喷技术和复合喷射技术等,其中进气歧管喷射技术是目前的主流,缸内直喷技术日渐普及,复合喷射是未来发展方向,它们采用的喷射系统都属于电控燃油喷射系统。

一、电控燃油喷射系统

电控燃油喷射系统(Electronic Fuel Injection,EFI)是指在一定的压力下,利用喷油器将一定数量的燃料直接喷入气缸或进气道内的燃油供给装置。电控燃油喷射系统是以电控单元(Electronic Control Unit,ECU)为控制中心,利用安装在发动机不同部位上的各种传感器,检测发动机的各种参数,按照 ECU 中设定的控制程序,通过喷油器精确地控制喷油量,使发动机在各种工况下均能获得合适空燃比的混合气。

电控燃油喷射系统目前比较多的应用于汽油发动机和柴油发动机上,即汽油机电控燃油喷射系统和柴油机电控燃油喷射系统,汽油机电控燃油喷射系统发展早于柴油机电控燃油喷射系统,并且取代了化油器式汽油机,广泛应用于乘用车上。

1. 电控燃油喷射系统的组成

汽油机电控燃油喷射系统的组成如图 1-13 所示,它主要由进气系统、燃油供给系统和电控系统等组成。

(1)进气系统　进气系统又称为空气供给系统,其主要作用是为发动机提供、测量和控制燃油燃烧时所需要的空气量。进气系统主要由空气滤清器、空气流量计、节气门、怠速调整螺钉、怠速控制阀、进气总管、进气歧管等组成。空气经空气滤清器过滤后,由空气流量计测量,通过节气门进入进气总管,再分配到各进气歧管。在进气歧管内,从喷油器喷出的燃油与空气混合后形成可燃混合气,被吸入气缸内燃烧。汽车行驶时,空气的流量由加速踏板带动节气门的开度来控制。怠速时,节气门关闭,空气由怠速调整螺钉和怠速控制阀控制的旁通气道通过。

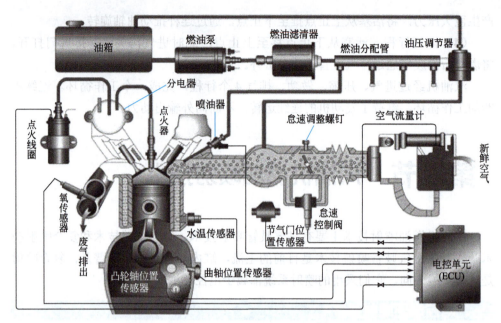

图 1-13　汽油机电控燃油喷射系统

（2）燃油供给系统　燃油供给系统主要是为气缸或进气歧管提供一定压力的高压燃油，现在大部分轿车发动机使用的是多点喷射系统，它的喷射压力为 250～300kPa 时才能保证燃油雾化更均匀，缸内直喷的发动机要求喷油压力更高，才能更好实现燃油的分层燃烧。燃油供给系统一般由油箱、电动燃油泵、燃油滤清器、燃油分配管、油压调节器、喷油器和供油管等组成。电动燃油泵将燃油从油箱中泵出，经燃油滤清器和供油管，将其送到燃油分配管中，由油压调节器加压，经供油管送到各个喷油器中；当 ECU 检测出在某一时刻，该缸的活塞位于排气行程上止点某一位置时，ECU 通过控制喷油器打开时间的长短来控制喷油量的多少；当发动机的运行工况不需要那么多的高压燃油，而电动燃油泵又在不断泵送时，有的发动机上安装有燃油压力调节器，当系统压力高于调节器压力时，它将帮助把燃油系统的油压维持在某一固定值，此时通过与回油管相接的燃油压力调节器的帮助回油到油箱。

（3）电控系统　电控系统要根据发动机实际运行的状态信息，去控制燃油喷射量和点火时刻，尽量将这两项控制在最佳状态，满足发动机运行工况的要求。电控系统由各种传感器、ECU 和执行器组成，其中传感器包括节气门位置传感器、曲轴位置传感器、凸轮轴位置传感器、转速传感器、水温传感器、氧传感器等，其功用是检测发动机运行状态的电量参数、物理参数和化学参数，并将这些参数转换成计算机能够识别的电信号输入 ECU；ECU 是发动机控制系统的核心部件，其功用是接收各种传感器传来的信号后，经过计算确定满足发动机运转状态的燃油喷射量和喷油时间等；执行器包括喷油器、怠速控制阀等，其功用是接收 ECU 输出的各种控制指令完成具体的控制动作，从而使发动机处于最佳工作状态。ECU 通过来自进气歧管压力传感器或空气流量计的信号来计算进气量，根据进气量和转速计算出基本喷油持续时间，供给发动机的汽油量就是由喷油持续时间来控制的；然后进行温度、海拔高度、节气门开度等各种工作参数的修正，得到发动机在这一工况下运行的最佳喷油时间，精确地控制喷油量。

2. 电控燃油喷射系统的特点

与化油器式发动机相比，电控燃油喷射系统发动机具有以下特点。

① 通过安装在发动机上的传感器，正确地检测出发动机的进气量，由 ECU 计算并输出控制指令，精确地对发动机燃烧时所需要的燃油量进行控制；同时，根据发动机本身的工况、负荷、温度等重要参数进行实时修正，精确地控制发动机各种工况下的空燃比，实现发动机的最优控制，在任何工况下都能保证并提高其动力性、经济性和排放性能。

② 提高发动机的加速性能，由于采用了电子控制方式，动态响应速度较快，当汽车工况发生变化时，如在加速期间，空燃比控制系统能够快速响应它的变化要求，能够更有效地消除燃油供给的迟滞现象，保证了发动机的加速性能。

③ 提高燃油经济性，由于采用电子控制手段去控制空燃比，因此在某些工况下，即使混合气的成分较稀，也可以燃烧，这样将会大大减少废气中的有害排放物质，节约能源。

④ 采用进气谐振技术，根据发动机的转速选择进气管的有效长度，利用此技术进一步提升发动机充气效率，进而提高发动机的动力性。

⑤ 结构的设计保证，使发动机的每个气缸都能够获得均匀的混合气，提高发动机的燃烧质量和稳定性，减少废气中的 CO 和 HC 的含量，提高发动机的排气净化程度。

⑥ 进气系统中没有化油器喉管的节流作用，减少了进气系统的阻力损失，充气效率提高。另外，由于汽油电控燃油喷射可以采用较大气门重叠角，有利于废气排出，同样提高发动机的充气效率，以此提高发动机的动力性。

总之，装有电控燃油喷射系统的发动机，与传统的化油器发动机相比，发动机功率可提高 5%～10%，燃油消耗率可降低 5%～15%，汽车有害排放物可很好地得到控制。

二、汽油机进气歧管喷射技术

汽油机进气歧管喷射技术是指喷油器安装在进气歧管上，喷油器把汽油喷入进气歧管中，喷入的汽油和空气在进气歧管中混合，在进气行程被吸入气缸。再利用时间和空间的均质混合，完成可燃混合气的形成，点火燃烧做功。图 1-14 所示为歧管喷射结构。

图 1-14　歧管喷射结构

喷油量的大小主要与喷油嘴内部阀针开启的时间以及油轨内的压力有关，在同等汽油压力的条件下，阀针开启的时间越长，喷射出的汽油量就越多，反之则喷油量变少；如果油轨内的压力升高，则在单位时间内由喷油嘴喷射出的汽油量就会更多。喷油嘴阀针的开启/关闭以及汽油泵的工作状态都由发动机电脑进行调整。

歧管喷射技术成熟，制造和使用成本低，系统具备一定自净能力，是目前发动机燃油喷射技术的主流；缺点是有燃油浪费的现象，在低速时动力输出下降。

三、汽油机缸内直喷技术

缸内直喷（Gasoline Direct Injection，GDI）技术是将高压喷油嘴设置在进排气门之间，直接将燃油喷射在缸内，在气缸内直接与空气混合。ECU 可以根据吸入的空气量精确地控制燃油的喷射量和喷射时间，高压的燃油喷射系统可以使油气的雾化和混合效率更加优异，使符合理论空燃比的混合气体燃烧更加充分，从而降低油耗，提高发动机的动力性能。图 1-15 所示为缸内直喷结构。

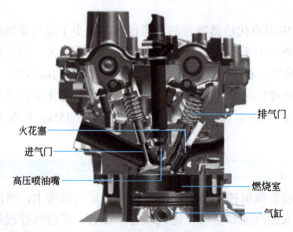

图 1-15　缸内直喷结构

缸内直喷与歧管喷射相比，增加了高压油泵和高压共轨，如图 1-16 所示。

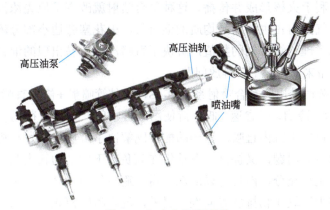

图 1-16　缸内直喷系统结构

缸内直喷技术优点：直喷发动机高压燃油喷入燃烧室，是以细小的雾状进入的，当它蒸发时吸收热量，可冷却气缸；能稀薄燃烧，可提高燃烧效率 20%，提高燃油经济性；进气量比传统发动机多，燃烧充分，减少了 CO 的产生；允许更高的压缩比，发动机功率得以提升。

缸内直喷技术缺点：系统更为复杂，在中小负荷下未燃 HC 排放较多，同时对油品要求较高。

近年来缸内直喷技术被很多的厂商开始采用，包括大众、奥迪、宝马、奔驰、福特、通用、丰田等主流厂商都使用了这种技术。

四、汽油机复合喷射技术

歧管喷射和缸内直喷技术各有优缺点，为了发挥这两种喷射方式的优点，实现更高的燃烧效率和更宽泛的良好动力性，推出了复合喷射技术。复合喷射的基本构思是将发动机每个循环所需的燃油量分为两部分进行喷射：一部分如进气歧管喷射方式，由进气歧管进入缸内，该部分燃油在进气歧管中与空气形成均质稀混合气分布在整个燃烧室内；另外一部分由缸内喷油器直接喷入燃烧室内，该部分燃油将火花塞附近的混合气适当加浓，达到在发动机不同负荷下，实现最理想的空燃比或者过量空气系数。

对于采用复合喷射技术的发动机，在发动机启动工况下，缸内混合气主要是直喷喷油器的燃油和进气管的空气混合，利用涡流的运动进行混合气的传播，可以实现启动迅速，汽油雾化程度较好，不需要像进气歧管喷射汽油发动机一样，大量喷射汽油，导致混合气极浓，HC 的排放增加，利用缸内直喷冷启动产生的未燃 HC 排放可进一步降低。在中等负荷工况，气缸内的混合气由两部分组成：一部分是由进气管进入的优质均质混合气，汽油的雾化和蒸发传播效果好，保证火花塞远端不会发生熄火现象；再由缸内喷油器提供另一部分燃油，形成火花塞处较浓混合气，利于火核形成并传播。这种复合喷射就改变了原先浓混合气占多数的局面，形成气缸内占主体的是均质的混合气，火花塞旁边小部分浓混合气的状态，基本达到了理论混合气的数值，解决了直喷汽油机易出现的混合气局部过浓和局部过稀所带来的未燃 HC 排放问题。

日本丰田公司推出的复合喷射系统 D-4S，即歧管喷射+缸内直喷双喷射系统，如图 1-17 所示。冷启动/怠速/低负荷使用歧管喷射，中等负荷两套喷射系统协调工作，高负荷采用缸内直喷。这样的配合既解决了缸内直喷发动机低转速、低负荷下容易积炭的问题，又提高了发动机在高负荷下的动力输出效率，且歧管喷油可以混合得更加充分，而且可以清洗气道，避免气道、气门积炭及活塞顶部积炭的形成，减少氮氧化物排放等问题；另外，混合喷射模式，可以调配出两种不同浓度的油气混合物，进一步提升燃油利用率。总之，D-4S 喷射系统可以实现动力和转矩的提升，以及良好的燃油经济性。

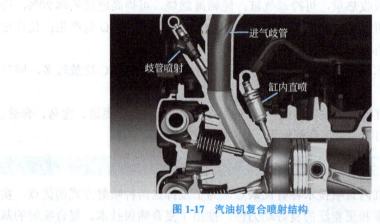

图 1-17　汽油机复合喷射结构

丰田公司开发的复合喷射系统，除了在雷克萨斯部分车型上装备外，在斯巴鲁的 BRZ、丰田 GT-86 等车型上也装备了全新的复合喷射系统——丰田 86 水平对置发动机，如图 1-18 所示。这台 2.0L 水平对置发动机借助丰田最新的复合喷射技术，不依仗任何增压技术，便实现了 147kW 的最大功率，而峰值功率转速更是达到了 7000r/min。

德国大众公司旗下的第 3 代 EA888 发动机也装备了复合喷射系统，如图 1-19 所示。大众新的复合喷射系统不但获得了均衡的高低转速动力性能，同时也降低了排放。当然，双喷射系统加上更高的直喷压力对燃油系统的稳定性也提出了更高的要求。

目前，由于汽油机复合喷射技术复杂和成本高的关系，量产车型装备这项技术的并不算多，并没有得到广泛的应用。可以预见的是，在对于发动机动力性、经济性与排放标准要求越来越高的未来，为了提升汽油机的综合性能，汽油机复合喷射技术一定是未来的发展方向。

图 1-18　丰田 86 复合喷射发动机

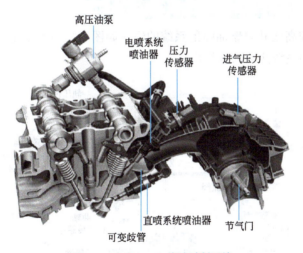

图 1-19　大众 EA888 复合喷射系统

第三节　柴油机燃油喷射技术

现代先进的汽车柴油机一般采用电控喷射、共轨、涡轮增压中冷等技术，在质量、噪声、烟度等方面已取得重大突破，达到了汽油机的水平，而且比汽油机更环保。目前国外轻型汽车使用柴油机日益普遍，奔驰、大众、宝马、雷诺、沃尔沃等欧洲名牌车都有采用柴油发动机的乘用车车型。

柴油机电控高压共轨燃油喷射技术涉及电控、高压、共轨3种技术。

电控是指燃油喷射系统由柴油机ECU控制，ECU对每个喷油器的喷油量、喷油时刻进行精确控制，能使柴油机的燃油经济性和动力性达到最佳的平衡。传统柴油机由机械控制，控制精度无法得到保障。

高压是指喷油系统压力比传统柴油机要高出2倍多，最多能达到200MPa。压力大、雾化好、燃烧充分，从而提高了动力性，最终达到节油的目的。

共轨技术是指在高压油泵、压力传感器和ECU组成的闭环系统中，将喷射压力的产生和喷射过程彼此完全分开的一种供油方式。由高压油泵把高压燃油输送到共轨管，通过对共轨管内的油压实现精确控制，使高压油管压力大小与发动机的转速无关，可以大幅度减小柴油机供油压力随发动机转速的变化，使柴油机运转更加平顺，从而优化柴油机综合性能。传统柴油机由各缸各自喷油，喷油量和压力不一样，运转不均匀，造成燃烧不平稳，噪声大，油耗高。

1. 柴油机电控高压共轨燃油喷射系统的组成与原理

柴油机电控高压共轨燃油喷射系统的组成如图1-20所示，它主要由燃油供给系统和电子控制系统两大部分组成。

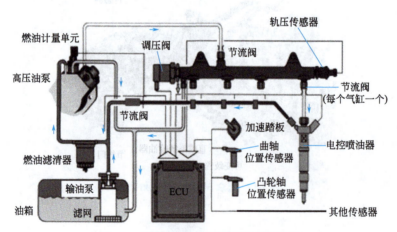

图1-20　柴油机电控高压共轨燃油喷射系统

（1）燃油供给系统　燃油供给系统包括低压供油部分和高压供油部分，低压供油部分主要由油箱、输油泵、燃油滤清器、低压油管等部分组成，其主要作用是向高压油泵输送足够的燃油；高压供油部分主要由高压油泵、调压阀、节流阀、共轨管、电控喷油器、高压油管等组成，其主要作用是向各个电控喷油器输送高压油。

（2）电子控制系统　电子控制系统主要由ECU和相应的传感器、执行器组成，ECU是控制系统的核心，它借助传感器和数据导线获取驾驶员的要求以及柴油机和车辆的实时工况信息，对这些信息按照预设程序进行处理，向执行器发出相应的控制和调节指令，对柴油机的运转进行控制和调节。

输油泵从油箱将燃油泵入高压油泵的进油口，由发动机驱动的高压油泵将燃油增压后送入共轨管内，再由电磁阀控制各缸喷油器在相应时刻喷油。

2. 柴油机电控高压共轨燃油喷射系统的特点

柴油机电控高压共轨燃油喷射系统集计算机技术、现代传感检测技术以及先进的喷油器结构于一身，不仅能达到较高的喷射压力，实现喷油压力和喷油量的控制，而且还能实现预喷射和分段喷射，从而优化喷油特性，节省燃油消耗，降低废气有害物质的排放。柴油机电控高压共轨燃油喷射系统具有以下特点。

① 采用先进的电子控制装置及配有高速电磁开关阀，使得喷油过程的控制十分方便，并且可控参数多，利于柴油机燃烧过程的全程优化。

② 采用共轨方式供油，喷油系统压力波动小，各喷油器间相互影响小，喷射压力控制精度高，喷油量控制准确。

③ 高速电磁开关阀频率高，控制灵活，使得喷油系统的喷射压力可调范围大，可方便实现预喷射等功能，为优化柴油机喷油规律、改善其性能和降低废气排放提供了有效手段。

④ 系统结构移植方便，适用范围广，尤其是与目前的小型、中型和重型柴油机均能很好匹配，因而市场前景广阔。

⑤ 可独立地柔性控制喷油正时，配合高的喷油压力，同时将 NO_x 和微粒控制在较小范围内，以满足排放要求。

综上所述，电控高压共轨燃油喷射技术有助于减少柴油机有害废气的排放量，并且有降低燃油消耗、提高动力输出等方面的综合性能，是柴油机今后重点应用的燃油喷射技术。

第四节　发动机燃烧技术

发动机燃烧技术主要有均质混合气压燃燃烧技术、分层燃烧技术和稀薄燃烧技术等。

一、均质混合气压燃燃烧技术

均质混合气压燃燃烧（Homogeneous Charge Compression Ignition，HCCI）技术是一种新的燃烧方式，它向气缸里面注入比例非常均匀的空气和燃料混合气，通过活塞压缩混合气使之温度升高至一定程度时自行燃烧，如图 1-21 所示。

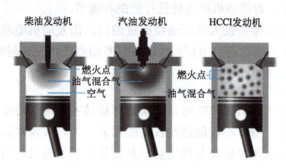

图 1-21　均质混合气压燃燃烧技术

采用 HCCI 技术的发动机，既不同于柴油机，又不同于汽油机，它们之间的关系如图 1-22 所示。

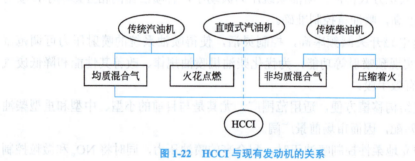

图 1-22　HCCI 与现有发动机的关系

传统汽油机采用的是均质混合气点燃方式，柴油机采用的是非均质混合气压燃方式，直喷式汽油机采用的是分层稀薄燃烧方式，而 HCCI 发动机采用的则是均质混合气压燃方式。HCCI 发动机通过提高压缩比，采用废气再循环、进气加温和增压等手段提高缸内混合气的温度和压力，促使混合气进行压缩自燃，在气缸内形成多点火核，有效维持了着火燃烧的稳定性，并缩短了火焰传播距离和燃烧持续期。它与柴油机燃烧方式的不同在于：柴油机在着火时刻燃油还没有完全蒸发混合，进行的是扩散燃烧方式，燃烧速率主要受燃油蒸发以及空气混合速率的影响；而进行 HCCI 燃烧的混合气在着火以前已经均匀混合，进行的是预混燃烧模式。因此，HCCI 发动机兼有传统汽油机和柴油机的优点。

HCCI 发动机具有以下特点。

① 采用均质混合气。空气和燃油在 HCCI 发动机的进气系统中预混合，形成均质的空气/燃油混合气，然后吸入气缸进行压缩。也有燃油直接喷入气缸，在气缸内与空气进行预混合的。

② 采用压缩点燃。在压缩行程中，混合气温度升高，达到自燃温度而自燃；也就是说，不需要任何点火系统。

③ 采用比火花点燃式发动机高得多的压缩比，且允许压缩比在一个广阔的范围内变动。

④ 为了使均质混合气能够通过压缩而点燃，必要时需对吸入空气进行加热。

⑤ 由于压缩点燃的缘故，可以采用相当稀薄的混合气，因此可以按照变质调节的方式，直接通过调节喷油量来调节转矩，不需要节气门。

⑥ 既然均质混合气是自燃的，所以燃烧大体上是整个气缸内同时开始的，可以采用过量空气或者残余废气达到高度稀释的混合气。

⑦ HCCI发动机采用的燃油辛烷值允许在一个广阔的范围内变动。可以采用汽油、天然气、二甲醚等辛烷值较高的燃油作为主要燃料，也可以采用多种燃料混合燃烧。还可以将对高辛烷值燃料和低辛烷值燃料配比的调整，用作在HCCI燃烧中控制燃烧起点和负荷范围的方法。也有人试图用柴油作为HCCI燃料，但效果远不及汽油。

将压缩点燃式发动机改装成HCCI的主要目的是减少氮氧化物和微粒物排放。将火花点燃式发动机改装成HCCI的目的是减少部分负荷时的燃油消耗，提高其动力性。

如果是柴油机改装成HCCI发动机，就要将高压喷油设备换成低压的汽油喷射设备，喷油地点也要从缸内喷射改成进气口喷射（也有缸内直接喷射的HCCI发动机）；如果是汽油机改装成HCCI发动机，就要提高压缩比，并且保持节气门敞开，可以将点火系统拆除。

由于HCCI发动机容易产生爆震，转速区间小，电控技术要求高，使得HCCI技术没有得到普及。

二、分层燃烧技术

分层燃烧技术在气缸内所形成的混合气浓度并不是均匀的，在靠近火花塞的内层空间混合气偏浓，在远离火花塞的外层空间（靠近气缸壁与活塞顶部）混合气则偏稀。这样混合气就形成了由内及外、由浓到稀的状态，只有这样才为分层燃烧做好了准备。

缸内分层燃烧技术如图1-23所示，通过二次喷油实现分层燃烧。发动机在进气行程活塞移至下止点时，ECU控制喷油嘴进行一次小量的喷油，使气缸内形成稀薄混合气；在活塞压缩行程末端时再进行第二次喷油，这样在火花塞附近形成混合气相对浓度较高的区域（利用活塞顶的特殊结构），然后利用这部分较浓的混合气引燃气缸内的稀薄混合气。

目前，为达到分层燃烧除采用多次喷射技术，使混合气浓度加以区分之外，还利用燃烧室壁面结构，令混合气产生滚流，进而产生浓度差异；通过可变进气技术，在发动机低速运转时，对部分进气道实施截流，以增大进气涡流强度，促使混合气分层的形成。

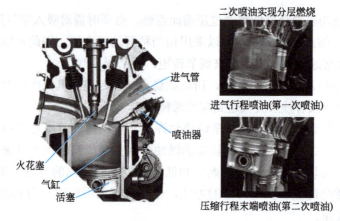

图 1-23　分层燃烧技术

在分层燃烧模式下，整个空燃比 λ 为 1.6～3（空气过量），这就可以用更少的燃油达到同样的燃烧效果，使得发动机的油耗更低。同时在分层燃烧状态下，只有火花塞附近的区域进行燃烧，最外侧极为稀薄的混合气相当于一个隔热棉，可以将通过缸壁传导所损失的热量降到最低，提高了发动机整体的热效率。但分层燃烧模式并不是在发动机的任何工况下都适用的，只有在比较柔和的驾驶方式下才能实现分层燃烧，而在需要动力性能的时候，就需要转换到均质燃烧模式。该模式下，只在进气行程进行一次喷油，这样在点火前，气缸内所形成的混合气的浓度是均匀的，而且空燃比 λ 约为 1。此外，分层燃烧技术存在着一个目前难以得到综合性解决的氮氧化物排放问题，而这也是该项技术在欧洲逐步取消的根本原因。

三、稀薄燃烧技术

稀薄燃烧技术就是利用稀混合气驱动发动机做功的一种技术，喷油嘴喷出的少量燃油通过活塞头的特殊导流槽与空气混合，并使最高浓度的油气混合气在火花塞附近达到点燃浓度的下限，进而由火花塞点燃。随后周围的稀薄混合气也可被明火引燃，实现用最少的燃油达到燃烧的目的。发动机的空燃比大于 18∶1，便可以称为稀薄燃烧。当然，实际采用稀薄燃烧技术的发动机空燃比可能远高于这一比值，如本田公司的 i-VTEC Ⅰ 型直喷汽油发动机，其空燃比可达 65∶1。稀薄燃烧既实现了燃料的充分利用，又可大幅降低发动机的换气损失，同时还能减少污染物的排放。

稀薄燃烧技术的基础是分层燃烧，因为混合气中汽油含量越低，就越难被引燃，而采用稀薄燃烧的发动机的空燃比往往可以达到 25∶1 甚至更高，因此，就必须对混合气加以分层,使靠近火花塞部分的混合气具有较高的空燃比,以利于点火,如图1-24所示。

图1-24 稀薄燃烧技术

总之,稀薄燃烧技术的最大特点就是燃烧效率高,经济、环保,同时还可以提升发动机的功率输出,但是对燃油品质的要求也比较高。

第五节 发动机增压技术

汽车发动机增压是将进入发动机气缸的空气或可燃混合气预先进行压缩或压缩后再加以冷却,以提高进入气缸的空气或可燃混合气的密度,从而使充气质量增加,并在供油系统的适当配合下,使更多的燃料很好地燃烧,达到提高发动机动力性和比功率,改善燃油经济性,降低废气排放和噪声的目的,这样的发动机称为增压发动机。

发动机增压方式主要有涡轮增压、机械增压和复合增压。

一、涡轮增压技术

涡轮增压技术主要有传统涡轮增压技术、可变增压涡轮叶片几何技术和涡轮增压中冷技术等。

1. 传统涡轮增压技术

传统涡轮增压(Turbocharger,T)技术是在普通发动机上加装涡轮增压器,利用发动机运转产生的废气驱动空气压缩机,提高发动机进气量,从而提升发动机功率与转矩。涡轮增压发动机结构示意图如图1-25所示。

涡轮增压器主要由涡轮机和压缩机两部分组成,之间通过一根传动轴连接。涡轮的进气口与发动机排气歧管相连,排气口与排气管相连;压缩机的进气口与进气管相连,排气口则接在进气歧管上。通过发动机排出的废气冲击涡轮高速运转,从而带动同轴的压缩机高速转动,强制地将增压后的空气压送到气缸中,如图1-26所示。

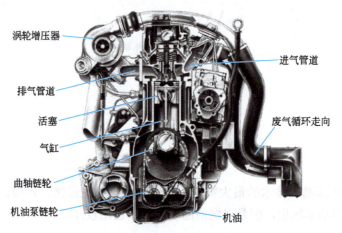

图1-25 涡轮增压发动机结构示意图

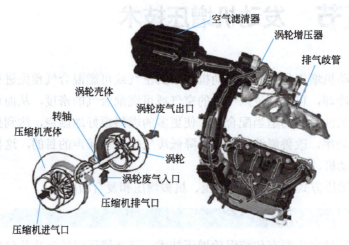

图1-26 涡轮增压器结构原理

当发动机转速增快(加速)时,废气排出速度与涡轮转速也同步增快,压缩机的叶轮压缩更多的空气进入气缸,空气的压力和密度增大可以燃烧更多的燃料,相应增加燃料量并调整一下发动机的转速,就可以增加发动机的输出功率。

在现有的技术条件下,涡轮增压器是唯一能使发动机在"工作效率不变"的情况下增加"输出功率"的机械装置。一般能使发动机输出功率增加10%～40%。

2. 可变增压涡轮叶片几何技术

可变增压涡轮叶片几何技术(Variable Turbine Geometry,VTG)是保时捷公司研发的，它可以根据发动机的转速改变叶片的角度，当发动机转速较低时，由于排气的流量较小，不容易推动涡轮叶片，这时可变涡轮几何系统中装在与涡轮叶片平行位置并且围绕它的那几片可变导流板的角度就会变小，这样可以使气流通过的空间缩小，加大流速，更容易推动叶片。在转速高的时候气体流量充足，这个时候可变导流板的角度会变大，让涡轮获得最大增压值，如图1-27所示。

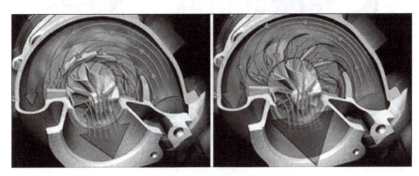

图1-27　可变增压涡轮叶片几何技术

可变增压涡轮叶片几何技术能在较低发动机转速下达到更高的涡轮速度，气缸增压有明显的改善，功率及转矩方面相应也有明显的提升，在较低转速时可达到最大转矩，并可维持在一个较广的转速范围内。

3. 涡轮增压中冷技术

涡轮增压中冷技术是在增压器与发动机进气歧管之间安装中冷器，如图1-28所示。涡轮增压器将新鲜空气压缩经中冷器冷却，然后经进气歧管、进气门流至气缸燃烧室。有效的中冷技术可使增压温度下降到50℃以下，有助于减少废气的排放和提高燃油经济性。据实验显示，在相同的空燃比条件下，增压空气温度每下降10℃，柴油机功率能提高3%～5%，还能降低排放中的NO_x，改善发动机的低速性能。

柴油机中冷技术的类型分两种：一种是利用柴油机的循环冷却水对中冷器进行冷却；另一种是利用散热器冷却，也就是用外界空气冷却。当利用冷却水冷却时，需要添置一个独立循环水的辅助系统才能达到较好的冷却效果，这种方式成本较高且机构复杂。因此，汽车柴油机大都采用空气冷却式中冷器。空气冷却式中冷器利用管道将压缩空气通到一个散热器中，利用风扇提供的冷却空气强行冷却。空气冷却式中冷器可以安装在发动机水箱的前面、旁边或者另外安装在一个独立的位置上，它的波形铝制散热片和管道与发动机水箱结构相似，热传导效率高，可将增压空气的温度冷却到50～60℃。中冷器和涡轮增压器需要进行精确的匹配，使得压缩空气达到要求的冷却温度。

对于增压发动机来说，中冷器是增压系统的重要组成部件。无论是机械增压发动机还是涡轮增压发动机，都需要在增压器与发动机进气歧管之间安装中冷器

图 1-28　涡轮增压中冷技术

二、机械增压技术

机械增压技术是在普通发动机上加装机械增压器，通过曲轴的动力带动一个机械式的空气压缩机旋转来压缩空气的。机械增压发动机结构示意图如图 1-29 所示。机械增压器结构如图 1-30 所示。机械增压器是直接由发动机曲轴带动的，发动机运转时，增压器也就开始工作了。所以在低转速时，发动机的转矩输出表现也十分出色，而且空气压缩量是按照发动机转速线性上升的，但是在发动机高速运转时，机械增压器对发动机动力的损耗也是很大的，动力提升不太明显。

图 1-29　机械增压发动机结构示意图

福特 5.8L V8 发动机采用机械增压技术，通过皮带带动曲轴，再用曲轴的转动带动增压器，达到增压的目的。相比于涡轮增压，机械增压的动力输出更加平顺和线性，并且机械增压不受转速的限制，即使在低转速下，机械增压同样能起

到作用。此款发动机在 6250r/min 时输出最大功率为 485kW，在 4000r/min 时输出峰值转矩为 813N·m，荣获 2013 年世界十佳发动机称号，如图 1-31 所示。

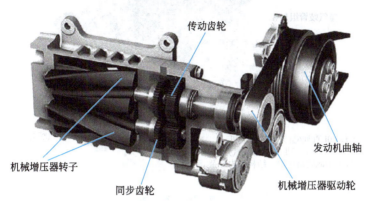

图 1-30　机械增压器结构

图 1-31　福特 5.8L 机械增压 V8 发动机

三、复合增压技术

复合增压技术包括双涡轮增压技术和涡轮机械双增压技术。

1. 双涡轮增压技术

双涡轮增压技术是针对废气涡轮增压的涡轮迟滞现象，增加一只低速涡轮，在发动机低转速的时候，较少的排气即可驱动这只涡轮高速旋转以产生足够的进气压力，当发动机转速提升以后，高速涡轮工作继续进入高增压值的状态，提供一个连贯的强劲动力。在实际使用中，双涡轮增压发动机通常都装备在直列 6 缸或 V 型等排量较大的发动机上。宝马 3.0L 直列 6 缸发动机采用的就是两个涡轮增压器，如图 1-32 所示。

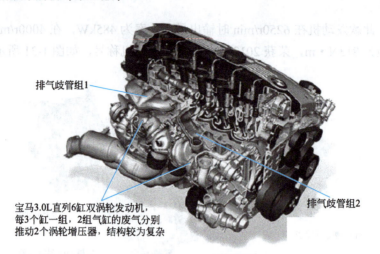

图 1-32　宝马 3.0L 双涡轮增压发动机

双涡轮增压发动机的优点是涡轮转速高，增压值大，对动力提升明显；缺点是有涡轮迟滞现象，即发动机在转速较低（一般在 1500～1800r/min 以下）时排气动能较小，不能驱动涡轮高速旋转以起到产生增大进气压力的作用，这时候的发动机动力等同于自然吸气，当转速提高后，涡轮增压起作用，动力会突然提升。

2. 涡轮机械双增压技术

涡轮机械双增压技术是在发动机上增设由涡轮增压器和机械增压器共同组成的双增压系统，如图 1-33 所示。

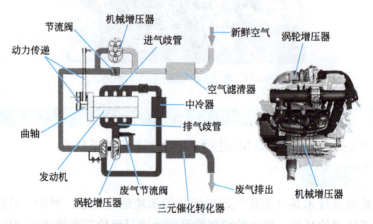

图 1-33　涡轮机械双增压发动机

由于涡轮增压系统和机械增压系统分别拥有各自的优势和劣势，因此，涡轮机械双增压系统发动机同时具备了涡轮增压系统和机械增压系统的双重技术优势，并且使整合在一起的两种不同型式的增压系统实现了优势互补。发动机在较低转速下运行时，由机械增压器提供绝大部分的增压压力，发动机输出功率的增加主要来自于机械增压系统，此时涡轮增压器由于"涡轮迟滞"增压效果并不明显。待发动机转速上升到1500r/min左右时，涡轮增压器的增压效果开始增强，并与机械增压器共同为发动机功率的增加提供所需的增压压力。随着转速的不断提高，涡轮增压器的增压效果也在不断增强，与此同时，机械增压器的增压效果开始逐渐减弱。当发动机转速超过3000～4000r/min时，由涡轮增压器提供全部的增压压力，发动机输出功率的增加全部来自于涡轮增压系统，此时机械增压器已经停止工作，以防止消耗发动机功率。应该说，涡轮机械双增压系统发动机很好地解决了机械增压系统燃油经济性较差和涡轮增压系统在低转速时容易产生"涡轮迟滞"现象的问题，但是，由于涡轮机械双增压系统结构复杂，不易与发动机匹配，对于发动机零部件的制造要求也较高，因此，目前只在个别车型上实现了应用。

涡轮增压发动机依靠涡轮增压器为发动机增加约10倍的进气量，从而增加发动机的输出功率与转矩。在不增大发动机排量的情况下，可显著地增加发动机的输出功率，大幅度提高转矩、提高燃油经济性并降低尾气排放。数据显示，使用涡轮增压技术可以帮助汽油和柴油车辆在不降低性能的前提下分别节油20%和40%。涡轮增压车型将成为未来车市的主流，在没有更环保的替代燃料出现及更节能的发动机量产的情况下，涡轮增压发动机代表着未来一段时间的发展方向。

第六节　发动机可变气门正时技术

传统的发动机都配备了气门式配气机构，按照发动机的动作顺序和工作循环，定时的开启、关闭进排气门，以使得新鲜混合气及时充满气缸，废气得以及时排除气缸外，如图1-34所示。它不具备气门调节技术，发动机高负荷或者低负荷运转时都保持相同进气量和重叠角，无法根据工况来进行适当的调整，也就谈不上降低能耗。

进气量的多少直接关系到发动机的功率和转矩。发动机不同转速需要的配气定时也不同。这是因为当发动机转速改变时，进气流和排气流也随着改变，所以一直采用不变的气门开关时间将会影响燃料的燃烧效率。一般情况下，随着转速的升高，气门重叠角和气门升程随之增加，有利于获得更好的发动机性能，以便更好地提高发动机的动力输出。为保证进气量足够多，排气干净，需要在配气这个环节采用一些新技术。

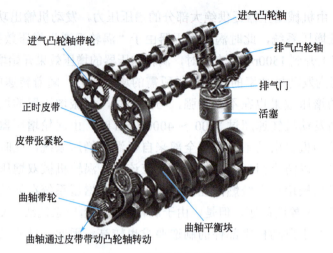

图 1-34 不可变气门配气机构

一、可变气门正时技术

可变气门正时（Variable Valve Timing，VVT）技术是在特定的发动机工况下，通过控制进气门开启角度提前和延迟来调节进排气量和时刻及改变气门重叠角的大小，来实现增大进气量和效率，更好地组织进气涡流，调节气缸爆发压力与残余废气量，来获得发动机功率、转矩、排放、燃油经济性、舒适性等综合性能的改善，从而解决传统固定配气相位发动机的各项性能指标之间相互制约的技术矛盾。

可变气门正时系统主要由 VVT 油路系统、相位调节器、机油控制阀、各种传感器等组成，相位调节器为该系统的执行器，而机油控制阀为该系统的控制器，如图 1-35 所示。

发动机管理系统根据节气门开度传感器、发动机水温传感器、转速传感器、空气流量计等传来的信号，查找 MAP 图（点火控制曲线图），计算出发动机在各工况下所需气门正时角，即目标位置；同时，发动机管理系统根据曲轴位置传感器和凸轮位置传感器传来的反馈信号计算得出凸轮轴的实际位置，将目标位置和实际位置进行比较，并根据其控制策略，向机油控制阀发出动作信号，改变控制阀中阀芯的位置，从而改变油路中机油流向和流量大小，把提前、滞后、保持不变等信号以油压方式反馈至相位调节器空腔内，实现相位调节器内部定子和外部转子之间的相对转动，调节凸轮轴的正时角度，从而达到调整进气（排气）量和气门开闭时间的目的。

VVT 系统有液压式和电子式两种。液压式 VVT 系统需要再建立一定的解锁油压后才能介入工作，对发动机气门正时进行调节，意味着多数情况下发动机怠速时 VVT 不能工作；而且液压式 VVT 系统调节角度有限，通常最大调节角度为 35° 凸轮轴转角。电子式 VVT 系统依靠直流电机通过齿轮箱带动凸轮轴转动，不依赖发动机机油油压，只要供电便可立即参与调节，而且360°可调。电子式VVT系统的安装要求与中置式VVT系统相似度极高，是未来可变气门技术的发展趋势。

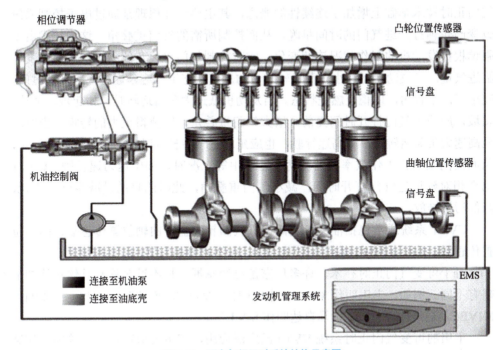

图 1-35　可变气门正时系统结构示意图

图 1-36 所示为宝马发动机电子式 VVT 系统结构示意图，主要通过电动机进行气门升程的控制。当在高速时，通过电动机控制机构，增大气门开度，获得更多的进气量，满足动力的需要；反之同理。

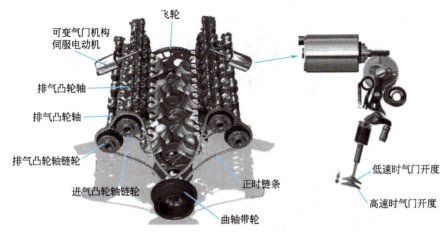

图 1-36　宝马发动机电子式 VVT 系统结构示意图

二、连续可变气门正时技术

连续可变气门正时（Continue Variable Valve Timing, CVVT）技术是在可变气门正时技术基础上增加了连续性的概念，其主要设计原理是通过电子控制系统改变凸轮轴打开进气门的时间早晚，从而控制所需的气门重叠角。这项技术着重强调根据发动机的工作状况连续变化，实时控制气门重叠角的大小，从而改变气缸进气量。当发动机低速小负荷运转时，如怠速状态下，应延迟进气门打开时间，减小气门重叠角，以稳定燃烧状态。当发动机低速大负荷运转时，如起步、加速、爬坡，应使进气门打开时间提前，增大气门重叠角，以获得更大的转矩。当发动机高速大负荷运转时，如高速行驶，也应延迟进气门打开时间，减小气门重叠角，从而提高发动机工作效率。当发动机处于中等工况时，如中速匀速行驶，CVVT也会相对延迟进气门打开时间，减小气门重叠角，此时的目的是减少燃料消耗，降低污染排放。

CVVT系统通常包括油压控制阀、进气凸轮齿盘、曲轴位置传感器、凸轮位置传感器、油泵、ECU等。

对于可变气门正时技术，许多厂家都已经掌握，只不过名称和具体实施细节略有不同。例如，丰田叫作VVT-i，本田叫作i-VTEC，奥迪叫作AVS，三菱叫作MIVEC，日产叫作CVTC，马自达叫作S-VT等。

丰田的可变气门正时系统VVT-i已广泛应用，其主要原理是在凸轮轴上加装一套液力机构，通过ECU的控制，在一定角度范围内对气门的开启、关闭时间进行调节，或提前或延迟或保持不变，其示意图如图1-37所示。凸轮轴的正时齿轮的外转子与正时链条（皮带）相连，内转子与凸轮轴相连。外转子可以通过液压

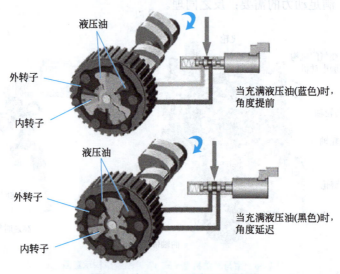

图1-37　丰田VVT-i系统工作示意图

油间接带动内转子，从而实现一定范围内的角度提前或延迟。

本田的 i-VTEC 可变气门升程是在原来的基础上加了第三根摇臂和第三个凸轮轴，通过三根摇臂的分离与结合一体，来实现高低角度凸轮轴的切换，从而改变气门的升程，如图 1-38 所示。

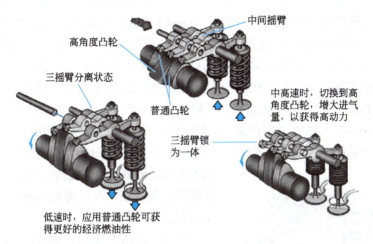

图 1-38　本田 i-VTEC 系统工作示意图

当发动机处于低负荷时，三根摇臂处于分离状态，由低角度凸轮两边的摇臂来控制气门的开闭，气门升程量小；当发动机处于高负荷时，三根摇臂结合为一体，由高角度凸轮驱动中间摇臂，气门升程量大。

奥迪可变气门升程系统（AVS）主要通过切换凸轮轴上两组高度不同的凸轮来实现改变气门的升程，其原理与本田的 i-VTEC 非常相似，只是 AVS 是通过安装在凸轮轴上的螺旋沟槽套筒，来实现凸轮轴的左右移动，进而切换凸轮轴上的高低凸轮，如图 1-39 所示。

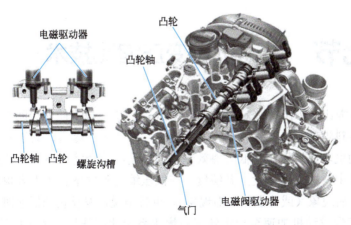

图 1-39　奥迪 AVS 可变气门发动机结构示意图

发动机处于高负荷时,电磁驱动器使凸轮轴向右移动,切换到高角度凸轮,从而增大气门的升程;当发动机处于低负荷时,电磁驱动器使凸轮轴向左移动,切换到低角度凸轮,以减少气门的升程。

三、进排气双连续可变气门正时技术

采用进排气双连续可变气门正时(Dual Variable Valve Timing,DVVT)技术的发动机,通过控制发动机燃烧室中的汽油与空气混合气体达到最合适的空燃比,有效提升动力性,同时可明显改善怠速稳定性从而获得较好的舒适性。DVVT发动机比目前市场上较多采用的进气门正时技术的发动机更高效、节能、环保。

DVVT发动机是VVT的延续和发展,是目前气门可变正时系统技术中最高级的形式。DVVT发动机采用的是与VVT发动机类似的原理,利用一套相对简单的液压凸轮系统实现功能。不同的是,VVT的发动机只能对进气门进行调节,而DVVT发动机可实现对进排气门同时调节,具有低转速大转矩、高转速高功率的优异特性,技术上处于领先地位。

以往,DVVT技术主要在中高级车型中采用,如宝马325 DVVT、318i 1.8 DVVT等,目前也有部分紧凑型车型开始配备此项技术,如奇瑞新A3 1.6 DVVT、雪弗兰科鲁兹1.6 DVVT等。

图1-40所示为采用DVVT技术的奇瑞新A3发动机,最大功率为93kW,最大转矩为160N·m,升功率高达58kW/L,动力性提升12%。

图1-40 奇瑞新A3 DVVT发动机

第七节 发动机可变压缩比技术

可变压缩比(Variable Compression Ratio,VCR)技术能够帮助汽油发动机达到更低的燃料消耗率。在涡轮增压发动机中,为了防止爆震,其压缩比低于自然吸气式发动机。在增压压力低时热效率降低,使燃油经济性下降。特别是在涡轮增压发动机中,由于增压度上升缓慢,在低压缩比条件下转矩上升也很缓慢,会形成增压滞后现象(或称涡轮迟滞现象)。也就是说,发动机在低速时,增压作用滞后,要等到发动机加速至一定转速后增压系统才起作用。为了解决这个问题,

可变压缩比是重要方法。就是说,在增压压力低的低负荷工况使压缩比提高到与自然吸气式发动机压缩比相同或更大;另一方面,在高增压的高负荷工况下适当降低压缩比。

目前可变压缩比技术分为两类:一类是连续可变压缩比,即随着负荷的变化连续调节压缩比,以便能够从低负荷到高负荷的整个工况范围内都提高热效率;另一类是双级可变压缩比。实现可变压缩比的方法大致可分为三类,即采用非传统结构的曲柄连杆机构、改变曲轴与气缸顶端间距以及改变活塞连杆的长度。

萨博可变压缩比(Saab Variable Compression,SVC)发动机采用改变曲轴与气缸顶端间距方法实现可变压缩比,如图1-41所示。为了实现压缩比可变,缸盖结构经过重新设计,采用了一种全新的集成式缸盖方案,也就是将缸盖与缸体通过液压控制构件连接在一起,而不是螺栓;SVC发动机的上半部分还可以进行偏转。SVC发动机大致由两大部分构成,其中缸盖、活塞、气门总成可称为第一部分,而连杆、曲轴箱视为第二部分。与传统发动机一样,该机型中位于下方的曲轴箱在发动机运转时保持固定不动,但上方的气缸与活塞部分,则会以曲轴为中心,借助液压机构的推力发生转动,从而使燃烧室容积发生改变。该发动机的压缩比可在8∶1至14∶1之间连续变化,它能产生165kW的最大功率和304N·m的最大转矩,油耗却非常低,能比普通相同功率发动机减少超过30%的燃料消耗。另外,该款发动机的ECU能通过传感器传出的信息来判断汽油的标号,并选择最合适的压缩比。

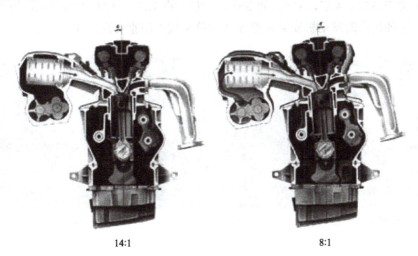

14∶1 8∶1

图1-41 萨博可变压缩比(SVC)发动机结构示意图

可变压缩比技术可以提升发动机的热效率,改善发动机燃油经济性;适用于多元燃料驱动;有助于降低排放;提高发动机运行稳定性;在保证动力性的前提下,可使发动机排量进一步减小,结构更为紧凑,比质量更高,是未来汽油机重要技术之一。

第八节 发动机可变气缸技术

可变气缸技术是指能够根据道路情况或者驾驶员驾驶状态对发动机气缸工作状态进行调节的一项节能新技术，在不需要大功率的输出时，控制关闭一部分气缸，以减少燃料消耗。通常情况下用于多气缸大排量发动机，如 V6、V8、V12 等发动机，因为这些汽车在日常行驶时并不需要大功率的输出，特别是在越来越拥堵的城市，大排量多气缸的搭配就显得有点浪费，而小排量又无法满足人们对于驾驶乐趣的需求，于是为了解决这样的矛盾，可变气缸技术应运而生，当然，今天的小排量发动机领域也同样开始应用可变气缸技术。

目前具有代表性的可变气缸技术有可变气缸管理、多段式排气量调节系统、主动式可变气缸管理系统等。

一、可变气缸管理

可变气缸管理（Variable Cylinder Management，VCM）是本田公司所拥有的一种可变气缸管理技术，它可以在行驶时将发动机的个别气缸关闭，让一台 3.5L V6 发动机在 3 缸、4 缸、6 缸之间变化，排量则在 1.75～3.5L 之间变化，如图 1-42 所示。这种技术的发动机安装在第 8 代和第 9 代本田雅阁汽车 3.5L 上。

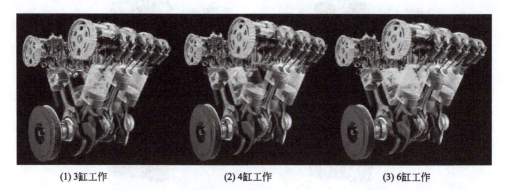

(1) 3缸工作　　　　　　(2) 4缸工作　　　　　　(3) 6缸工作

图 1-42　本田 VCM 技术

VCM 技术可以智能地管理汽车发动机，当汽车进行爬坡、加速、起步等全负荷工作时，发动机的 6 个气缸会全部投入工作；当汽车以中速巡航状态行驶时，工作的气缸数会减半，即只有 3 个气缸工作；在高速巡航时，为了保证汽车的动力输出，运行气缸的数量会增加至 4 个。由于系统会自动关闭非工作缸的进气门和排气门，所以可避免与进、排气相关的吸排损失，并进一步提高了燃油经济性。在 3 缸工作模式下，后排气缸组被停止工作。在 4 缸工作模式下，前排气缸组的左侧和中间气缸正常工作，后排气缸组的右侧和中间气缸正常工作。关闭气缸后，停止工作气缸中的火花塞会继续点火，从而尽量避免火花塞的温度损失，防止气缸重新工作后因不完全燃烧而造成火花塞油污。VCM 系统采用电子控制，对节气门开度、车速、发动机转速、自动变速器挡位选择及其他因素进行监测，以针对各种工作状态确定适宜的气缸启用方案。此外，该系统还会确定发动机机油压力是否适合 VCM 进行工作模式的切换，以及催化转化器的温度是否仍会保持在适当范围内。为了使气缸启用或停用时的过渡能够平稳进行，系统会调整点火正时、线控节气门的开度，并相应地启用或解除变矩器锁定。对于汽车来说，驾乘人员基本不会察觉气缸在变化。

二、多段式排气量调节系统

多段式排气量调节系统（Multi-Displacement System，MDS）是奔驰特有的发动机技术。由于奔驰和克莱斯勒的"联姻"，克莱斯勒 5.7L HemiV8 发动机采用了 MDS 技术，通过对发动机负荷、工况的判断，能够以 4 缸或 8 缸运转，发动机对称关闭 4 个气缸，剩下的 4 个气缸则组成了一台 V4 发动机，使发动机依然能够保持较好的平顺性，如图 1-43 所示。

图 1-43 克莱斯勒 MDS 可变气缸技术

具有 MDS 的 5.7L Hemi 发动机安装在大切诺机上。MDS 的核心在于奔驰掌握了如何提高电控装置反应速度以及用于控制系统的更加成熟的算法等先进技术，但气门挺柱却是实现气缸禁用最重要的机械设备。这种特殊的两件式滚轮挺柱的内部机构和外部套筒并非硬性连接，当发动机处于 8 缸工作状态的时候，它的内外两部分被两个受到弹簧作用力的链接销锁死,这时挺柱的内外部分都随凸轮轴转动从而可以推动顶杆正常控制气门开合。然而,当机油温度传感器感知发动机处于轻负荷的情况时,控制电脑会接通电磁阀电源,电磁阀通电后把更高的机油压力传递到与其相对应的挺柱并将链接销推入,从而使挺柱内部与套筒分离,此时外部的套筒随着凸轮轴运转,而内部的推杆已经失去了作用。最终的结果就是顶杆失去了推动力,从而气门的弹簧机构就可以保证气门一直处于关闭状态。气门关闭后,气缸内部的火花塞放电以及燃料注入的工作也将停止,发动机最终处于4缸工作状态。

MDS使发动机工作气缸在8缸和4缸之间切换,它最大的好处就是提高了发动机的燃油经济性。克莱斯勒对其进行的长期测试表明,在市区和高速公路行驶时,MDS的使用率分别为17%和48%,总体平均使用率为40%,这样在各种行驶条件下,预计燃油经济性总体将提高10%。

MDS的另外一个成功之处就是气缸的切换可以在0.04s内安静地完成,如此灵敏的切换速度使得MDS真正具有了实用价值。因为只有灵敏的切换才能实实在在地达到节油的目的,才能让驾驶员不会为了适应它而去改变驾驶习惯,同时只有灵敏、安静的切换才不会影响到乘坐的舒适性。

三、主动式可变气缸管理系统

主动式可变气缸管理系统(ACT)是由德国大众公司所研制的,可变气缸技术首次被使用在小排量车型上,如图1-44所示。第2、第3缸的4个凸轮各自对应一个ACT电磁阀,在工况允许的情况下,电磁阀将正常工作的凸轮切换至零角度凸轮,气门停止工作,第2、第3缸停止喷油。

当发动机转速在1250~4000r/min之间,即转矩输出在25~100N·m时,ACT就会启动。这一转速和转矩范围十分宽泛,几乎涵盖了欧洲行驶循环下近70%的驾驶状态。当驾驶员踩下油门踏板时,两个气缸就会重启。值得一提的是,借助油门踏板传感器和智能监测软件,该系统可探测出不规律的驾驶状态。如在车流中穿行或在乡村道路上高速行驶的情况下,气缸关闭功能将被禁用。驾驶员可从车速表和转速表之间的多功能显示器上得知汽车当前是2缸运行还是4缸运行。该系统可在发动机中低负荷运转状态下关闭第2缸和第3缸,因此能够将欧盟行驶循环的油耗降低0.4L/100km左

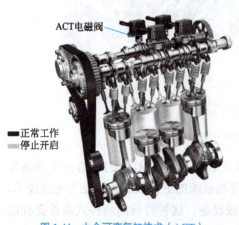

图1-44 大众可变气缸技术(ACT)

右。在第 3 挡或第 4 挡以 50km/h 的速度匀速行驶时，其油耗降低可达 1L/100km。即使在第 5 挡以 70km/h 的速度行驶，该系统也可将油耗降低 0.7L/100km。

第九节　发动机自动启停技术

发动机自动启停技术是指汽车在行驶过程中临时停车（如等红灯或交通堵塞）时，发动机自动熄火，当需要继续前进的时候，系统自动重启发动机的一套系统。对于手动挡汽车，当遇到红灯或塞车时，驾驶员制动使车辆停下来后，将挡位换入空挡并完全释放离合器踏板，这时控制系统会自动将发动机熄火，节省了怠速运转浪费的燃料；当绿灯放行后，驾驶员踩下离合器，发动机则自动重新启动，挂入挡位后即可前行。对于自动挡汽车，操作更为简单，驾驶员只要施加制动使车辆停止，发动机则自动熄火；在释放制动后，驾驶员加油，发动机将自动启动。

图 1-45 所示为德国博世公司提供的发动机自动启停系统，它由强型起动机、

(a) 博世分离式起动机和发电机的启停系统

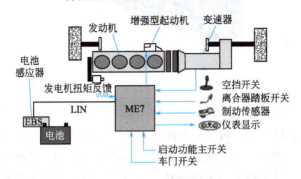

(b) 分离式起动机/发电机

图 1-45　博世公司的发动机自动启停系统

增强型电池、可控发电机、集成启动/停止协调程序的发动机ECU、传感器等组成。强型起动机能快速、安静地自动恢复发动机运转，可降低启动时油耗。这种启停系统零件少，安装方便，而且系统的部件与传统部件尺寸保持一致，因此可直接配备至各种车辆上。

大众、奥迪、宝马、奔驰、沃尔沃、福特、雪铁龙等主要汽车生产商都已经推出装备自动启停系统的车辆作为节油路径之一。相关研究显示，根据驾驶环境和系统的设计不同，仅靠启停系统能让车辆的油耗下降3%～10%。

第十节 汽油机排气后处理技术

排气后处理技术主要是指发动机燃烧生成的废气排出发动机排气门后，但还未排入到大气环境之前所采取的控制技术。

汽油机排气后处理技术主要有三元催化转换器、曲轴箱强制通风系统和燃油蒸发排放控制系统等。

一、三元催化转换器

目前，安装三元催化转换器是排放控制中最为有效的方法。三元催化转换器不仅能促进CO、HC的氧化反应，而且能促进NO_x的还原反应，能同时实现3种有害成分的净化，如图1-46所示。

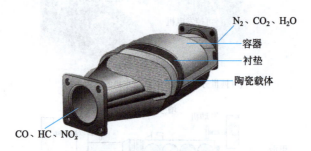

图1-46 三元催化转换器

二、曲轴箱强制通风系统

曲轴箱强制通风系统（PCV）如图1-47所示，PCV阀是曲轴箱强制通风系统中的重要部件，一般由阀体、阀门、阀盖、弹簧组成，不可分解，主要作用是将曲轴箱内的气体（从燃烧室窜入曲轴箱的混合气与机油蒸汽）通过PCV阀导入进气歧管，这就避免了排放恶化等现象，防止机油蒸气直接进入大气，同时防止机油变质。在发动机做功燃烧过程的末端,一些未燃混合气在高压下从活塞环漏入曲轴箱内,混合气会从曲轴箱内排入大气中造成污染。不排除这些混合气,还会稀释曲轴箱内的机油,使机油变质造成发动机机件过早磨损。现在PCV已经成为汽车的标准配置。

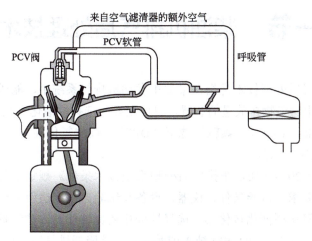

图1-47 曲轴箱强制通风系统

三、燃油蒸发排放控制系统

有资料表明,一般汽油车在良好状况下运行一天排放出约560余克污染物（HC、CO、NO_x、少量SO_2和铅化物）,其中60%来自尾气,20%来自油箱,20%来自曲轴箱。因此对来自油箱的燃油蒸气泄漏的控制对于减少排放量具有重要意义。

燃油蒸发排放控制系统主要由炭罐、倾倒阀和吸附管等构成,其工作原理如图1-48所示。

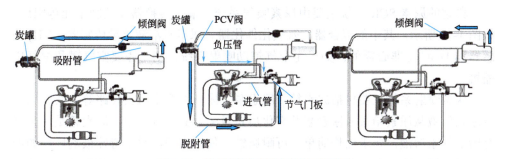

图1-48 燃油蒸发排放控制系统工作原理

当环境温度升高时,加速了油箱内的汽油蒸发,汽油蒸发气体（HC）通过吸附管、倾倒阀等流入炭罐,其内的活性炭将燃气吸收、储存;当发动机运转时,进气管内产生负压，PCV 阀打开，使炭罐内储存的燃气通过脱附管吸入到节气门板前方，并进入气缸进行燃烧。节气门开度不同，PCV 阀开度也不同，脱附的燃气量不同；当车辆倾倒大于 60° 时，倾倒阀关闭，使汽油无法流入炭罐。

第十一节　柴油机排气后处理技术

柴油机排气后处理技术是指在柴油车发动机排气系统中，能通过各种理化作用来降低排气中污染物排放量的装置，目前主要有选择性催化还原器（SCR）、氧化型催化转化器（DOC）、颗粒过滤器（DPF）、颗粒氧化催化器（POC）、稀燃 NO_x 捕集器（LNT）等。

QC/T 829—2019《柴油车排气后处理系统技术条件》规定了柴油车排气后处理系统的技术要求、试验条件、仪器、设备和试验方法；适用于柴油车排气后处理系统，包括氧化型催化转化器、选择性催化还原转化器、柴油颗粒捕集器、氨逃逸催化器、组合式降 NO_x-PM 装置或其他任何能降低排气污染物的系统。

一、选择性催化还原器

选择性催化还原器（Selective Catalytic Reduction，SCR）是指安装在发动机排气系统中，将排气中的 NO_x 进行选择性催化还原，以降低 NO_x 排放量的排气后处理装置。SCR 技术被认为是满足柴油机更高排放标准的首选。

SCR 系统需要外加还原剂，按照还原剂的种类可以分为以尿素分解产生的氨气（NH_3）作为还原剂的尿素 SCR 系统和以烃类作为还原剂的烃类 SCR 系统两类。目前烃类 SCR 系统技术仍在进一步的研究当中，实际应用不多；而尿素 SCR 系统技术较为成熟，实际应用较多。下面介绍的主要是指尿素 SCR 系统。

典型的尿素 SCR 系统主要由尿素喷射系统、催化转换器和控制单元等组成，如图 1-49 所示，其中的混合器、氨氧化催化器、尿素水溶液质量传感器、NH_3 传感器和 DOC 是非必需的；如果无空气辅助喷射系统，则不需要空气罐和空气压缩机。

尿素喷射系统主要包括尿素箱、尿素泵、尿素喷嘴及尿素管路等，其作用是将尿素溶液从尿素箱吸入尿素泵并雾化后定量喷射到排气管中。尿素箱是用来储存所需尿素溶液，要求结构简单、可耐腐蚀、使用方便，对于特殊极端环境如严寒天气地区，需要考虑此条件下尿素溶液的结晶问题，并对尿素溶液的稳定和液位进行测量监测，确定何时应该启动和停止对尿素溶液的加热，防止尿素喷射系统的管道和喷嘴堵塞情况的发生；尿素泵主要是对尿素溶液进行定量的精确喷射，以达到精确还原不同工况下的 NO_x 浓度的效果，一般需要加压的辅助压缩空气对尿素溶液加压才能更好地喷射到排气管中，通过获取后处理控制单元的控制信号计算出所需的尿素还原剂的喷射量来执行对尿素溶液的定量喷射；尿素喷嘴是在尿素溶液进入尾气前对其进行雾化处理，扩大尿素溶液雾滴与废气的接触面积，保证混合充分均匀，提高 NO_x 的转换效率。

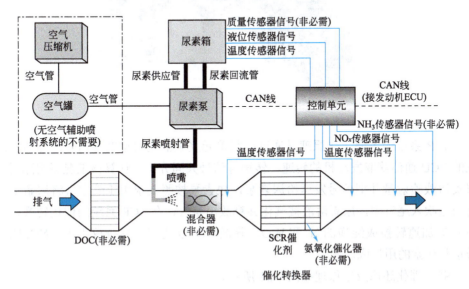

图1-49　SCR系统结构简图

催化转换器是SCR后处理系统中的重要组成部件，也是进行SCR催化还原反应的主要场所，包括载体、封装和涂层3部分。载体是催化转换器的骨架，主要为蜂窝状结构，采用该结构可以增大尿素溶液和尾气在催化转换器内停留的时间和反应面积，同时由于工作环境的要求，载体必须能够承受高温和较好的抗腐蚀性、耐久性和可靠性；封装主要是对载体进行包裹，连接催化剂的载体和排气管路，对SCR催化反应的影响较小；涂层即催化剂，是还原反应发生的关键物质，SCR还原反应必须要在催化剂的作用下才能充分彻底地进行。

控制单元是SCR后处理系统中的核心，它通过获取后处理系统中各个传感器的信号和通过CAN总线实现与发动机ECU进行通信采集发动机运行状态的相关数据来进行分析处理，依据已经标定好的各种脉谱图来插值计算发动机在实际工作情况下尿素溶液的喷射量，并把信号传递给尿素执行部件去完成。控制单元还能对采集到的尿素溶液的温度和液位信号进行分析，在低温极寒环境下加热尿素溶液防止结晶，并当尿素溶液含量不足时提醒驾驶员及时补充。

图1-50所示为SCR系统实物。

图 1-50　SCR 系统实物

SCR 系统的主要工作原理是通过控制单元采集催化器温度等信号,并与发动机的 ECU 通信获取发动机的转速、转矩等信号共同分析,计算该工况下实际所需尿素溶液喷射量并把信号发送给尿素泵,尿素泵按照要求用压缩空气将尿素溶液均匀地吹入尾气中,尿素溶液被气化并释放出氨气,在 SCR 系统的催化转换器中使 NO_x 加速转换成纯净的 N_2 和 H_2O,降低 NO_x 以达到目标排放水平。NO_x 的降低量与尿素的用量成比例。

SCR 催化还原反应原理如图 1-51 所示。

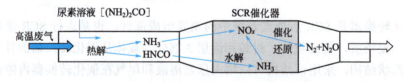

图 1-51　SCR 系统催化还原反应原理

可以看出,尿素溶液在与高温的废气进行混合后,尿素溶液先热解释放出来氨气(NH_3)和异氰酸(HNCO),HNCO 在催化转换器内的催化剂作用下水解继续释放出来 NH_3 并与废气中的 NO_x 在一定的温度范围和催化剂的作用下,发生催化还原反应生成无毒害的 N_2 和 H_2O。SCR 催化还原反应需要在催化剂的作用下才能使反应充分地进行,催化剂的性能将影响 NO_x 的去除。具体的化学反应过程如下。

尿素水溶液进行脱水,固态尿素分子留在排气中:

$$(NH_2)_2CO \cdot 7H_2O(l) \longrightarrow (NH_2)_2CO(s) + H_2O(q) \qquad (1\text{-}1)$$

固态尿素分子融化成为气态分子,并发生热解反应:

$$(NH_2)_2CO \longrightarrow NH_3 + HNCO \qquad (1\text{-}2)$$

在催化剂环境下,HNCO 进一步发生水解:

$$HNCO + H_2O \longrightarrow NH_3 + CO_2 \tag{1-3}$$

与此同时，尿素水解反应的产物 NH_3 开始选择性还原 NO_x：

$$4NH_3 + 4NO + O_2 \longrightarrow 4N_2 + 6H_2O \tag{1-4}$$

$$4NH_3 + 2NO + 2NO_2 \longrightarrow 4N_2 + 6H_2O \tag{1-5}$$

$$8NH_3 + 6NO_2 \longrightarrow 7N_2 + 12H_2O \tag{1-6}$$

SCR 催化还原反应中如果没有添加催化剂涂层，则会使反应的速率大大降低。通过采用合适的催化剂，并选择合适的温度窗口会明显加快反应速度。柴油机排气中 NO_x 的组成以 NO 为主，含量在 90% 以上，而 NO_2 的含量比较少，所以反应式（1-4）是催化还原反应的主要化学反应，又称为标准 SCR 反应。发生该标准反应需要保证 NH_3 与 NO 物质的量的比为 1∶1，并且需要一定量的 O_2 存在。

在排气温度不高时，排气中 NO 与 NO_2 的比例接近 1∶1，将有最佳的 NO_2 转化效率，此时反应速率约为常规反应的 17 倍左右，NH_3 消耗量为 NO 与 NO_2 的总和。反应式（1-5）称为快速 SCR 反应。为了实现快速 SCR 反应，可在 SCR 系统的前端加装 DOC，将 NO_x 中部分 NO 氧化成 NO_2，使其比例接近 1∶1。

当排气温度升高后，NH_3 和 NO_2 将会按照 4∶3 的比例来进行反应，此时的反应速度降低，反应式（1-6）称为慢速 SCR 反应。

SCR 系统中尿素喷入量最终由发动机管理系统控制，发动机工作过程中进入 SCR 催化转换器的 NH_3/NO_x 的摩尔比保持在约等于 1。尿素流率由 SCR 的平均温度（由 SCR 催化转化器前、后两个电阻测温传感器测得）、排气 NO_x 传感器和发动机的基本参数来进行综合控制。

尿素的喷入量必须与 NO_x 的浓度相匹配，在保证降低 NO_x 的同时，不能超过一定的剂量。尿素的喷入量过少，达不到应有的处理水平；尿素的喷入量过多，则会使多余的 NH_3 排入大气，导致新的污染。所以，必须要有高灵敏度的 NO_x 浓度传感器以及相应的高精度的尿素喷射装置。

SCR 的工作效率取决于气体的温度，如果在 200～500℃ 的温度范围内工作，其效率是 85%，实际车辆的操作条件都可以达到这个要求。欧Ⅳ标准要求的转化率是 50%，欧Ⅴ标准要求达到 70%，所以，SCR 系统完全能够满足要求。

SCR 系统技术的优势主要表现在以下方面。

① NO_x 转化率高，可达 60%～90%，配合更精确的机内净化（如共轨等），升级欧Ⅴ较为简单。

② 可有效地降低发动机的燃料消耗率，实现车辆节能的目的。

③ 具有良好的油品适应性（较好的抗硫性）。

④ 应用范围广，广泛适用于柴油乘用车、商用车及非道路工程机械。

⑤ 发动机结构相对简单（针对 EGR 发动机而言），便于维修。

SCR 系统技术也有一些缺点如下。

① 需要携带尿素罐，体积较大，不便于轻型柴油车安装。

② 尿素普及率低，需要基础设施支持，对现有加油站等设施升级改造，使其能够添加尿素。

③ 成本较高。

SCR 是欧Ⅳ/欧Ⅴ和国Ⅳ/国Ⅴ的主要后处理解决方案。

二、氧化型催化转化器

氧化型催化转化器（Diesel Oxidation Catalyst，DOC）是指安装在柴油车发动机排气系统中，通过催化氧化反应，能降低排气中 CO、THC 和 PM 等污染物排放量的排气后处理装置。DOC 主要是以铂（Pt）、钯（Pd）为催化剂。

图 1-52 所示为 DOC 系统实物。

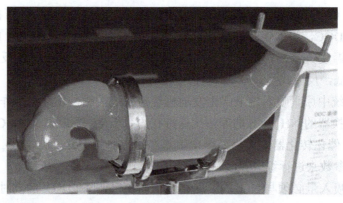

图 1-52　DOC 系统实物

DOC 多为陶瓷载体的通流式催化转化器，主要由载体、活性组分和助剂组成。载体一般选用单一或复合型金属氧化物，其主要作用是作为活性组分的担载，此外，载体也可协同活性组分，以增强催化剂的热稳定性、耐硫性等；活性组分一般采用贵金属及稀土金属氧化物，贵金属是目前最常用、效果最好的催化剂活性组分；助剂为除贵金属以外的稀有金属及其氧化物，加入助剂可提高催化剂活性，增强其耐硫性和抗老化性。

由于柴油机 DOC 具有同时降低 HC、CO 和 PM 的功能，因而常常在发动机上与废气再循环装置同时使用，以全面提高发动机的排放水平。同时，由于 DOC 优异的氧化性能，也多用在 SCR 系统中，以促进尿素水解反应，并且防止 NH_3 泄漏。DOC 还能把部分 NO 氧化成 NO_2，为接下来的 SCR 或颗粒过滤器（DPF）的再生反应做准备。

DOC 存在的主要问题是高温老化和催化器中毒。高温老化主要是由于贵金属在高温下发生了烧结，导致催化剂活性点减少，性能下降；催化剂中毒主要是由于排气中的硫酸盐、颗粒物等成分覆盖了载体表面活性点而导致催化性能的下降。催化器的高温老化是不可逆的，而催化剂中毒后是可以部分恢复活性的。另外，如果燃油中的硫含量过高，会导致排气经过 DOC 时硫酸盐成分的增加，并有可能导致颗粒物排放量的升高，因而 DOC 必须与低硫柴油一起使用。单独使用 DOC，会造成 NO_x 中 NO_2 比例的增加，而 NO_2 的毒性是 NO 毒性的 4 倍。除了降低燃油中的硫含量，通过改变载体的材料和构成，也可以提高 DOC 的抗硫老化性能。

DOC 主要用于满足欧Ⅳ和国Ⅳ整车排放认证的轻型车产品，常作为采用 EGR 技术的柴油发动机排放处理解决方案。DOC 采用氧化催化转化技术降低柴油机排气污染重的 CO、HC 成分，同时也能去除 PM 中的一部分 SOF（总颗粒可溶性有机成分）成分。

三、颗粒过滤器

颗粒过滤器（Diesel Particulate Filter，DPF）是指安装在发动机排气系统中，通过过滤来降低排气中 PM 的装置。当 DPF 载体的表面涂覆有催化剂，称为催化型颗粒过滤器（Catalyzed Diesel Particulate Filter，CDPF）。

柴油颗粒过滤器的分类有 2 种：一是按再生种类分类；二是按有无催化分类。

按再生种类通常分为主动再生过滤器和被动再生过滤器。主动再生过滤器需要利用外加能量（如电加热器、燃烧器或发动机操作条件的改变以提高排气温度）使 DPF 内部温度达到 PM 的氧化燃烧温度；被动再生过滤器工作时不需要任何能量输入，只需要发动机排出来的尾气所携带的能量即可，一般针对 CDPF 或 DOC+DPF 等系统。

DPF 的再生是指 DPF 使用一段时间以后，收集在 DPF 里的 PM 需要定期去除掉，从而恢复过滤性能的过程。与主动再生相比，被动再生需要的温度较低，可以实现 DPF 的连续再生，而主动再生需要的温度较高，故需要额外的升温措施或利用催化剂来降低炭烟的燃烧温度。为了使柴油机在全部工况下都能实现 DPF 的可靠再生，通常需要将主动再生和被动再生结合起来使用，将机内燃烧和机外再生技术结合，比如 DOC+DPF 结合燃烧器的再生方法，以及缸内后喷结合燃油催化剂的再生方法。

按有无催化分类通常分为无催化型过滤器和有催化型过滤器，无催化型过滤器一般需要采用主动再生技术，而有催化型过滤器可以是被动再生，也可以是主动再生。

目前市面上应用最多的主要有被动带催化型颗粒过滤器和主动无催化型颗粒过滤器 2 种。被动带催化型柴油颗粒过滤器可以降低 PM 排放 85% 左右，可以降低 HC 和 CO 排放 60% ～ 90%；主动无催化型柴油颗粒过滤器可以降低 PM 排放 85% 左右，可以降低 HC 和 CO 排放 10% ～ 20%。

图 1-53 所示为某汽车安装的 DPF 结构示意图。它在捕集了一定量的微粒后，系统通过燃烧堆积的炭颗粒达到清洗过滤的效果，并且能够使催化剂连续再生。

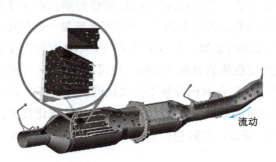

图 1-53　DPF 结构示意图

图 1-54 所示为 DPF 系统实物。

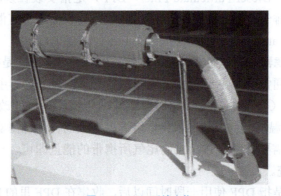

图 1-54　DPF 系统实物

DPF 的过滤程度可以用过滤效率来表示，即试验车辆或发动机按照指定的工况运行时，单位时间 DPF 颗粒物捕集量（质量）与 DPF 入口中气体所含颗粒物量（质量）的比值。

DPF 能够有效地净化柴油机排气中 70% ～ 90% 的微粒，是净化柴油机微粒物最有效、最直接的方法之一，目前国际上已实现了商品化。

四、颗粒氧化催化器

颗粒氧化催化器（Particle Oxidation Catalysis，POC）是一种没有堵塞现象的柴油颗粒过滤器，可以捕捉柴油车尾气排放中的 PM，其原理和 DPF 类似，不同之处在于它多褶皱的孔道结构。POC 完全采用不锈钢结构，载体上有专门的化学涂层。由于 POC 需要较高的再生温度，因此需要与 DOC 配合使用，如图 1-55 所示。另外，POC 质量轻，体积小，尺寸可变，易于集成到排气系统中。

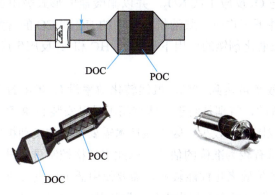

图 1-55　POC 系统

POC 在柴油车辆中消除 PM 的主要机理是，在前端 DOC 的氧化作用下，NO 与 O_2 结合生成 NO_2，加上柴油机本身缸内的燃烧，产生一定量的 NO_2。NO_2 进入 POC，在含有贵金属的特殊化学涂层的催化作用下，NO_2 分子键在较低温时（250℃左右）断裂，产生的 O_2 与被捕捉到的碳颗粒燃烧，生成 CO_2。大部分普通行驶工况都能满足 POC 中再生温度（250～500℃），从而有效去除颗粒物。

POC 可以用于许多无法使用 DPF 的地方，如轻负荷条件和旧的柴油机。其一般要求燃料硫含量在 50ppm（1ppm=0.001‰）下，最好在 15ppm 以下。POC 可以降低 50%～70% 的 PM 排放，可以降低 60% 以上的 HC 和 CO 排放。

五、稀燃 NO_x 捕集器

稀燃 NO_x 捕集器（Lean NO_x Trap，LNT）技术是利用发动机混合气浓度变化而进行的 NO_x 吸附-催化还原的一种净化技术。图 1-56 所示为其结构剖面示意图。

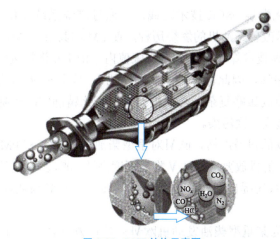

图 1-56　LNT 结构示意图

LNT 反应原理为，在稀燃状态时，尾气处于氧化气氛中，在铂的催化作用下，柴油机中的 NO 与 O_2 反应生成 NO_2，并以硝酸盐的形式吸附在催化器表面。当柴油机在浓燃条件下工作时，柴油机排气中的 HC 和 CO 的含量增加，硝酸盐分解释放出 NO_x，在催化剂铑的作用下与 CO、HC 和 H_2 反应生成 N_2、CO_2 和 H_2O，并使碱金属再生。

LNT 的工作效率可达到 70%，虽然转化效率没有 SCR 的高，但对于轻型柴油车还是比较主流的，特别是对于一些空间不足以安装 SCR 系统的应用场合。目前，LNT 技术在我国应用较少，因为该技术需要很高的发动机控制技术，并且需要对 NO_x 的吸附量有较为准确的估计，以此来严格控制进气量、喷油量和加浓频率。另外，LNT 的抗硫老化性能较弱，需要使用低硫含量柴油。同时，LNT 使用一段时间后，会在催化剂表面积累大量的硫酸盐，需要进行催化器的脱硫。

当前，LNT 技术的研究方向主要是如何减少贵金属用量，提高其转化效率。

六、联合控制技术

现代柴油车的排放控制，需要机内净化技术与后处理技术结合使用。随着日趋严格的排放法规，柴油车后处理技术必须能够同时降低 NO_x 和 PM 的排放，这就需要同时安装能够降低 NO_x 和 PM 的后处理装置，同时还需要考虑各装置之间的影响与协同作用。联合控制技术是柴油车排放控制的发展方向。

对于重型柴油车来说，国际上满足欧Ⅳ和欧Ⅴ排放法规的技术路线主要有两条。一条是 EGR+DOC/DPF 技术路线，即在燃烧优化基础上采用 EGR 技术降低 NO_x 排放量到法规限值内，并耦合 DOC/DPF 后处理器以降低 PM 和其余气体排放，从而使各项排放指标达到法规限值要求。以美国为代表的一些国家和地区倾向于采用该技术路线，因此也称"美国路线"。采用 EGR 通常会导致经济性变差，同时 DPF 需再生且抗硫中毒能力差，对燃油硫含量要求较高。

另一条是优化燃烧+SCR 技术路线，即通过燃烧系统优化、喷油系统升级、高增压中冷等技术改善柴油机的燃烧历程，使 PM 和其余气体排放满足法规要求，再利用 SCR 后处理技术降低 NO_x 到法规限值内。由于欧洲地区大多数发动机制造商倾向于采用该路线，因此也称为"欧洲路线"。基于 SCR 的技术路线需要基础设施建设，同时控制策略复杂，必须根据工况变化精确实时控制尿素喷射量，避免过多喷射尿素造成二次污染。

随着排放法规的日益严格，欧Ⅵ对重型柴油机的 NO_x 和 PM 排放提出了极其苛刻的要求，NO_x 的排放要求较欧Ⅴ降低幅度高达 80% 左右（几乎接近零排放），这给 SCR 后处理系统提出了较高的要求，其转化效率必须从现在的 75% 左右提高到 90% 以上

图 1-57 所示为某重型柴油发动机欧Ⅵ后处理方案之一，首先用 EGR 技术处

理 NO_x，再通过 DOC 处理 HC 和 CO，随后利用主动再生的 DPF 捕集 PM 并定期烧掉，最后用 SCR 催化器对 NO_x 做进一步处理，由于尿素溶液的喷射量要更大，在 SCR 催化器后部设置氨泄漏催化器，对多余的 NH_3 进行氧化处理。通过以上的组合后处理技术措施，可以使柴油机满足欧Ⅵ排放标准要求。

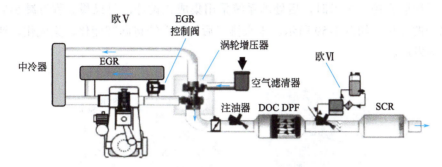

图 1-57　重型柴油发动机欧Ⅵ后处理方案

欧Ⅴ、欧Ⅵ阶段柴油机后处理系统采用 DOC、DPF 及 SCR 等多个后处理单元，如何构成完善的处理系统，最大限度提高系统利用率是关键。针对欧Ⅵ标准的后处理系统，方案的主要差异是 DPF 和 SCR 催化剂布置位置不同，如图 1-58 所示。

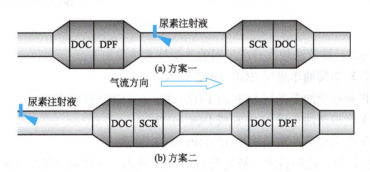

图 1-58　重型柴油发动机欧Ⅵ后处理方案比较

图 1-58 中的方案一将 DPF 布置在 SCR 的上游，DOC 产生大量的热，DPF 再生所需的额外能量较少；同时 DOC 将部分 NO 氧化为 NO_2，提高了 DPF 的被动再生能力。剩余的 NO_x 会被 SCR 系统处理，保证了整个系统除去 PM 和 NO_x 的高效率；这种系统布置的缺点是 SCR 需要承受发动机运行及 DPF 再生时所产生的高温，影响 SCR 的使用寿命。

图 1-58 中的方案二将 SCR 放在 DOC 后，DPF 放在气流的最下游。这样布置时，使 SCR 避免经受 DPF 再生时的高温，但由于 DOC 布置靠后，冷启动时转化效率不高，同时在较低温度的工况下，系统的净化效率很低，对某些低速行驶的车辆，如城市公交，可能无法达到满意的处理效果。

不论是方案一还是方案二，都需要采用辅助技术来快速提高 DOC 的温度。

在欧洲主流的解决方案中，DPF 布置在 SCR 上游是主流方式，在 DPF 之前布置 DOC，能够有效地提升 DPF 入口温度，利用 SCR 再处理 NO_x 排放，利用氨逃逸催化剂（ASC）完成对氨泄漏的转化，使整个系统都达到了很高的效率，且能有效地利用 NO_2 进行被动再生。

采用联合控制技术时，后处理系统采用集成化设计，可以最大程度减小后处理系统的体积，如图 1-59 所示。未来排气后处理系统将向智能化、集成化、通用化方向发展。

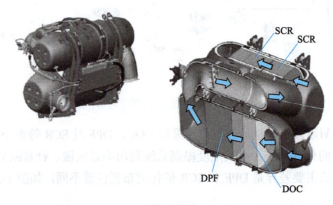

图 1-59　柴油发动机后处理集成化设计

我国为满足排放法规提升所采用的典型技术路线如下。
① 国Ⅳ轻型柴油车采用 EGR+DOC 技术。
② 国Ⅳ重型柴油车采用 SCR 或 EGR+DPF 及 DOC+POC 技术。
③ 国Ⅴ轻型柴油车采用 DPF 或 DOC+DPF。
④ 国Ⅴ中重型柴油车采用 DOC+DPF+SCR 技术。

柴油机颗粒物控制技术，特别是 DPF 应用技术，是柴油机满足未来法规要求的关键技术。在当前的柴油机排放污染物控制技术中，DPF 是减少颗粒物排放的最佳路线。DPF 对减少微粒排放总量和微粒数量，都有明显作用，能够实现颗粒物减排 85%～95%。

油品问题是导致我国 DPF 研究落后的主要原因。高硫燃料造成 DPF 炭烟过载，造成不受控的 DPF 再生损坏 DPF；在被动再生的 DPF 中，硫通过 DPF 时被氧化为硫酸盐，增加了 PM 排放量；同时硫氧化物占据反应空间，影响 NO 向 NO_2 的转化效率，提高了再生温度且降低了 DPF 效率；在主动再生的 DPF 中，硫酸盐的生成会增加颗粒物排放，背压升高，导致系统更频繁地再生，增加了燃料消耗量，缩短了保养间隔。

国Ⅲ和国Ⅳ阶段各厂家对于 DOC 和 SCR 技术的应用都有了一定的积累，DPF 的应用技术将是满足国Ⅴ和国Ⅵ法规的攻关重点。

第二章 汽车底盘技术

汽车底盘由传动系统、行驶系统、转向系统和制动系统 4 部分组成,如图 2-1 所示。

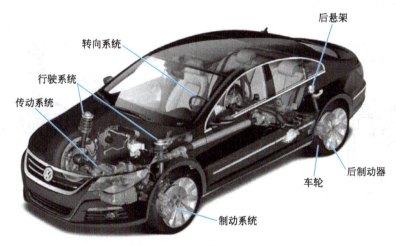

图 2-1 汽车底盘

底盘的作用是支撑、安装汽车发动机及其各部件、总成,形成汽车的整体造型,并接受发动机的动力,使汽车产生运动,保证汽车能正常行驶。

第一节 传动系统技术

汽车传动系统具有以下功用。

（1）减速增矩　发动机输出的动力具有转速高、转矩小的特点，无法满足汽车行驶的基本需要，通过传动系统的主减速器，可以达到减速增矩的目的，即传给驱动轮的动力比发动机输出的动力转速低，转矩大。

（2）变速变矩　发动机的最佳工作转速范围很小，但汽车行驶的速度和需要克服的阻力却在很大范围内变化，通过传动系统的变速器，可以在发动机工作范围变化不大的情况下，满足汽车行驶速度变化大和克服各种行驶阻力的需要。

（3）实现倒车　发动机不能反转，但汽车除了前进外，还要倒车，在变速器中设置倒挡，汽车就可以实现倒车。

（4）中断动力　启动发动机、换挡过程中、行驶途中短时间停车（如等候交通信号灯）、低速滑行等情况下，都需要中断传动系统的动力传递，利用变速器的空挡可以中断动力传递。

（5）差速功能　在汽车转向等情况下，需要两驱动轮能以不同转速转动，通过驱动桥中的差速器可以实现差速功能。

传动系统由离合器、变速器、传动轴、万向节、主减速器、差速器和半轴等组成，如图2-2所示。

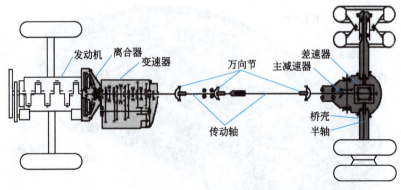

图2-2　汽车传动系统

一、离合器

离合器位于发动机与变速器之间的飞轮壳内，被固定在飞轮的后平面上，另一端连接变速器的输入轴。离合器相当于一个动力开关，可以传递或切断发动机向变速器输入的动力。

离合器的主要作用是使汽车平稳起步，适时中断到传动系统的动力以配合换挡，还可以防止传动系统过载。

离合器主要由主动部分（飞轮、离合器盖等）、从动部分（摩擦片）、压紧机构（膜片弹簧）和操纵机构（离合器踏板）组成，如图2-3所示。

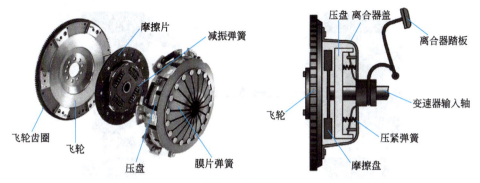

图 2-3 离合器

离合器工作原理示意图如图 2-4 所示。

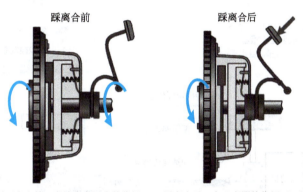

图 2-4 离合器工作原理示意图

离合器盖通过螺钉固定在飞轮的后端面上，离合器内的摩擦片在弹簧的作用力下被压盘压紧在飞轮面上，而摩擦片是与变速器的输入轴相连。通过飞轮及压盘与从动盘接触面的摩擦作用，将发动机发出的转矩传递给变速器。在没踩下离合器踏板前，摩擦片是紧压在飞轮端面上的，发动机的动力可以传递到变速器。当踩下离合器踏板后，通过操纵机构，将力传递到分离叉和分离轴承，分离轴承前移将膜片弹簧往飞轮端压紧，膜片弹簧以支撑圈为支点向相反的方向移动，压盘离开摩擦片，这时发动机动力传输中断；当松开离合器踏板后，膜片弹簧重新回位，离合器重新接合，发动机动力继续传递。

电控多片离合器是离合器的新技术，主要用于四轮驱动汽车，如图 2-5 所示。

电控多片离合器主要分为输入箱、主离合器部分、电磁离合器部分、凸轮机构和输出轴，如图 2-6 所示。

电控多片离合器在四驱汽车上的工作过程如图 2-7 所示。

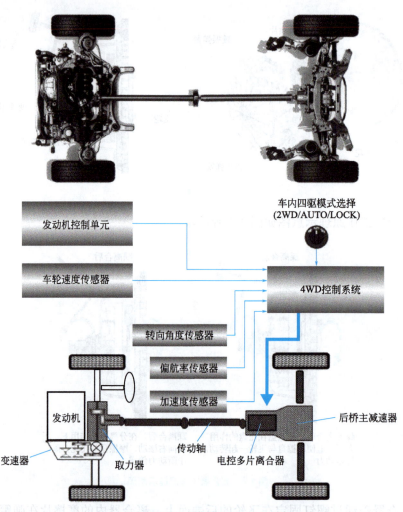

图 2-5　电控多片离合器在四驱汽车上的应用

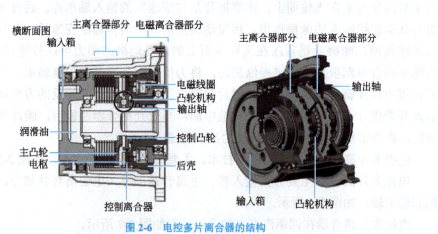

图 2-6　电控多片离合器的结构

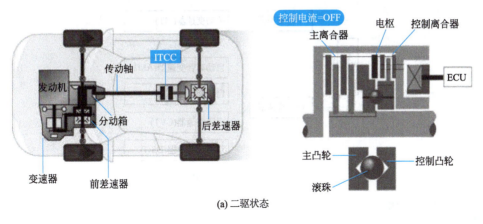

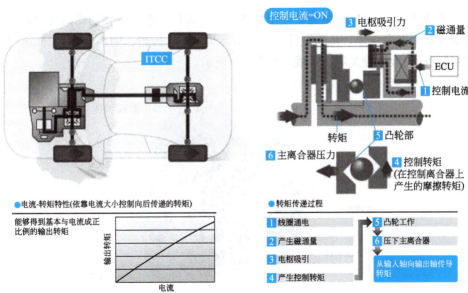

图 2-7　电控多片离合器在四驱汽车上的工作过程

二、变速器

汽车变速器的主要作用有变速变矩、实现倒车和中断动力。

汽车变速器按照操控方式可分为手动变速器（Manual Transmission，MT）和自动变速器，自动变速器又分为自动离合变速器（Automated Manual Transmission，AMT）、自动变速器（Automatic Transmission，AT）、无级变速器（Continuously Variable Transmission，CVT）、双离合变速器（Direct Shift Gearbox，DSG），如图2-8 所示。

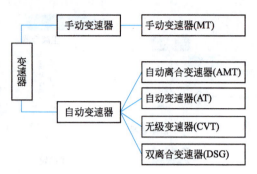

图 2-8 变速器的类型

1. 手动变速器

手动变速器（MT）就是必须用手拨动变速器杆才能改变传动比的变速器。手动变速器主要由壳体、传动组件（主动轴、从动轴、齿轮、同步器等）、操纵组件（换挡拉杆、换挡拨叉等）组成，如图 2-9 所示。

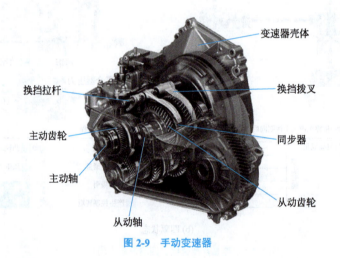

图 2-9 手动变速器

2. 自动离合变速器

自动离合变速器（AMT）就是"手动变速器＋自动换挡装置"，可以看成是自动的手动变速器，如图 2-10 所示。自动离合变速器本质上是在手动变速器的基础之上发展而来，保留了手动变速器的换挡结构和离合器；在原有的基础上加装了微机控制的自动操纵系统，通过计算机系统来完成操作离合器和选挡两个动作。

AMT 汽车相对 MT 汽车来说，驾驶简单，只需要踩油门，由 AMT 系统自动选择最佳的换挡时机，消除了发动机、离合器和变速器的错误使用，从而避免换错挡的情况出现。而 AMT 分为两种换挡模式：自动换挡（D）模式和手动换挡（M）模式。

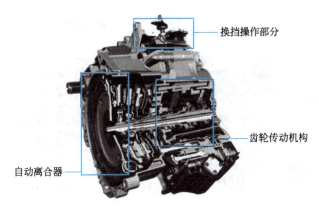

图 2-10 自动离合变速器

AMT 介于 AT 和 MT 之间,既继承了手动挡低油耗的特点,又继承了自动挡不用人为换挡的便利。但是变速器本身对离合器的控制并不是很好,在行车过程中顿挫感较强。

3. 自动变速器

自动变速器(AT)一般都是液力变矩器式自动变速器,它主要由两大部分构成:与发动机飞轮连接的液力变矩器、紧跟在液力变矩器后方的变速机构,如图 2-11 所示。

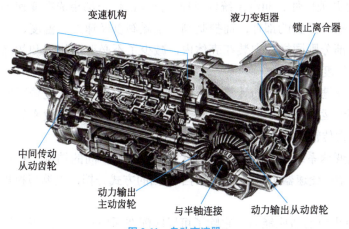

图 2-11 自动变速器

9 速自动变速器(9AT)是目前变速器中挡位最多的,有 9 个挡位,这 9 个挡位以 4 组行星齿轮以及 6 组变速组件来实现,因此也使传动比达到了 9.15。高传动比意味着汽车在日常行驶过程中,变速器可以帮助发动机始终保持在最理想的转速区间,以提升汽车燃油经济性,同时换挡过程也会更加平顺、不易察觉。

9AT 内部结构如图 2-12 所示。

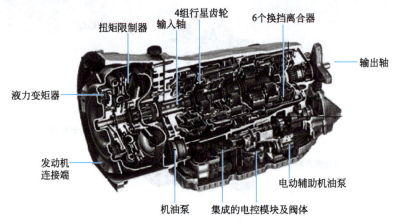

图 2-12　9AT 内部结构

9AT 具有以下特点。

① 采用 9 挡，齿比分布更为细化，能够更好地将发动机动力转化为实际加速力；除了第 1、第 2 挡减速比较大，主要用于起步和拉动转速以外，从第 3 挡开始的衔接就逐渐紧密，特别是第 5 ～ 第 9 挡的齿比落差极小，因此在高速行驶时拥有更好、更顺畅的推力；而超速挡也多达三组，因此燃油经济性表现出色。

② 使用了轻量化铝合金打造的转矩限制器，同时也采用质地更轻的镁铝合金作为变速器外壳的材料。

③ 所有开关部件、润滑系统以及控制操作部件全部集成在变速器壳体内，因此减少了一些不必要的部件；而控制阀、电磁阀以及速度、温度、压力、位置传感器的主体部分则同样被安装在壳体内，减少了不必要的排线和故障率，尽可能高地提升可靠度。

④ 9 速变速系统当中的计算机控制组件将接收到 3 组速度传感器回传的各项参数，在高速运算之后，便根据这些参数来进行最符合当下效率的变速动作，尽可能减少动力传输间的不必要浪费。

⑤ 9 速变速系统在加速或是减速过程中可跳过中间的挡位，直接进入想要切换的挡位当中；变速器可以以 3 挡 -5 挡 -7 挡的方式升挡，以缩短换挡时程，提高效率。

⑥ 拥有出色的适应能力，它除了可以匹配在后驱车型、四驱车型上，也可以与混合动力车、插电式混合动力车等新能源车匹配。

4. 无级变速器

无级变速器（CVT）的主要部件是两个滑轮和一条金属带，金属带套在两个滑轮上，如图 2-13 所示。滑轮由两块轮盘组成，这两片轮盘中间的凹槽形成一个 V 形，其中一边的轮盘由液压控制机构控制，可以根据不同的发动机转速，进行分开与拉近的动作，V 形凹槽也随之变宽或变窄，将金属带升高或降低，从而改变金属带与滑轮接触的直径，相当于齿轮变速中切换不同直径的齿轮。两个滑轮呈反向调节，即其中一个带轮凹槽逐渐变宽时，另一个带轮凹槽就会逐渐变窄，从而迅速加大传动比的变化。

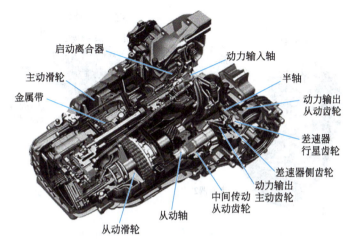

图 2-13　无级变速器

5. 双离合变速器

双离合变速器（DSG）具有两个离合器，它能够消除换挡时动力传递的中断现象，缩短换挡时间，同时换挡更加平顺，如图 2-14 所示。

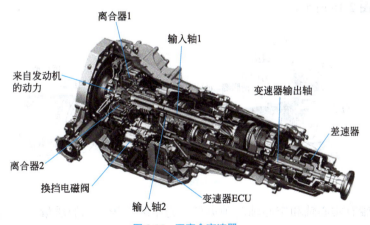

图 2-14　双离合变速器

图 2-15 所示是大众 6 速双离合变速器的工作原理图。两个离合器与变速器装配在同一机构内，其中离合器 1 负责挂 1 挡、3 挡、5 挡和倒挡，离合器 2 负责挂 2 挡、4 挡、6 挡。当驾驶员挂上 1 挡起步时，换挡拨叉同时挂上 1 挡和 2 挡，

但离合器 1 接合，离合器 2 分离，动力通过 1 挡的齿轮输出动力，2 挡齿轮空转。当驾驶员换到 2 挡时，换挡拨叉同时挂上 2 挡和 3 挡，离合器 1 分离的同时离合器 2 接合，动力通过 2 挡齿轮输出，3 挡齿轮空转。其余各挡位的切换方式均与此类似。这样就解决了换挡过程中动力传输中断的问题。

图 2-15　大众 6 速双离合变速器的工作原理图

三、传动轴

传动轴装在变速器与驱动桥之间，将变速器传来的转矩与旋转运动传递给驱动桥的主减速器。在转向驱动桥和断开式驱动桥中，则用来连接差速器和驱动轮。

传动轴由传动轴管、伸缩套（伸缩花键）和万向节组成，分段式必须加中间支承，如图 2-16 所示。

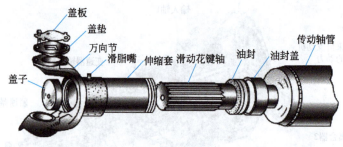

图 2-16　传动轴

传动轴有实心轴和空心轴两种类型。为了减小传动轴的质量，节省材料，提高轴的强度、刚度，传动轴多为空心轴，一般用厚度为 1.5～3.0mm 的薄钢板卷焊而成，超重型货车的传动轴则直接采用无缝钢管。

碳纤维传动轴如图 2-17 所示，与钢制传动轴相比，质量更轻，但传递的转矩更大。

图 2-17　碳纤维传动轴

四、万向节

万向节是指利用球形等装置来实现不同方向的轴动力输出,位于传动轴的末端,用来连接传动轴和驱动桥、半轴等机件。万向节的结构和作用有点像人体四肢上的关节,它允许被连接的零件之间的夹角在一定范围内变化。

按万向节在扭转方向上是否有明显的弹性可分为刚性万向节和挠性万向节。刚性万向节又可分为不等速万向节(常用的为十字轴式)、准等速万向节(如双联式万向节)和等速万向节(如球笼式万向节)3 种。目前轿车上常用的等速万向节为球笼式万向节,其在汽车上的位置如图 2-18 所示。

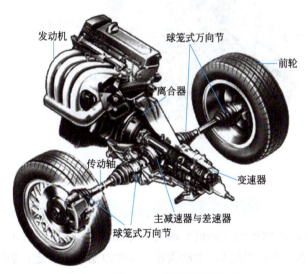

图 2-18　球笼式万向节在汽车上的位置

图 2-19 所示为十字轴式万向节。十字轴式万向节主要用于货车。

五、主减速器

主减速器是在驱动桥内能够改变转矩和转速的机构。其基本功用是增大来自变速器或者万向传动装置的转矩,同时降低转速并改变转矩的传递方向。

主减速器由一对或几对减速齿轮副构成,动力由主动齿轮输入经从动齿轮输出,如图 2-20 所示。

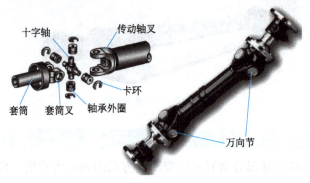

图 2-19　十字轴式万向节

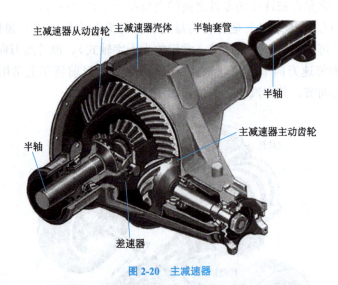

图 2-20　主减速器

六、差速器

差速器主要是由侧齿轮（通过半轴与车轮相连）、行星齿轮（行星架与从动齿轮连接）、从动齿轮（环齿轮）、主动齿轮（与动力输入轴相连）等组成，如图 2-21 所示。

传动轴传过来的动力通过主动齿轮传递到从动齿轮上，从动齿轮带动行星齿轮轴一起旋转，同时带动侧齿轮转动，从而推动驱动轮前进。

当汽车直线行驶时，动力通过从动齿轮传递到行星齿轮，由于两侧驱动轮受到的阻力相同，行星齿轮不发生自转，通过半轴把动力传到两侧车轮，这时左右车轮转速一样，如图 2-22（a）所示。

当汽车转弯时，左右车轮受到的阻力不同，这时行星齿轮绕着半轴公转同时自转，从而吸收阻力差，使车轮能够以不同的速度旋转，保证汽车顺利过弯，如

图 2-22（b）所示。

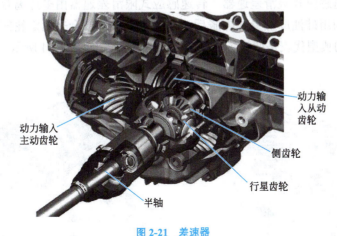

图 2-21 差速器

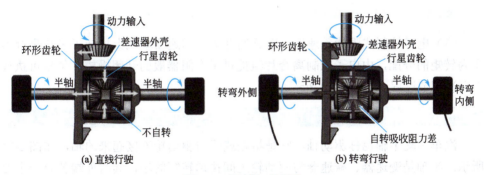

图 2-22 差速器工作原理

限滑差速器是差速器的新技术，它在需要车轮同步转动时，限制转速差，尽可能让转速同步，以保证车辆正常的行进。限滑差速器不仅解决了在城市道路中行驶的问题，而且也为汽车到野外行驶提供了便利。限滑差速器帮助驾驶员提高过弯的速度，加强了操控性能，以及赛场上炫酷的四轮横移动作。行驶路上，陷入泥沼或在雪地里"无法自拔"的汽车，也能轻松脱困，让驾驶员尽情体验驾驶的快感。

根据实现方式以及机件结构的不同，限滑差速器可分为转扭感应式、转速感应式、电子控制式等多种形式。虽然实现限滑差速的过程不同，但最终目的是一致的。

（1）转扭感应式限滑差速器　借由蜗轮蜗杆传动的自锁功能（蜗杆可以向蜗轮传递转矩，而蜗轮向蜗杆施以转矩时，齿轮间摩擦力大于所传递的扭转，从而无法旋转）来实现限滑功能。转扭感应式限滑差速器的典型代表是托森差速器，如图 2-23 所示。

（2）转速感应式限滑差速器　转速感应式限滑差速器由多片离合器加上硅油组合而成。利用硅油摩擦受热膨胀后，迫使离合器片接合来锁定轮间速差。该类限滑差速器的典型代表是博格华纳的 Haldex 差速器，如图 2-24 所示。

图 2-23　转扭感应式限滑差速器

图 2-24　转速感应式限滑差速器

（3）电子控制式限滑差速器　在普通开放式差速器基础上加装了多片离合器作为转矩的分配，由电子控制离合片组提供了变阻器般的开闭操控，每秒可执行上百次调节过程，如图 2-25 所示。

七、驱动半轴

汽车驱动半轴也称驱动轴，它是将差速器与驱动轮连接起来的轴，如图 2-26 所示。半轴是变速器、减速器与驱动轮之间传递转矩的轴，其内外端各有一个万向节分别通过万向节上的花键与减速器齿轮及轮毂轴承内圈连接。

图 2-25　电子控制式限滑差速器

图 2-26　驱动半轴

第二节 行驶系统技术

汽车的行驶系统具有以下作用。
① 接受传动系统传来的发动机转矩并产生驱动力用来驱动汽车行驶。
② 承受汽车的总重量，传递并承受路面作用于车轮上的各个方向的反力及转矩。
③ 承受外界给予汽车的各种力和力矩的冲击与振动，并使之缓冲减振，保证汽车行驶的平顺性和操纵稳定性。
④ 与转向系统协调配合工作，控制汽车的行驶方向。
⑤ 与制动系统协调配合工作，保证汽车的安全性与稳定性。
汽车的行驶系统由车架、车桥、悬架、车轮与轮胎组成，如图2-27所示。

图2-27 汽车行驶系统

一、车架

车架的功用是支承、连接汽车的各总成，使各总成保持相对正确的位置，并承受汽车内外的各种载荷。

车架是跨接在汽车前后车桥上的框架式结构，是汽车的基体，一般由两根纵梁和几根横梁组成，经由悬架装置、前桥、后桥支承在车轮上，如图2-28所示。

这种框架式车架主要用于商用车、专用乘用车和越野乘用车上，如图2-29所示。车架必须具有足够的强度和刚度以承受汽车的载荷和从车轮传来的冲击。

框架式车架具有以下优点。

① 除了轮胎与悬架系统对整车的缓冲吸振作用外，挠性橡胶垫还可以起到辅助缓冲、适当吸收车架的扭转变形和降低噪声作用，既延长了车身的使用寿命，

又提高了乘坐舒适性。

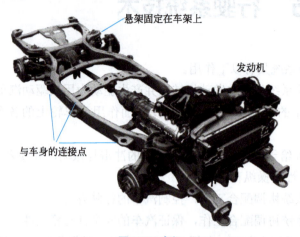

图 2-28　车架

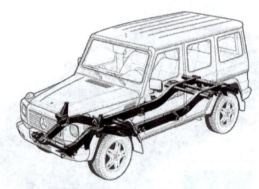

图 2-29　越野车车架

②底盘和车身可以分开装配，然后总装在一起，从而简化装配工艺，便于组织专业化协作。

③有车架作为整车的基础，便于汽车上各总成和部件的安装，同时易于更改车型和改装成其他用途的车辆。

框架式车架具有以下缺点。

①车架本身就很重，而车身和车架又是两个独立的部件，所以整体重量就更大了，用的钢材多，成本也会相对较高。

②底盘和车身之间装有车架，使整车高度增大，质心高，但车内空间有限。

轿车一般不采用这种框架式车架，而是采用承载式车身，承载式车身起到车架的作用，如图 2-30 所示。

图 3-31 为铝合金车身结构，目前主要用于高级轿车的车身。铝合金车身是轿车的发展趋势。

图 2-30　轿车承载式车身

图 2-31　铝合金车身结构

图 2-32 所示为碳纤维车身结构，目前主要用于跑车的车身。

图 2-32　碳纤维车身结构

二、车桥

车桥通过悬架与车架相连接，其两端安装有车轮。当汽车行驶时，车轮受到的各种力通过车桥传递给悬架和车架，同时车架上的各部件的载荷也通过车桥传递给车轮。

车桥具有以下作用。

① 安装车轮。

② 承受垂直载荷。

③ 传递车架或承载式车身与车轮之间各方向的作用力及其力矩。

车桥分为前桥和后桥。根据车桥上车轮的作用不同,车桥又分为转向桥、驱动桥、转向驱动桥和支承桥。其中转向桥和支承桥属于从动桥。

按照悬架结构的不同,车桥可分为整体式车桥和断开式车桥。整体式车桥与非独立悬架配用,断开式车桥与独立悬架配用。

1. 转向桥

转向桥是指承担转向任务的车桥,它分为整体式转向桥和断开式转向桥。

整体式转向桥如图 2-33 所示。它采用非独立悬架,两侧车轮连接为一个整体,当一侧车轮遇到凹凸路面时,整个车身都会倾斜,影响舒适性。

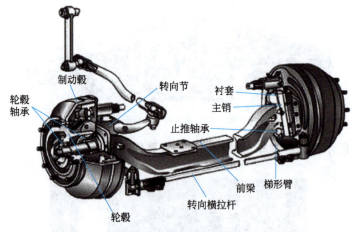

图 2-33　整体式转向桥

断开式转向桥如图 2-34 所示。断开式驱动桥中部为活动关节式的结构,使得两侧的车轮在汽车的横向平面内可以相对运动,左右车轮单独跳动,互不干扰,能减小车身的侧倾和振动。断开式转向桥采用独立悬架,可以有效减小非簧载质量,降低发动机高度,提高汽车行驶平顺性和操纵稳定性。

2. 驱动桥

驱动桥一般由主减速器、差速器、车轮传动装置和驱动桥壳等组成。

驱动桥是指在后轮驱动的汽车中,起承载、驱动作用的车桥,它分为整体式驱动桥和断开式驱动桥。

整体式驱动桥如图 2-35 所示。桥壳是刚性整体结构,两根半轴和驱动轮在横向平面内无相对运动。

断开式驱动桥如图 2-36 所示。断开式驱动桥采用独立悬架,驱动轮分别用弹性悬架与车架相连,两驱动轮彼此可独立地相对于车架或车身上下跳动,以提高汽车的行驶平顺性和通过性。

图 2-34　断开式转向桥

图 2-35　整体式驱动桥

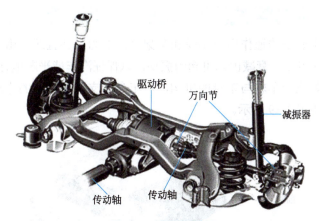

图 2-36　断开式驱动桥

驱动桥具有以下作用。

① 将万向传动装置传来的发动机转矩通过主减速器、差速器、半轴等传到驱动车轮，实现减速增大转矩。

② 通过主减速器圆锥齿轮副改变转矩的传递方向。

③ 通过差速器实现两侧车轮差速作用，保证内、外侧车轮以不同转速转向。

④ 通过桥壳体和车轮实现承载及传递力矩的作用。

3. 转向驱动桥

转向驱动桥如图 2-37 所示，它除了承担转向任务外，还具有驱动的作用。

4. 支承桥

支承桥是指既无转向功能又无驱动功能的桥，只承受垂直载荷，并承受纵向力、侧向力以及这些力产生的力矩，如图 2-38 所示。

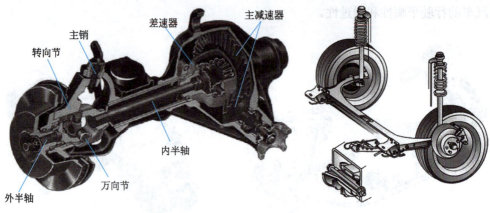

图 2-37 转向驱动桥　　　　图 2-38 支承桥

三、悬架

汽车悬架主要是传递作用在车轮和车架之间的力，并且缓冲由不平路面传给车架或车身的冲击力，衰减由此引起的振动，以保证汽车能平顺地行驶。

汽车悬架是连接车轮与车身的机构，对车身起支承和减振的作用，分为前悬架和后悬架，如图 2-39 所示。

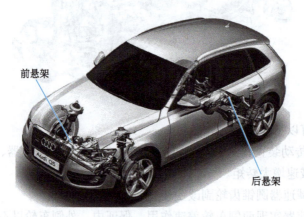

图 2-39 汽车悬架

典型的悬架系统结构主要包括弹性元件、导向机构（摆动轴承、下摆臂）以及减振器等部分，如图 2-40 所示。弹性元件有钢板弹簧、空气弹簧、螺旋弹簧以及扭杆弹簧等形式，现代轿车悬架系统多采用螺旋弹簧和扭杆弹簧，个别高级轿车则使用空气弹簧。

汽车悬架可以分为独立悬架和非独立悬架。

独立悬架可以简单理解为左右两个车轮间没有硬轴进行刚性连接，一侧车轮的悬架部件全部都只与车身相连，如图 2-41 所示。

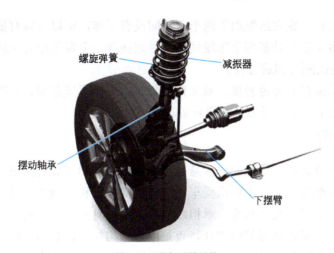

图 2-40　悬架系统结构

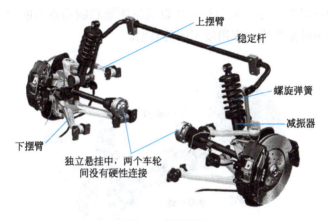

图 2-41　独立悬架

非独立悬架两个车轮间不是相互独立的,之间有硬轴进行刚性连接,如图 2-42 所示。

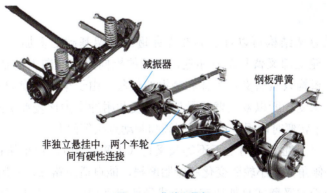

图 2-42　非独立悬架

从结构上看，独立悬架由于两个车轮间没有干涉，所以可以有更好的舒适性和操控性。而非独立悬架两个车轮间有硬性连接物，会发生相互干涉，但其结构简单，有更好的刚性和通过性。

常见的悬架有麦弗逊悬架、双叉臂式悬架、扭转梁式悬架、多连杆悬架；空气悬架和电控主动液压悬架是新型悬架。

1. 麦弗逊悬架

麦弗逊悬架是最为常见的一种悬架，主要由叉臂和减振机构组成，如图2-43所示。叉臂与车轮相连，主要承受车轮下端的横向力和纵向力。减振机构的上部与车身相连，下部与叉臂相连，承担减振和支持车身的任务，同时还要承受车轮上端的横向力。麦弗逊悬架的设计特点是因为结构简单，悬架重量越轻和占用空间越小，响应速度和回弹速度就会越快，所以悬架的减振能力也相对较强。然而也是因为麦弗逊结构简单、质量轻，所以其抗侧倾和制动点头能力弱，稳定性较差。目前麦弗逊悬架多用于家用轿车的前悬架。

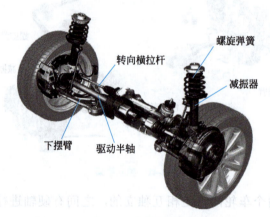

图 2-43 麦弗逊悬架

2. 双叉臂式悬架

双叉臂式悬架结构可以理解为在麦弗逊式悬架基础上多加一支叉臂，如图2-44所示。车轮上部叉臂与车身相连，车轮的横向力和纵向力都是由叉臂承受，而这时的减振机构只负责支承车体和减振的任务。由于车轮的横向力和纵向力都由两组叉臂来承受，所以双叉臂式悬架的强度和耐冲击力比麦弗逊式悬架要强很多，而且在汽车转弯时能很好地抑制侧倾和制动点头等问题。

双叉臂式悬架通常采用上下不等长叉臂（上短下长），让车轮在上下运动时能自动改变外倾角并减小轮距变化和轮胎磨损，能自适应路面，轮胎接地面积大，贴地性好。由于双叉臂式悬架比麦佛逊式悬架双叉臂多了一个上摇臂，需要占用较大的空间，而且定位参数较难确定，因此小型轿车的前桥出于空间和成本考虑较少采用此种悬架。

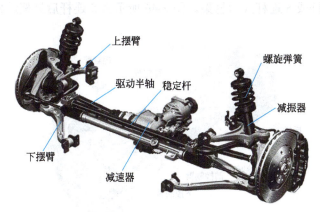

图 2-44 双叉臂式悬架

3. 扭转梁式悬架

扭转梁式悬架的结构中，两个车轮之间没有硬轴直接相连，而是通过一根扭转梁进行连接，扭转梁可以在一定范围内扭转，如图 2-45 所示。但如果一个车轮遇到非平整路面时，两个车轮之间的扭转梁仍然会对另一侧车轮产生一定的干涉，严格上说，扭转梁式悬架属于半独立式悬架。扭转梁式悬架相对于独立式悬架来说舒适性要差一些，不过结构简单可靠，也不占空间，而且维修费用也比独立悬架低，所以扭转梁式悬架多用在小型车和紧凑型车的后桥上。

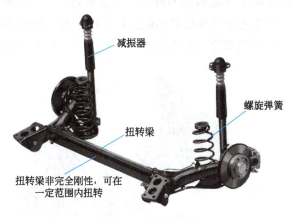

图 2-45 扭转梁式悬架

4. 多连杆悬架

多连杆悬架就是通过各种连杆配置把车轮与车身相连的一套悬架机构，其连杆数比普通的悬架要多一些，一般把连杆数为3或以上的悬架称为多连杆悬架。目前主流的连杆数为4或5。前悬架一般为3连杆或4连杆式独立悬架；后悬架则一般为4连杆或5连杆式后悬架。图2-46所示为5连杆后悬架结构简图。

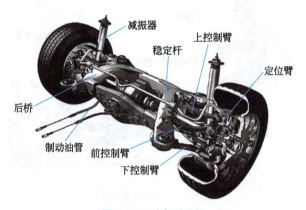

图2-46　5连杆后悬架

多连杆悬架通过设计连接运动点的约束角度使得悬架在压缩时能主动调整车轮定位，使车轮与地面尽可能保持垂直、贴地性，具有非常出色的操控性。多连杆悬架能最大限度地发挥轮胎抓地力从而提高整车的操控极限，是所有悬架设计中最好的，不过结构复杂，制造成本也高。一般中小型轿车出于成本和空间考虑很少使用这种悬架。

5. 空气悬架

空气悬架是指采用空气减振器的悬架，主要是通过空气泵来调整空气减振器的空气量和压力，可改变空气减振器的硬度和弹性系数，如图2-47所示。通过调节泵入的空气量，可以调节空气减振器的行程和长度，可以实现底盘的升高或降

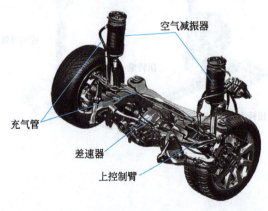

图2-47　空气悬架

低。空气悬架相对于传统的钢制悬架系统来说，具有很多优势。例如，车辆高速行驶时，悬架可以变硬，以提高车身稳定性；而以低速或在颠簸路面行驶时，悬架可以变软来提高舒适性。

6. 电控主动液压悬架

电控主动液压悬架最大的特点在于可手动调节悬架高度，并能自动调节减振器的刚度和阻尼，如图 2-48 所示。

四、车轮

车轮是介于轮胎和车轴之间承受载荷的旋转组件，主要由轮辋、轮辐和轮毂组成，如图 2-49 所示。

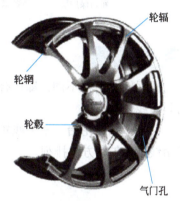

图 2-48　电控主动液压悬架　　　　图 2-49　车轮结构

按照轮辋的构造，车轮可分为辐板式车轮和辐条式车轮，如图 2-50 所示。辐板式车轮主要用于载货汽车，辐条式车轮主要用于轿车。

(a) 辐板式车轮　　　　(b) 辐条式车轮

图 2-50　车轮形式

五、轮胎

轮胎是指在汽车上安装的圆形环状橡胶制品，起着支承车身、缓冲外界冲击的作用；实现与路面的接触并保证汽车的行驶性能。轮胎结构如图 2-51 所示。

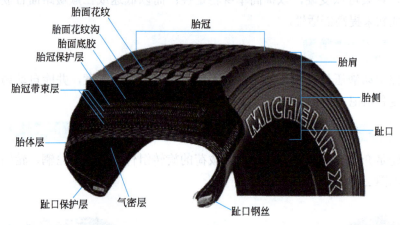

图 2-51　轮胎结构

1. 轮胎的种类

根据轮胎结构不同，即胎体中帘线的排列方式不同，轮胎可分为子午线轮胎与斜交线轮胎。

（1）子午线轮胎　子午线轮胎内部结构如图 2-52 所示，其主要特征是帘布层的帘线按子午线方向排列。

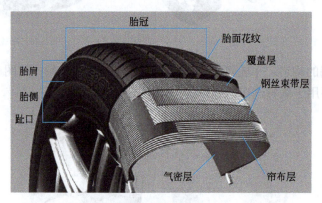

图 2-52　子午线轮胎

子午线轮胎具有以下优点。

① 子午线轮胎的胎冠和胎侧相对独立，胎冠较厚且有坚硬的带束层，接地面积大，附着性能好；并且单位接地压力小，载荷分布均匀，在路面上的滑移量小，轮胎的行驶里程更长。

② 胎冠部分可用较硬质橡胶作为胎面材料，并且内部有钢丝制作的带束层，因此子午线轮胎耐磨性好，具有防刺穿能力。

③ 由于子午线胎帘布层数少，层间摩擦力小，故其滚动阻力较小，能有效提高汽车的燃料经济性。

④ 子午线轮胎帘布层数少，胎侧较薄，胎体较软，所以其径向弹性大，缓冲减振性能好，能改善汽车行驶平顺性、乘坐舒适性，并可延长汽车机件使用寿命。

⑤ 由于子午线胎帘布层数少，并且帘布层之间摩擦力小，所以这种轮胎温度上升较慢，散热较快，轮胎的温度更低，能够适应汽车高速行驶的需求。

子午线轮胎具有以下缺点。

① 轮胎侧面较薄，侧向变形大，导致汽车侧向稳定性稍差。

② 制造技术要求高，成本较高。

（2）斜交线轮胎　斜交线轮胎内部结构如图 2-53 所示，其主要特征是帘布层的帘线按斜线交叉排列。

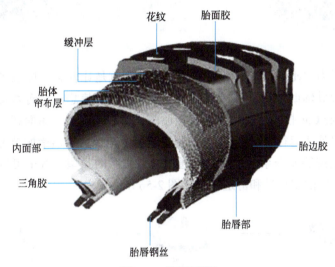

图 2-53　斜交线轮胎

现在的汽车基本使用的都是子午线轮胎，斜交线轮胎逐渐被淘汰。只有一些低速重载的货车或工程机械还在使用。

2. 轮胎的新技术

轮胎新技术有米其林无空气轮胎、米其林柔性车轮技术、倍耐力 Cyber Car 技术、赛轮 RFID 智能轮胎和玲珑绿色发电轮胎等。

（1）米其林无空气轮胎　米其林的无空气轮胎 Tweel SSL 产品适合全地形应用，比如建筑场地、园林绿化和农业等行业的越野工作环境，如图 2-54 所示。

Tweel 产品不需要维护，不需要空气，消除了"爆胎"的风险，并允许用户持续不断地使用，以实现利润最大化。与标准充气轮胎相比，更易于安装，并具有抗损伤性，以及更高的生产率和更长的磨损寿命。

（2）米其林柔性车轮技术　米其林柔性车轮结合了柔性橡胶法兰，旨在吸收坑洼不平的路面和道路边缘的冲击，从而提高乘坐舒适度和安全性，如图 2-55 所示。

图 2-54　米其林无空气轮胎

图 2-55　米其林柔性车轮

（3）倍耐力 Cyber Car 技术　Cyber Car 技术就是让轮胎直接连接车载电子系统，尤其是驾驶辅助系统，传递关于汽车运行的重要信息，从而为安全和性能保驾护航。Cyber Car 技术监控的参数有轮胎气压、内部温度、胎面花纹深度以及垂直载荷。根据具体运行情况，Cyber Car 技术可以干预并激活诸如防抱死制动系统和稳定控制系统等安全系统。例如，通过读取轮胎的类型，汽车可以相应地改变设置，增强驾驶的安全性和舒适性，如图 2-56 所示。

图 2-56　倍耐力 Cyber Car 技术

（4）赛轮 RFID 智能轮胎　赛轮轮胎研发出"带电子身份证"的轮胎，RFID 智能轮胎在制造过程中写入全生命周期的重要数据，可传输轮胎温度、压力、速度等数据，并对数据进行准确判断及应急处理，让轮胎更智能，会"说话"，如图 2-57 所示。

图 2-57 赛轮 RFID 智能轮胎

第三节 转向系统技术

汽车的转向系统分为机械转向系统、机械式液压助力转向系统、电子式液压助力转向系统、电动助力转向系统和线控转向系统等。汽车转向系统的作用是保证汽车能按驾驶员的意愿进行直线或转向行驶。

一、机械转向系统

机械转向系统如图 2-58 所示。机械转向系统由于轮胎和地面的反作用力直接传递到方向盘上，所以在转动方向盘时很费劲，特别是原地打方向时。如果是在载重和自重很大的货车上，方向盘把握不稳有可能会造成手臂骨折，操作起来非常危险。

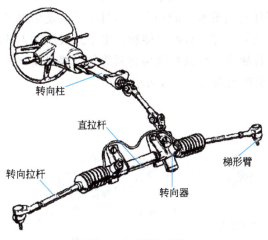

图 2-58 机械转向系统

二、机械式液压助力转向系统

机械式液压助力转向系统如图 2-59 所示。机械式液压助力转向系统技术成熟稳定，可靠性高，应用广泛。但结构较复杂，维护成本较高。而且单纯的机械式液压助力转向系统助力力度不可调节，很难兼顾低速和高速行驶时对指向精度的不同需求。

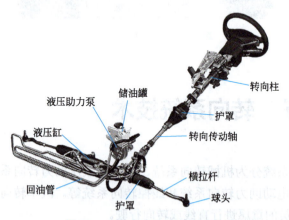

图 2-59　机械式液压助力转向系统

三、电子式液压助力转向系统

电子式液压助力转向系统如图 2-60 所示。电子式液压助力转向系统的结构原理与机械式液压助力转向系统大体相同，最大的区别在于提供油压油泵的驱动方式不同。机械式液压助力转向系统的液压泵是直接通过发动机皮带驱动的，而电子式液压助力转向系统采用的是由电力驱动的电子泵。电子式液压助力转向系统的电子泵，不用消耗发动机本身的动力，而且电子泵是由电子系统控制的，不需要转向时，电子泵关闭，进一步减少能耗。电子式液压助力转向系统的电子控制单元，利用对车速传感器、转向角度传感器等传感器的信息处理，可以通过改变电子泵的流量来改变转向助力的力度大小。

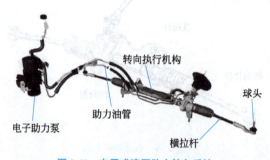

图 2-60　电子式液压助力转向系统

四、电动助力转向系统

电动助力转向系统如图 2-61 所示。电动助力转向系统的主要工作原理是在转向盘转动时，位于转向柱位置的转矩传感器将转动信号传到控制器，控制器通过运算修正给电机提供适当的电压，驱动电机转动。而电动机输出的转矩经减速机构放大后，推动转向柱或转向拉杆，从而提供转向助力。电动助力转向系统可以根据速度改变助力的大小，让方向盘在低速时更轻盈，在高速时更稳定。

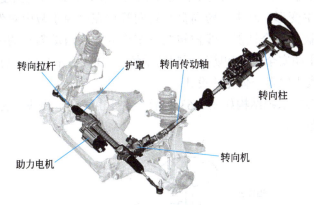

图 2-61　电动助力转向系统

五、线控转向系统

线控转向系统就是把依靠转向管柱连接转向机构来实现转向的传统方式，转换成为通过传感器检测转向盘角度信号，并通过电脑控制伺服电机来实现驱动转向的转向系统。驾驶员对转向盘的操作仅仅只是在驱动一个转角传感器，并由转向盘电机提供转动阻尼和回馈，转向盘与前轴转向机构之间没有任何刚性连接，如图 2-62 所示。

图 2-62　汽车线控转向系统

线控转向系统取消了转向盘与转向执行机构之间的机械部分，采用电控技术来完成驾驶员转向指令的传递和路感反馈。由于其不受机械连接的约束，理论上可以自由设计传动比,使角传递特性和力传递特性随着转向盘转角和车速的变化而变化,保证转向灵敏度与车速成线性关系,降低了驾驶员掌握汽车转向特性的难度,能够很大程度上避免因不同车速下汽车转向特性的变化,而导致的驾驶员操作不当的问题。线控转向系统根据当前检测到的汽车状态参数,可以主动对前轮转角进行补偿和调整,实现主动转向控制,提高汽车的操纵稳定性。同时,线控转向系统由路感电机模拟产生路感,可以过滤掉干扰信号,优化驾驶员的驾驶体验。此外,由于线控转向系统中机械结构的减少,转向系统强度降低,使其在碰撞中容易发生变形,减少了转向盘和转向管柱在碰撞事故中对驾驶员的伤害,提高了汽车的被动安全性能。线控转向系统作为实现自动驾驶的关键技术之一,很容易与其他主动安全技术如防抱死制动系统(ABS)、车身电子稳定系统(ESP)等相结合,有利于底盘一体化的设计。

汽车线控转向系统结构如图 2-63 所示,主要由转向盘模块、转向控制模块和转向执行模块组成。

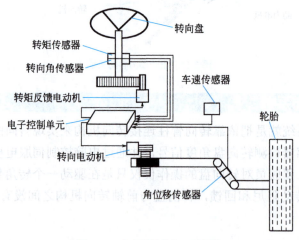

图 2-63　汽车线控转向系统结构

(1) 转向盘模块　转向盘模块包括转向盘、转矩传感器、转向角传感器、转矩反馈电动机和机械传动装置。转向盘模块的主要作用是接收驾驶员输入的转向盘转角或者力矩信号,并通过传感器将信号转为电信号传递给转向控制模块,由转向控制模块根据控制策略产生相应的信号传递给转向执行模块;同时转矩反馈电机根据转向控制模块发出的控制信号,产生相应的回正力矩,给驾驶员提供不同工况下的路感信息。

(2) 转向控制模块　转向控制模块包括车速传感器和电子控制单元,也可以增加横摆角速度传感器、加速度传感器。转向控制模块是线控转向系统的控制中心和决策中心,是线控转向系统最为核心的部分。它通过采集传感器信号,对驾驶员意图和当前汽车状态进行判断，根据提前设定好的控制策略做出合理决策。转向控制模块一方面控制转向执行模块，保证汽车能够准确实现驾驶员输入的转向指令，并保证汽车的稳定性；另一方面控制转矩反馈电机，保证其能够给驾驶员提供舒适良好的路感。

（3）转向执行模块　转向执行模块包括角位移传感器、转向电动机、齿轮齿条转向机构和其他机械转向装置等，其功能主要是接收转向控制模块发出的转向指令，并由转向电动机产生合适的转矩和转角，控制车轮转向；同时前轮角位移传感器实时监测前轮转角及其变化，并接收路面信息，将其转换为电信号反馈给转向控制模块，作为路感模拟的输入信号。

除此之外，故障容错系统是线控转向系统不可或缺的重要部分，它时刻监测着线控转向系统各个部分的反馈状态和工作情况，针对不同的故障形式采取不同的处理措施，在部分硬件或软件出现故障时，保证汽车仍具有基本的转向能力。线控转向系统采用严密的故障检测和处理逻辑，以最大限度地提高汽车安全性能。

图 2-64 所示为一汽车线控转向系统的实物。

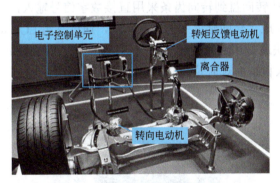

图 2-64　汽车线控转向系统的实物

相比于传统转向系统，线控转向系统具有以下特点。

① 线控转向系统采用电子控制单元实现对汽车转向的控制，理论上可以自由设计转向系统的角传递特性和力传递特性，具有传统转向系统不可比拟的性能特点。

② 提高汽车操纵稳定性。线控转向系统不受传统转向系统设计方式的限制，可以设计出符合人们期望的理想传动比。理想传动比可以随着汽车运动状态的变化而变化，根据车速和转向盘转角等参数，通过控制策略给出当下最合适的传动比，从根本上解决了存在已久的"轻"与"灵"的矛盾，减轻了驾驶员的操作负担。同时，线控转向系统还可以实时监控前轮转角和汽车响应情况，并根据控制策略，主动做出补偿操作，提高了汽车操纵稳定性。

③ 优化驾驶路感。传统转向系统通过机械连接将车辆运动状态和路面信息反馈给驾驶员，不能主动过滤掉路面干扰因素。线控转向系统可以筛选掉路面颠簸

等不利的干扰因素，提取出最能够反映汽车实际行驶状态和路面信息的因素，作为路感模拟的依据，并考虑到驾驶员的习惯，由主控制器控制路感电机产生良好的路感，提高驾驶员的驾驶体验。

④ 节省空间，提高被动安全性。由于原本转向系统中的转向轴和转向管等机械部分被取消掉，增加了驾驶员的活动空间，并方便了车内布置的设计。同时机械部件的减少，降低了转向系统强度，使其在碰撞中更易变形，在汽车发生事故时，减少了转向系统对驾驶员的伤害。

⑤ 提高转向效率，降低能源消耗。线控转向系统不依赖于机械传递，其总线信号的传递速度，缩短了转向响应时间，转向效率提高。同时机械传动减少，传动效率提高，整车质量减轻，降低了燃油消耗，更加节能环保。

⑥ 无人驾驶汽车使用线控转向系统，是通过中央计算机收集数据并传输至转向系统，再由转向系统将数据转化为机械转向功能，实现转向。

日产汽车公司发布的英菲尼迪 Q50 是全球范围内第一款批量生产的线控转向系统汽车，促进了线控转向技术在实车应用上的发展。英菲尼迪的线控转向系统如图 2-65 所示。从转向盘到转向齿条采用直接数字信号输入，整个系统中没有转向万向节等可能造成"转向延迟"的机械部件，通过三组 ECU 的信号处理，对驾驶员的驾驶意图快速做出判断，实现更灵活的转向，驾驶的感受更加直接，转向盘也不会接收到来自地面对前轮的冲击。

图 2-65　英菲尼迪的线控转向系统

第四节　制动系统技术

汽车制动系统具有以下作用。
① 使行驶中的汽车按照驾驶员的要求进行强制减速甚至停车。
② 使已停驶的汽车在各种道路条件下（包括在坡道上）稳定驻车。
③ 使下坡行驶的汽车速度保持稳定。

汽车制动系统分为行车制动系统和驻车制动系统；线控制动是发展方向。

一、行车制动系统

行车制动系统是行车过程中采用的制动系统，其作用是根据需要使汽车减速或在最短的距离内停车，以保证行车安全。

汽车行车制动系统主要由制动踏板、制动总泵、真空助力器、制动油管、制动分泵和制动器等组成，如图 2-66 所示。常见的制动器主要有鼓式制动器和盘式制动器。

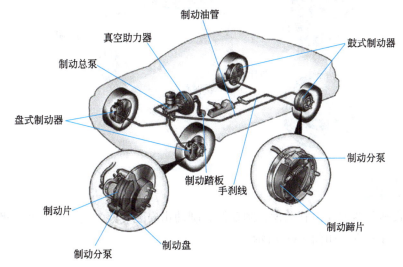

图 2-66　汽车制动系统

1. 鼓式制动器

鼓式制动器主要包括制动轮缸、制动蹄、制动鼓、摩擦片、回位弹簧等部分，如图 2-67 所示。它主要是通过液压装置使摩擦片与车轮转动的制动鼓内侧面发生摩擦，从而起到制动的效果。

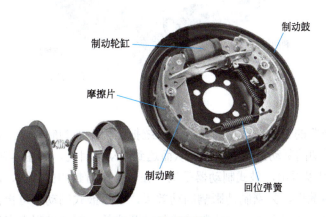

图 2-67　鼓式制动器

鼓式制动器的工作原理如图 2-68 所示。在踩下刹车踏板时，推动刹车总泵的活塞运动，进而在油路中产生压力，制动液将压力传递到车轮的制动分泵推动活塞，活塞推动制动蹄向外运动，使得摩擦片与制动鼓发生摩擦，从而产生制动力，达到降低车速的目的。

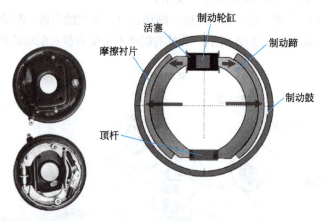

图 2-68 鼓式制动器的工作原理

2. 盘式制动器

盘式制动器主要由制动盘、制动钳、制动钳安装支架、制动钳活塞、摩擦片、制动衬块等构成，如图 2-69 所示。

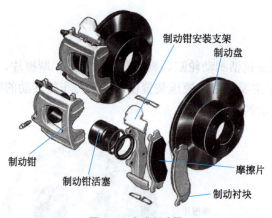

图 2-69 盘式制动器

盘式制动器的工作原理是通过液压系统把压力施加到制动钳上，使制动摩擦片与随车轮转动的制动盘发生摩擦，从而达到制动的目的，如图 2-70 所示。

从结构中可以看出，鼓式制动器是工作在一个相对封闭的环境，制动过程中产生的热量不易散出，频繁制动影响制动效果，不过鼓式制动器可提供很高的制动力，广泛应用于商用车上。盘式制动器是敞开式的，制动过程中产生的热量可以很快散去，拥有很好的制动效能，现在已广泛应用于轿车上。

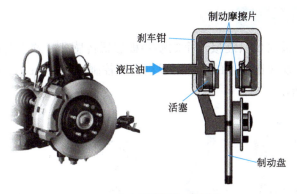

图 2-70　盘式制动器的工作原理

二、驻车制动系统

驻车制动系统的作用就是在停车时，给汽车一个阻力，使汽车不溜车。驻车制动的类型是指驻车制动的操作方式，现在乘用车上驻车制动的操作方式可以分为手刹、电子驻车和脚刹 3 种，如图 2-71 所示。

(a) 手刹

(b) 电子驻车

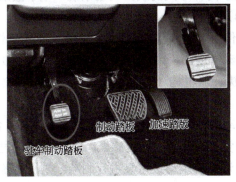

(c) 脚刹

图 2-71　驻车制动

三、线控制动系统

1. 线控制动系统的定义

如果制动踏板仅仅只连接一个制动踏板位置传感器，踏板与制动系统之间没有任何刚性连接或液压连接的，都可以视为线控制动（Brake-By-Wire，BBW）系统，如图 2-72 所示。

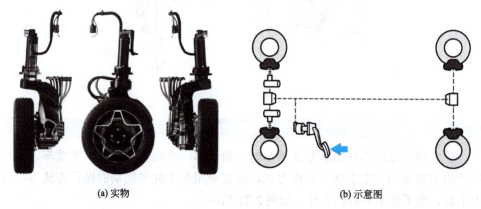

(a) 实物　　　　　　　　　　　　(b) 示意图

图 2-72　线控制动系统

2. 线控制动系统的组成与原理

线控制动系统将原有的制动踏板用一个模拟发生器替代，用来接收驾驶员的制动意图，产生、传递制动信号给控制和执行机构，并根据一定的算法模拟反馈给驾驶员，其基本工作原理如图 2-73 所示。

自动驾驶时代的逼近推动了线控制动技术的进一步发展。线控制动是自动驾驶汽车"控制执行层"中最关键的，也是技术难度最高的部分。由于技术发展程度的局限，目前出现了两种形式的线控制动系统：电子液压制动（EHB）系统和电子机械制动（EMB）系统。

EHB 和 EMB 在传力路径上有很大不同，工作原理和特性也有差别。

（1）电子液压制动（EHB）系统　典型的 EHB 系统由制动踏板传感器、电子控制单元（ECU）、执行器机构（液压泵、备用阀和制动器）等组成，如图 2-74 所示。

正常工作时，制动踏板与制动器之间的液压连接断开，备用阀处于关闭状态。制动踏板配有踏板感觉模拟器和电子传感器，ECU 可以通过传感器信号判断驾驶员的制动意图，并通过电机驱动液压泵进行制动。电子系统发生故障时，备用阀打开，EHB 系统变为传统的液压系统。

EHB 系统由于具有冗余系统，安全性在用户的可接受性方面更具优势，且此类型产品成熟度高，目前各大供应商都在推行其开发的产品，如博世的 iBooster、大陆的 MK C1、采埃孚的 IBC 等。

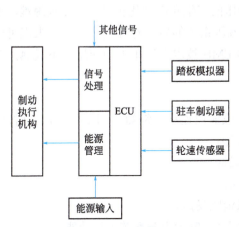

图 2-73 线控制动系统的基本工作原理

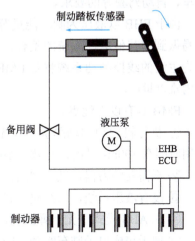

图 2-74 EHB 系统的组成与原理

备用系统增加了制动系统的安全性，使车辆在线控制动系统失效时还可以进行制动，但是由于备用系统中仍然包含复杂的制动液传输管路，使得 EHB 并不完全具备线控制动系统产品的优点。EHB 系统也因此被视为 BBW 系统的先期产品。

（2）电子机械制动（EMB）系统　在 EMB 系统中，所有的液压装置，包括主缸、液压管路、助力装置等均被电子机械系统替代，液压盘和鼓式制动器的调节器也被电机驱动装置取代，是名副其实的线控制动系统。EMB 系统的组成与原理如图 2-75 所

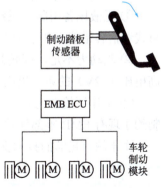

图 2-75 EMB 系统的组成与原理

示，EMB 系统的 ECU 通过制动踏板传感器信号以及车速等车辆状态信号，驱动和控制执行机构的电机来产生所需的制动力。

3. 线控制动系统的特点

汽车线控制动系统具有以下优点。

① 线控制动系统的制动踏板与制动执行机构解耦，可以降低部件的复杂性，减少液压与机械控制装置，减少杠杆、轴承等金属连接件，减轻质量，降低油耗和制造成本。

② 线控制动系统具有精确的制动力调节能力，是电动汽车摩擦与回馈耦合制动系统的理想选择。

③ 基于线控制动系统，不仅可以实现更高品质的 ABS/ESC/EPB 等高级安全功能控制，而且可以满足先进汽车智能系统对自适应巡航、自动紧急制动、自动泊车、自动驾驶等的要求。

由于 EHB 以液压为制动能量源，液压的产生和电控化相对来说比较困难，不容易做到和其他电控系统的整合；而且液压系统的质量对轻量化不利。未来可能成为主流的线控制动系统将是 EMB，但 EMB 技术在汽车上的应用并不成熟，短期内难以量产。

EMB 具有以下优点。

① 执行机构和制动踏板之间无机械或液压连接，缩短了制动器的作用时间，作用时间在 100ms 以内，有效减小制动距离。

② 不需要助力器，减少空间，布置灵活。

③ 没有液压系统，系统质量轻且环保。

④ 在 ABS 模式下无回弹振动，可以消除噪声。

⑤ 便于集成电子驻车制动、防抱死制动、制动力分配等附加功能。

EMB 具有以下缺点。

① 无液压备用制动系统，对可靠性要求极高，包括稳定的电源系统、更高的总线通信容错能力和电子电路的抗干扰能力。

② 制动力不足。因轮毂处布置体积决定制动电机不可能太大，需开发配备较高电压（42V）的系统提高电机功率。

③ 工作环境恶劣，特别是高温。因部件振动高，且制动温度达几百摄氏度，制约了现有 EMB 零部件的设计。

由于缺乏足够的技术支持，目前市场上并没有批量装车的 EMB 产品。

4. 线控制动系统的产品

德国博世公司于 2013 年正式推出线控制动产品 iBooster，是典型的直接型 EHB，目前大众所有新能源车均使用 iBooster，如图 2-76 所示。图 2-76（a）是第 1 代产品，完成度不高，在国内没有使用；图 2-76（b）是第 2 代产品，从二级蜗轮蜗杆改用一级齿轮丝杠减速，体积大幅度缩小，控制精度有所提高。第 2 代 iBooster 有四个系列产品，助力大小从 4.5kN 到 8kN 之间，8kN 可以用在 9 座小型客车上。本田在传统燃油车上配备了第 2 代 iBooster，由于能量回收时电流突然增大，iBooster 容易出现断电保护，这时候 ESP 介入，但会给人短暂的刹车失灵的感觉。

iBooster 的工作原理如图 2-77 所示，它采用齿轮-梯形丝杠减速增扭机构，将电机的转动转化为制动总泵活塞的平动，建立制动压力。制动踏板推杆与执行机构总泵活塞推杆之间通过间隙的方式进行一定程度的解耦。

(a) 第1代产品

(b) 第2代产品

图 2-76　博世公司的线控制动产品 iBooster

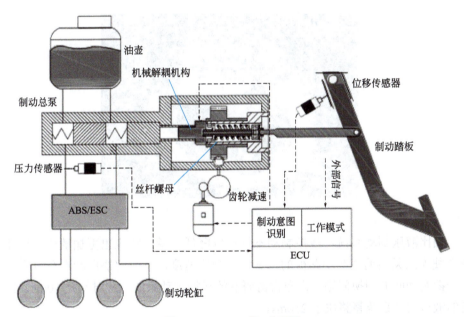

图 2-77　iBooster 的工作原理

　　iBooster 通常与 ESP 配套使用，ESP 在 iBooster 失效时顶上。不过因为 ESP 也是一套电液压系统，也有可能失效，且 ESP 在设计之初只是为自动紧急制动（AEB）类紧急制动场景设计的，不能做常规制动。所以博世在第 2 代 iBooster 推出后，着手针对 L3 和 L4 级自动驾驶设计了一套线控制动系统，如图 2-78 所示。智能集成制动（Integrated Power Brake，IPB）是 iBooster 和 ESP 合二为一，体积大大缩小，质量也降低不少，最重要的是相对 iBooster

图 2-78　博世公司的线控制动产品 IPB

成本大大降低。

应用博世公司线控制动产品的车型主要有特斯拉全系、大众全部新能源车、保时捷 918、凯迪拉克 CT6、雪佛兰的 Bolt 和 Volt、本田 CR-V、法拉第未来 FF91、荣威 Ei5、比亚迪 e6、蔚来 ES8 等。

意大利著名的高性能制动系统及部件厂商布雷博（Brembo）表示，未来 10 年内，线控制动（Brake-By-Wire）系统将会进一步普及，并且这将成为未来智能车不可或缺的一部分。

线控制动简单理解就是电开关版的碟式刹车，不需要再经过油压转换，直接让电控单元驱动活塞，夹紧制动片以达到刹车制动效果，从而直接实现"电"信号对制动系统更直接的管理。布雷博的线控制动系统如图 2-79 所示。

图 2-79 布雷博的线控制动系统

相比液压制动系统，线控制动不仅可以降低重量，响应也更加敏捷，还能根据驾驶模式灵活调整制动踏板的感觉以及响应速度，有效解决电动汽车再生制动和摩擦制动间的切换问题。由布雷博研发的线控制动系统响应时间是 90ms，比传统的液压制动系统整整快了 210ms。

第三章 汽车安全控制技术

汽车安全技术一般分为主动安全技术和被动安全技术。汽车主动安全技术是指预防汽车发生事故、避免人员受到伤害而采取的技术；汽车被动安全是指在交通事故发生后能尽量减小人身损伤的安全装置。随着汽车安全要求的提高和技术的发展，将会有更多的主动安全技术被开发并得到应用。主动安全将成为汽车安全技术发展的重点和趋势。

第一节 汽车防抱死制动系统

汽车防抱死制动系统（Antilock Braking System，ABS）是汽车主动安全装置的代表，其作用是在制动过程中防止车轮抱死，提高汽车在制动过程中的方向稳定性、转向控制能力并缩短制动距离，使汽车制动更为安全有效。目前，汽车防抱死制动系统已成为乘用车的标准配置。

GB/T 13594—2003《机动车和挂车防抱制动性能和试验方法》规定了装备防抱死制动系统的车辆所要求的制动性能和试验方法；适用于装备防抱制动系统的M、N类汽车和O类挂车。

一、汽车 ABS 的组成

汽车 ABS 是指在制动过程中，能自动控制车辆的一个或几个车轮在其旋转方向上的滑移程度的系统。它是在常规制动系统的基础上加装了转速传感器、制动压力调节器和电子控制单元（ECU）等，如图 3-1 所示。

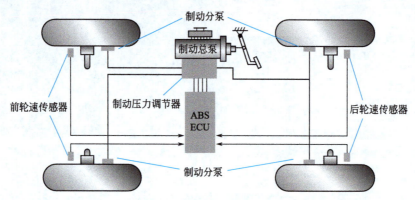

图 3-1 汽车 ABS 结构简图

1. 车轮转速传感器

ABS 安装的车轮转速传感器主要有电磁式转速传感器和霍尔式转速传感器。

电磁式转速传感器产生的感应电压频率随车轮的转动快慢而变化,其组成与工作原理如图 3-2 所示,主要结构是齿圈和由磁铁、线圈、磁极等组成的传感头。齿圈是运动的,一般安装在随车轮一起转动的部件上,齿圈的齿数随厂家车型和 ABS 不同而不同,如福特系列车型有 104 个齿、90 个齿、50 个齿的,而博世的则有 100 个齿。传感头是静止的,安装在车轮附近,一般前轮传感器头被固定在车轮转向架上,后轮传感器头被固定在后车轴支架上。车轮的旋转使得传感头与齿圈的齿顶与齿隙间距不同,引起磁通量的变化,随着齿圈的旋转从而产生频率与转速成正比的交变电压。汽车运行速度高时,电压的幅值与频率均较大。电磁式转速传感器结构简单,成本低,但它向 ABS ECU 输出的电压信号强度随转速变化,当车速比较低时,ECU 可能检测不到信号;频率响应低,当汽车速度超过规定值时,容易产生错误信号;抗电磁波干扰能力差,输出信号弱时比较明显。

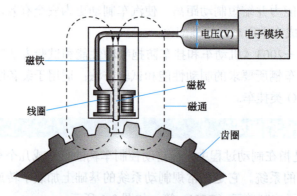

图 3-2 电磁式转速传感器的组成与原理

霍尔式转速传感器由齿圈和由磁铁、霍尔元件、信号处理电路组成的传感头构成。随着齿圈的转动，传感头在齿圈齿顶和齿隙之间交替变化，使霍尔元件所处磁场改变，引起感应电压的改变。产生的霍尔电压最终经过电子电路转换为 ECU 要求的信号输入使用。霍尔式转速传感器输出电压信号稳定，在车轮转速范围内和蓄电池标准电压下，传感器输出电压能稳定在 11.5～12V 不变；最高响应频率能够保证汽车高速运行时的测量精度。但是，由于制造成本高，现在应用较少。

有些新设计的 ABS 采用了加速度传感器，可以对由车轮转速计算出来的车速进行补偿，使制动时的滑移率计算更加精确。

2. 制动压力调节器

制动压力调节器的主要元件是电动液压泵、电磁阀和储液器，如图 3-3 所示。制动压力调节器接收 ECU 传来的指令，通过电磁阀的动作，自动调节车轮制动器制动压力的强弱，使车轮的滑移率接近于最佳值。制动压力调节器串联在制动总泵和制动分泵之间，通过电磁阀直接或间接地控制分泵的制动压力。电磁阀是制动压力调节器的主要元件，在制动过程中控制制动液流入和流出泵。ABS 中常用的电磁阀有三位三通电磁阀和二位二通电磁阀，三位三通电磁阀结构比较复杂，柱塞与阀体的密封性要求高；二位二通电磁阀结构相对简单，在使用过程中一个制动回路需要一个常开阀和一个常闭阀相互配合，可靠性较高。

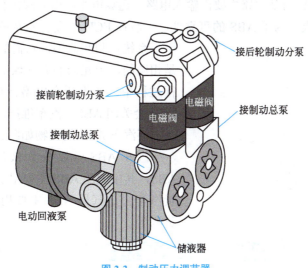

图 3-3　制动压力调节器

3. ECU

ECU 是 ABS 的控制中枢，具有运算、控制和监控功能，通过接收轮速传感器的交流信号计算出车轮速度、滑移率和车轮的加速度、减速度,把这些信号加以分析,对制动压力调节器发出控制指令,改变被控车轮制动压力。某 ABS 的 ECU 内部电路框图如图 3-4 所示。

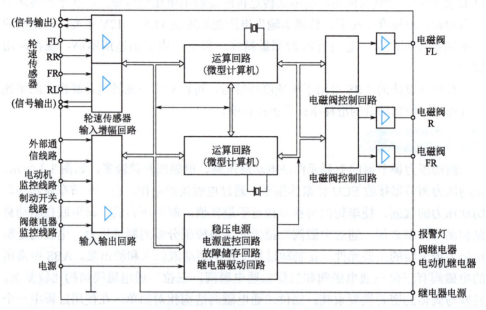

图 3-4　ABS 的 ECU 内部电路框图

ABS 的 ECU 内部电路主要由输入电路、运算电路、电磁阀控制电路以及安全保护电路等组成。为了 ABS 的可靠性,一般在 ECU 中设有两套控制电路,分别用于系统控制和监测,它们的内部运行程序是相同的,用冗余的方法保证安全性,在运行过程中,如果两个电路计算结果不一致,ECU 会关闭 ABS,汽车维持常规制动状态。

某汽车 ABS 的实物如图 3-5 所示。

汽车 ABS 可以分为液压 ABS 和气压 ABS,其中液压 ABS 主要用于轿车和轻型载货汽车上,气压 ABS 主要用于中、重型载货汽车。

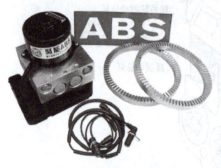

图 3-5　汽车 ABS 实物

二、汽车 ABS 的工作原理

每个车轮上都安装一个轮速传感器。汽车紧急制动时,一旦发现某个车轮要抱死,ECU 立即指令压力调节器使该轮的制动分泵减压,使车轮恢复转动。ABS 的工作过程实际上是"保压→减压→增压"的循环控制过程,使车辆始终处于临界抱死的间隙滚动状态，有效地克服紧急制动时的跑偏、侧滑、甩尾，防止车身失控等情况的发生。

汽车 ABS 的工作模式主要有常规制动模式、保压制动模式、减压制动模式和增压制动模式。

1. 常规制动模式

驾驶员刚踩下制动踏板时，ABS 不起作用，这时来自制动总泵的制动液就经进油电磁阀进入制动分泵，制动分泵的压力随着制动总泵的压力变化而变化，即制动总泵可随时控制制动压力的增减。

2. 保压制动模式

随着驾驶员踩下制动踏板力的增加，当制动压力升高到车轮出现抱死趋势时，ABS 运行，ECU 发出指令使电磁线圈通入较小的电流，电磁阀中的柱塞移至中间位置，所有通道都被关闭，此时制动分泵内的制动压力保持原有状态。

3. 减压制动模式

若制动压力保持不变，当有的车轮会因为轴荷转移而有抱死倾向时，ECU 发出指令，使电磁线圈通入较大的电流，电磁阀中的柱塞在电磁力的作用下，移至上端。此时制动总泵和制动分泵的管路被切断，并将制动分泵的管路与通向储液器的管路接通，制动分泵的制动液就流入储液器，从而使有抱死倾向的车轮被释放，车轮转速开始上升。同时启动液压泵，将流回储液器的制动液加压后输送到制动总泵，为下一个制动周期做好准备工作。

4. 增压制动模式

当被释放的车轮转速增大到阈值时，ECU 发出指令，使电磁线圈断电，电磁阀中的柱塞又回到普通制动模式时的初始位置。此时制动总泵和制动分泵的管路再次相通，制动总泵和液压泵输出的制动液再次进入制动分泵，增加了制动压力，车轮转速又降低。

汽车 ABS 进行"保压→减压→增压"循环控制，将车轮的滑移率始终控制在 20% 左右，以获得较高的纵向和侧向附着系数，从而减小制动距离以保证汽车制动时的方向稳定性。

三、汽车 ABS 的作用

汽车 ABS 具有以下作用。

① 提高汽车行驶方向稳定性。汽车安装 ABS 后，可以有效地减少各种外界干扰力的影响。

② 保持汽车转向操纵能力。汽车在进行转向行驶时，需要通过偏转的转向车轮从路面获得足够的侧向力，如果转向车轮的侧向附着力不足以提供汽车转向所需的侧向力，此时即使转向车轮已经发生了偏转，汽车也不会按预定的方向行驶，汽车就丧失了转向操纵能力。如果在制动过程中防止汽车前轮被制动抱死，使其保持较大的侧向附着力，那么汽车在制动过程中就仍能保持转向操纵能力。

③ 缩短制动距离。汽车的制动距离取决于制动过程中的平均减速度，ABS 的使用使汽车能够充分有效地利用各个车轮的最大纵向附着力进行制动，从而使汽车能够在最短的距离内停车。

④ ABS 除了能够极大地改善汽车的行驶性能外，还能在很大程度上使驾驶员从驾驶员-汽车-环境的闭环系统中解脱出来，也使轮胎磨损大为减轻。

四、汽车 ABS 应用实例

桑塔纳 3000 型轿车采用的是美国 ITT 公司的坦孚 MK20Gi 防抱死制动系统，其电子控制单元和制动压力调节器组成一个整体单独放在制动总泵附近，在布置上具有很强的灵活性。ABS 的构造如图 3-6 所示。

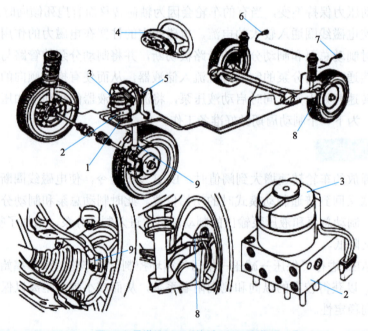

图 3-6　桑塔纳 3000 型轿车 ABS 结构图

1—ABS 电子控制单元；2—ABS 制动压力调节器；3—电动液压泵；4—ABS 警告灯和制动装置警告灯；5—VCC/ABS 制动开关；6—右制动灯；7—左制动灯；8—左后车轮速度传感器；9—左前车轮速度传感器

采用二位二通电磁阀的桑塔纳 3000 型轿车 ABS 液压控制系统如图 3-7 所示，在制动过程中采用前轮独立后轮低选控制方式。

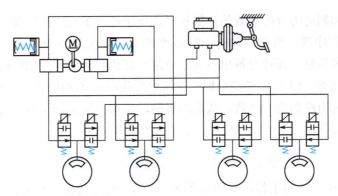

图 3-7 桑塔纳 3000 型轿车 ABS 液压控制系统

汽车在紧急制动过程中，ECU 实时监测车轮传感器信号，计算车轮速度、参考车速和滑移率来确定车轮的运行状态，然后 ECU 输出控制信号，被控车轮相应的电磁阀打开或关闭，使车轮压力处于压力增加、压力保持或压力减小状态，防止被控车轮完全抱死。

随着汽车 ABS 与新一代制动系统的结合，如电子液压制动（EHB）、电子机械制动（EMB），ABS 有了更快的响应速度，更好的控制效果，而且更容易与其他电子控制系统集成。ABS 将成为集成化汽车底盘系统中不可缺少的一个节点。

第二节 汽车电子制动力分配系统

ABS 并没有解决汽车制动系统中的所有缺陷。因为汽车制动时，在滑移率还没有达到 ABS 的控制范围时，作用在汽车车轮上的制动压力同时增大。但由于惯性，直行制动时汽车前、后轮或转弯制动时汽车左、右轮上的垂直载荷已经转移，导致四个车轮达到最佳滑移率的时间不同，所以路面附着条件的利用率不能达到最大。

汽车电子制动力分配（Electric Brakeforce Distribution，EBD）系统是在 ABS 原有的基础上发展而来的系统。它可以在制动时控制制动力在各轮间的分配，更好地利用车轮的附着系数，不仅提高了汽车制动的稳定性和操纵性，而且使各个车轮能够获得更好的制动性能，缩短制动距离，提高安全性。

一、汽车 EBD 系统的组成

汽车 EBD 系统结构与 ABS 一样，也是由轮速传感器、制动压力调节器和电子控制单元等组成，只是控制逻辑和控制算法发生了改变。在轮速传感器将车轮转速传至电子控制单元的条件下，EBD 系统要实现其控制功能，还需设置参考车速、滑移率和制动力分配系数的计算程序、电子控制单元的执行程序以及制动力的跟踪调节程序等。汽车制动时，EBD 系统会实时采集车轮转速、车轮阻力以及车轮载荷等信息，经计算得出不同车轮最合理的制动力并分配给每个车轮。在 ABS 起作用之前，EBD 系统便会根据车轮垂直载荷和路面附着系数分配制动器制动力，充分利用路面附着系数，从而缩短制动距离并提高汽车的方向稳定性。同样，当制动被释放（加速）的时候，程序的应用恰好相反。

二、汽车 EBD 的工作原理

汽车 EDB 系统的工作示意图如图 3-8 所示，轮速传感器检测出车轮转速后，将其传递给电子控制单元（ECU）；ECU 计算出参考车速和滑移率后，发指令给制动压力调节器，进行制动力分配，并调节车轮的最佳滑移率；制动压力调节器执行 ECU 传来的指令，将合理的制动力作用于汽车的车轮，使其满足要求。

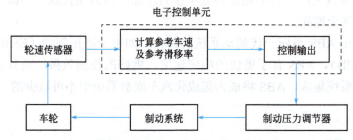

图 3-8　汽车 EBD 系统的工作示意图

汽车 EBD 系统的制动力调节如图 3-9 所示，当汽车载荷发生变化时，理想的前、后轮制动力分配关系会随之发生变化，如果制动系统只安装了 ABS，虽然可以避免出现后轮先抱死的情况发生，但制动力调节曲线与理想的制动力分配曲线相差较大，导致制动效率不高。如果制动系统安装了汽车 EBD 系统，其制动力调节曲线在各种载荷下均能与理想的制动力分配曲线靠近，获得较高的制动效率。另外，汽车 EBD 系统还可根据汽车的行驶工况，实时、合理地分配制动力给左、右车轮，防止汽车发生跑偏。当汽车出现失稳趋势时，EBD 系统还可通过调节某车轮的制动压力，来主动遏制此失稳状态，从而避免汽车发生倾斜甚至侧翻。

三、汽车 EBD 系统的作用

汽车 EBD 系统的作用就是在汽车制动的瞬间，高速计算出四个轮胎由于附着不同而导致的摩擦力数值，然后调整制动装置，使其按照设定的程序在运动中高速调整，达到制动力与摩擦力（牵引力）的匹配，以保证车辆的平稳和安全。

汽车 EDB 系统不仅可对汽车前、后轮制动器制动力进行分配，而且可根据汽车的行驶工况，实时、合理地分配制动力给左、右车轮，防止汽车发生跑偏，同时还能主动遏制失稳。

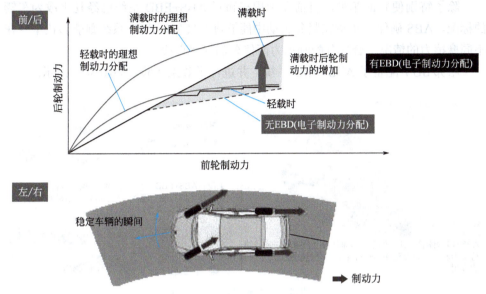

图 3-9　汽车 EBD 系统的制动力调节

转弯制动时，以汽车向右转弯为例，由于载荷转移，使得汽车左前轮上的垂直载荷最大，而右后轮上的垂直载荷最小。因此，汽车的右后轮会最先出现抱死趋势。EBD 系统会在车轮上施加与垂直载荷和附着系数相关的制动力，保证汽车各车轮制动力相对质心的偏转力矩始终小于地面提供的侧滑力矩。

汽车 EBD 系统辅助 ABS 完成最佳制动过程，其效果如图 3-10 所示。对于未安装 ABS+EBD 系统的汽车，制动时，容易失去方向稳定性。对于安装 ABS+EBD 系统的汽车，根据汽车的运动学参数和制动强度，实时计算出理想的制动器制动力分配系数，合理地分配制动力给每个车轮来实施制动，并控制每个车轮的滑移率，使其保持在最佳滑移率范围之内，保证后轮不先于前轮抱死。这样，可平衡每个车轮的制动力，缩短制动距离并保持制动时的方向稳定性。

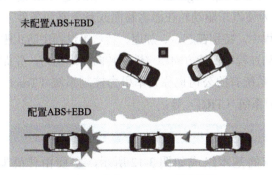

图 3-10　汽车 ABS+EBD 制动效果

四、汽车 EBD 系统的应用实例

除了特别便宜的车型,目前在乘用车市场 ABS+EBD 系统已经几乎成为车辆的标配,ABS 确保了车辆在紧急制动中能够进行转向,EBD 系统则能够让车轮在不同摩擦力的情况下合理分配制动力而使车辆保持直线。

哈弗 SUV 配备了 ABS+EBD 系统,并进行了效果体验,如图 3-11 所示。

图 3-11　哈弗 SUV 配备的 ABS+EBD 效果体验

装有 ABS+EBD 系统的 SUV 汽车,在不同路面上制动,没有出现跑偏现象,说明 EBD 系统发挥了作用。如果没有 ABS+EBD 系统,在这种路面刹车会非常危险,即使速度很低且刹车踏板不是被全力踩下去,车辆也会向摩擦力高的一边偏转。如果全力制动则车辆会完全失控并打转,以大约 40km/h 左右的速度演示了一次,车辆转了四五圈后才停下,此时车辆处于完全不可控状态,在实际情况中是非常危险的。

第三节　汽车驱动防滑系统

汽车驱动防滑(Anti-Slip Regulation,ASR)系统是 ABS 技术的延伸和扩展,可根据汽车的行驶行为使汽车驱动轮在恶劣路面或复杂路面条件下得到最佳纵向驱动力,能够在驱动过程中,特别在起步、加速、转弯等过程中防止驱动车轮发生过度滑转,使得汽车在驱动过程中保持方向稳定性和转向操纵能力,并提高加速性能。

汽车驱动防滑系统有的公司也称为牵引力控制系统(Traction Control System,TCS),或循迹控制系统(TRC)等。

一、汽车 ASR 系统的组成与原理

汽车 ASR 系统的基本组成如图 3-12 所示,主要由传感器、电子控制单元

（ECU）和执行器等组成。

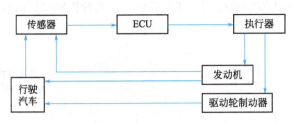

图 3-12　汽车 ASR 系统的基本组成

① ASR 系统的传感器主要是轮速传感器和节气门位置传感器，一般轮速传感器与 ABS 共用，主要完成对车轮速度的检测，并将轮速信号传送给 ABS 和 ASR 系统的 ECU。主、副节气门开度传感器用于检测节气门的开启角度，并将这些信号传送给发动机和自动变速器的电控单元。

② ECU 是 ASR 系统的核心，具有运算功能，根据前后轮速传感器传送的信号及发动机和自动变速器的电控单元中节气门开度信号来判断汽车的行驶条件，经过分析判断，对副节气门执行器、制动执行器发出指令，执行器完成对发动机供油系统或点火系统的控制，或对制动压力进行调整。

③ ASR 系统的执行器主要是 ASR 制动执行器和副节气门执行器。前者根据从 ABS 和 ASR 系统电控单元传来的信号，为 ABS 制动执行提供液压；后者根据 ASR 电控单元传来的信号，控制副节气门的开启角。

图 3-13 所示为发动机节气门开度调节与驱动轮制动力矩综合应用的 ASR 系统示意图。该系统是在 ABS 基础上发展起来的，它与 ABS 共用轮速传感器、液压驱动元件等，并扩展了 ECU 功能，增设了 ASR 制动执行器、节气门执行器、ASR 开关指示灯以及 ASR 诊断系统等。

汽车行驶时，当车轮速度高于 10km/h 时，ASR 系统便开始监测驱动轮的驱动特性，各轮速传感器将采集到的信号传给 ECU，经 ECU 处理后，得到各驱动轮的速度和加速度。当车速小于逻辑门限速度（一般取 40～50km/h）时，再进一步识别驱动轮的滑转率，如果发现某一驱动车轮发生过度滑转，ECU 就指令 ASR 制动系统制动滑转轮，并根据滑转轮的滑转情况改变制动力，直至滑转率在要求范围内。如果另一驱动轮也发生滑转，当其滑转率刚好超过逻辑门限值后，ECU 便指令节气门执行器减小节气门开度，降低发动机输出转矩。若车速大于逻辑门限值，如果驱动轮发生滑转，ECU 便指令节气门执行器减小节气门开度，从而使汽车驱动轮始终处于最佳的滑转范围内。如果 ASR 系统的某个部件发生故障，ASR 诊断系统将通过仪表盘上的指示灯指示。

防滑控制分为两部分：发动机控制和制动差速控制。它们的作用范围为，当一个驱动轮打滑（即车轮滑转率超过它们的逻辑门限值），且车速低于 40～50km/h

时,采用制动控制;当车速大于 40～50km/h 时,采用发动机控制。当两个驱动轮同时打滑时,则采用发动机控制,在某些路况下两种控制要同时起作用。

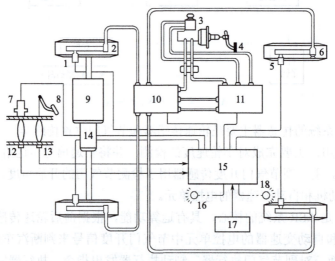

图 3-13　汽车典型 ASR 系统示意图

1—前轮速传感器;2—前轮制动器;3—液压元件;4—制动踏板;5—后轮速传感器;6—后轮制动器;7—副节气门执行器;8—加速踏板;9—变速器;10—ABS 制动执行器;11—ASR 制动执行器;12—副节气门位置传感器;13—主节气门位置传感器;14—发动机;15—ABS+ASR ECU;16—ASR 警报灯;17—ASR 切断开关;18—ASR 工作指示灯

二、汽车 ASR 系统的分类

汽车 ASR 系统按控制方式可分为差速制动控制、发动机输出功率控制、差速制动和发动机输出功率的综合控制 3 种类型。

1. 差速制动控制

当驱动车轮单边滑转时,ASR 系统的 ECU 输出控制信号使差速制动阀和制动压力调节器动作,对滑转车轮施加制动力,使车轮的滑转率控制在目标范围之内。这时,非滑转车轮仍有正常的驱动力,从而提高了汽车在湿滑路面的起步和加速能力及行驶方向的稳定性。这种控制方式的作用类似于差速锁,在一边驱动轮陷于泥坑部分或完全失去驱动能力时对其制动,而另一边的驱动轮仍能发挥其驱动力,使汽车能驶离泥坑。在两边的驱动车轮都滑转,但滑转率不同的情况下,则对两边驱动车轮施加不同的驱动力。

2. 发动机输出功率控制

在汽车起步、加速时,若加速踏板踩得过猛,会因为驱动力过大而出现两边的驱动车轮都滑转的情况,此时,ASR 系统的 ECU 输出控制信号控制发动机的功率输出，以抑制驱动车轮的滑转。发动机功率控制可以通过改变节气门的开度、调节喷油器的喷油量和改变点火时间等方法实现。

3. 差速制动和发动机输出功率的综合控制

ASR 系统采用差速制动控制和发动机输出功率控制相结合的综合控制系统，控制效果更为理想。汽车在行驶过程中，路面湿滑的情况千差万别，驱动力的状态也是不断变化，综合控制系统可根据发动机的状况和车轮滑转的实际情况采取相应的控制措施。例如，在发动机驱动力较小的状态下出现车轮滑转，其主要原因可能是由于路面湿滑，这时采用对滑转车轮实施制动的方法就比较有效；而在发动机功率大时出现车轮滑转，其主要原因可能是驱动力过大，则通过减小发动机输出功率的方法来控制车轮的滑转比较有效。一般情况下，车轮滑转的情况非常复杂，需要通过对车轮制动和减小发动机功率的共同作用来控制车轮的滑转。

三、汽车 ASR 系统的控制原则

汽车在不同行驶条件下对行驶性能各方面的要求有所侧重，因此，在不同的车速范围内就应以不同的原则对驱动车轮进行防滑转控制，以满足一定条件下将重点性能作为主要控制目标，而对其他性能则进行适度兼顾。汽车在不同车速范围内的控制目标不同，实施驱动车轮滑转控制的途径也就不同。

1. 汽车起步及加速初期的防滑转控制原则

汽车在起步及加速初期阶段，驱动防滑转控制应以提高汽车的起步加速性能为主要控制目标，即以充分利用各个驱动车轮的附着力获得最大牵引力为控制原则。在车速较低时，即使各驱动车轮所产生的牵引力存在较大程度的不平衡，对汽车的行驶方向稳定性也不会产生太大的影响。所以这一阶段对各驱动车轮的滑转率控制应按独立原则进行，此时，如果各驱动车轮间的附着条件相差较大，可以通过电控悬架的主动调节，使附着条件较差的驱动车轮的载荷向附着条件较好的驱动车轮进行适度调配，使各驱动车轮总的附着力有所增大；如果汽车装备可控防滑差速器，在这一阶段应使其进入防滑差速状态。即使差速器不具备防滑差速功能，也可通过制动介入对附着条件较差的驱动车轮施加适度的制动力矩，使其滑转率处于最大纵向附着系数的范围内。如果附着条件较好的驱动车轮也发生了滑转，则应通过适度减小发动机的输出转矩和变速器传动比使其驱动力矩减小，必要时也可以对其施加一定的制动力矩，以加速滑转率的控制。

2. 汽车中速行驶时的防滑转控制原则

汽车以中速行驶时，驱动防滑转控制应以保证汽车的行驶方向稳定性为主要控制目标，但也要兼顾汽车的加速性能。此时，可以对各驱动车轮一同施加相同的制动力矩，使附着条件较差的驱动车轮滑转率处于横向和纵向附着系数都较大的范围内。保证各驱动车轮产生相同的牵引力，并且使各驱动车轮都具有较强的抗侧滑能力，使汽车获得较好的方向稳定性。但是，制动介入的时间必须予以控制，以免制动器因长时间产生较大的制动力矩而发生过热和过度磨损。为此，必要时可辅之以减小发动机的输出转矩和变速器的传动比进行控制，使作用于驱动车轮的驱动力矩有所减小。另外，在这一阶段电控悬架一般不应进行载荷调配，因为如果载荷从附着条件差的驱动车轮向附着条件好的驱动车轮进行调配，会使驱动车轮之间的牵引力相差较多，从而影响汽车的方向稳定性；如果载荷从附着条件好的驱动车轮向附着条件差的驱动车轮进行调配，则会使各驱动车轮的牵引力总和有所减小，从而影响汽车的加速性能。同理，防滑差速器在这一阶段也不应进入防滑状态。

3. 汽车高速行驶时的防滑转控制原则

汽车以高速行驶时，驱动防滑转控制应以保证汽车的行驶方向稳定性为唯一控制目标，在驱动防滑转控制过程中，应使各驱动车轮产生的牵引力始终保持一致。为了防止制动器发生过热和过度磨损，这一阶段不应再通过制动介入途径控制驱动车轮的滑转，而应通过减小发动机的输出转矩和变速器的传动比调节作用于驱动车轮的驱动力矩，将驱动车轮的滑转率控制在横向附着系数较大的范围内，保证汽车具有较强的抗侧滑能力。在这一阶段电控悬架也可以对驱动车轮进行载荷调配，使载荷从附着条件好的驱动车轮向附着条件差的驱动车轮进行调配，使驱动车轮之间的附着力差异减小，这将有助于各驱动车轮牵引力的平衡。可控防滑差速器在这一阶段却不应进入防滑差速状态，以保证各驱动车轮的牵引力接近平衡，使汽车获得良好的行驶方向稳定性。

四、汽车 ASR 系统的作用

汽车 ASR 系统的作用就是防止驱动车轮在驱动过程中发生滑转现象，使驱动车轮既能获得较大的纵向附着力，又能保持较大的横向附着力，改善和提高汽车在驱动过程中的行驶性能。汽车 ASR 系统主要具有以下作用。

（1）改善转向操纵性　对于前轮驱动或四轮驱动的汽车，汽车 ASR 系统通过对作用于前轮的驱动力矩进行控制，将前轮的滑转率控制在横向附着系数较大的范围之内，使前轮能够保持较大的横向附着力，能为汽车进行转向行驶提供较大的横向作用力，既有利于改善汽车的转向操纵性，也有利于提高汽车的方向稳定性。

（2）改善方向稳定性　对于后轮驱动或四轮驱动的汽车，当汽车高速行驶时，汽车 ASR 系统通过作用于后轮的驱动力矩，不仅可以将后轮的滑转率控制在横向附着系数较大的范围之内，使驱动车轮保持较大的横向附着力，使汽车具有抵抗横向外力作用的能力，而且可以对两侧驱动车轮牵引力的不平衡进行限制，减少由于两侧驱动车轮牵引力不平衡产生的横摆力矩，能够显著地改善汽车在高速行驶过程中的方向稳定性。

（3）提高加速性能和爬坡能力　普通差速器具有平均分配驱动力矩和允许驱动车轮差速转动的传动特性，在一般情况下，普通差速器的传动特性可以避免两侧驱动车轮的牵引力出现不平衡，防止汽车因两侧牵引力不平衡产生横摆运动，使汽车具有良好的动态响应。但是，在汽车两侧驱动车轮的附着力存在较大的差异时，附着条件好的驱动车轮的附着力不能得到充分利用，汽车的加速性能和爬坡能力将受到影响。汽车 ASR 系统对汽车 ABS 进行功能扩展，使其能够自动地对附着力较小的驱动车轮进行制动介入，能够对普通差速器传动特性的缺陷进行补偿，从而提高汽车的加速性能和爬坡能力。

（4）减轻驾驶员的紧张程度　汽车 ASR 系统能够保证汽车在高速行驶时具有良好的方向稳定性和转向操纵能力，有助于增强驾驶员控制汽车的信心，不仅有利于在道路条件许可的前提下提高汽车的行驶速度，还能降低驾驶员在驾驶过程中的紧张程度。

（5）延长轮胎的使用寿命　由于汽车 ASR 系统能够降低驱动车轮的滑转，有利于降低轮胎的磨损速度和偏磨程度，延长轮胎的使用寿命。

五、汽车 ASR 系统与 ABS 的比较

汽车 ASR 系统和 ABS 都能控制车轮和路面的滑移率，以使车轮与地面的附着力不下降，因此两系统采用的是相同的技术，它们密切相关，常结合在一起使用，共享许多电子组件和共同的系统部件来控制车轮的运动，构成行驶安全系统。

ASR 系统与 ABS 的不同主要有以下几点。

① ABS 是防止制动时车轮抱死滑移，提高制动效果，确保制动安全；ASR 系统则是防止驱动车轮原地不动而不停地滑转，提高汽车起步、加速及滑溜路面行驶时的牵引力，确保行驶稳定性。

② ABS 对所有车轮起作用，控制其滑移率；而 ASR 系统只对驱动车轮起制动控制作用。

③ ABS 是在制动时，车轮要出现抱死时起控制作用，在车速很低（小于 8km/h）时不起作用；而 ASR 系统则是在整个行驶过程中都工作，在车轮出现滑转时起作用。

六、汽车 ASR 系统的应用实例

目前，中高级轿车基本都装有汽车 ASR 系统。在一些车型中，ASR 系统又称为牵引力控制系统（TCS）。例如，广州本田雅阁 3.0L 轿车装有牵引力控制系统（TCS），与 ABS 组合在一起。整个系统由 ABS/TCS 电子控制装置（ECU）、制动压力调节器和传感器等三部分组成。各部件在整车上的布置如图 3-14 所示。

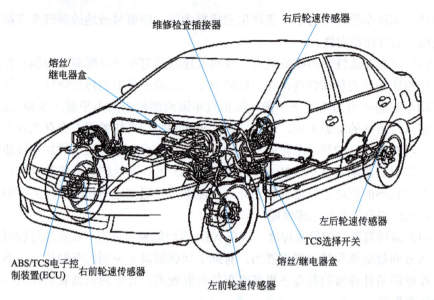

图 3-14 本田雅阁 3.0L 轿车 ABS/TCS

当汽车行驶在易滑的路面上时,没有 TCS 的汽车加速时驱动轮容易打滑,如果是后轮,将会造成甩尾,如果是前轮,汽车方向就容易失控,导致汽车向一侧偏移;而有了 TCS,汽车加速时就能够避免或减轻这种现象,保持汽车沿正确方向行驶,如图 3-15 所示。TCS 不但可以提高汽车行驶方向稳定性,而且能够提高加速性和爬坡能力。

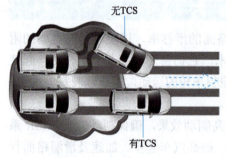

图 3-15 汽车 TCS 系统效果

ABS/ASR 系统和电子制动力分配系统集成形成 ABS/ASR/EBD 系统,能够有效地提高 ABS 的功效;和电子稳定性程序系统集成形成 ABS/ASR/ESP 综合控制系统,能够有效地解除汽车在制动、起步以及转向时对驾驶员的较高要求;和汽车自适应巡航控制系统集成形成 ABS/ASR/ACC 综合控制系统,能够有效解除汽车在制动、起步以及保持安全车距方面对驾驶员的较高要求。ASR 系统的集成化和轻量化是其未来的发展方向。将 ASR 系统的控制元件与执行元件一体化,与其他控制系统的集成化更是未来发展的主流。

第四节 汽车电子稳定控制系统

据统计,汽车行驶速度在 80~100km/h 之间时,发生的车辆交通事故中 40%

与汽车的侧向失稳有关，而车速越高，汽车失稳引发的交通事故比例越大，当超过 160km/h 时，几乎每起事故都是由侧向失稳造成的。为了提高汽车的主动安全性，ABS/ASR 系统成了许多汽车的标配，但是 ABS/ASR 系统并不能解决汽车在低附着路面起步或加速时出现的车轮滑转问题，也不能避免汽车发生侧滑，在复杂工况下行驶不能保持汽车的稳定性。因此，人们进一步研发出了汽车电子稳定控制（Electronic Stability Program，ESP）系统，它能保证汽车在极限工况下的行驶稳定性，防止汽车操纵失控，对高速行驶时的汽车动力学特性改善更为显著。

很多品牌的汽车都有汽车电子稳定控制系统，只是各厂家的叫法不同而已，如大众称其为车身电子稳定（Electronic Stability Program，ESP）系统，本田叫车辆稳定辅助（Vehicle Stability Assist，VSA）系统，丰田叫车辆稳定控制（Vehicle Stability Control，VSC）系统，日产叫车辆动态控制（Vehicle Dynamics Control，VDC）系统，宝马叫动态稳定控制（Dynamic Stability Control，DSC）系统等，广义上的电子稳定控制系统称为 ESP 才严谨。

一、汽车 ESP 系统的组成

汽车 ESP 系统是汽车新型的主动安全系统，是汽车 ABS/ASR 系统功能的进一步扩展。它采用车载在线传感系统对汽车行驶的纵向/侧向/横摆运动状态、车轮运动状态、发动机工作状态、自动变速器工作状态、制动工作状态以及驾驶员转向意图等进行自动识别，判断汽车是否发生车轮抱死、驱动轮滑转及丧失操纵稳定性，进而对发动机转矩、变速器挡位和驱动轮制动进行综合协调控制，实现制动工况下车轮防抱死和稳定性控制、驱动工况下驱动轮防滑和稳定性控制以及转向工况下稳定性控制，即实现对汽车与地面的纵向和侧向动力学的综合控制，使汽车的操纵稳定性、加速性和制动性实现综合最佳。

汽车 ESP 系统以 ABS 为基础，由各种传感器、电子控制单元（ECU）和执行器三大部分组成，如图 3-16 所示。

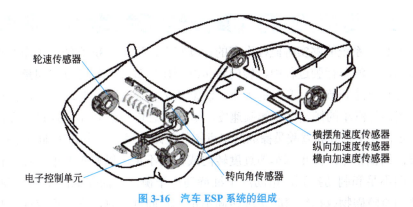

图 3-16　汽车 ESP 系统的组成

汽车 ESP 系统中的传感器主要包括转向角传感器、轮速传感器、纵向加速度传感器、侧向加速度传感器、横摆角速度传感器、制动压力传感器等，采用这些传感器采集汽车行驶状况的各种信息。转向角传感器的任务是判定转向角度，测量车辆转向轮的位置，这一数据与车辆速度、理想的制动压力或者加速器的位置结合起来能够计算出驾驶员的目标动作；轮速传感器测量车轮的转速；横摆角速度传感器记录车轮绕垂直轴线的横向运动，结合来自集成在一起的侧向加速度传感器的信息，车辆的状态及其是否与驾驶员的意图一致可以得到判定。横摆角速度传感器、纵向加速度传感器和横向加速度传感器通常集成化为一体。

ECU 接收上述各传感器的信号，然后进行分析、判断、计算从而得出汽车的运动状态，进而发出控制指令，控制一个或多个车轮制动器的制动力，使汽车按照驾驶员所期望的理想路线行驶。

执行器接收 ECU 发出的命令信号，同时执行控制信号。

汽车 ESP 系统实物如图 3-17 所示。

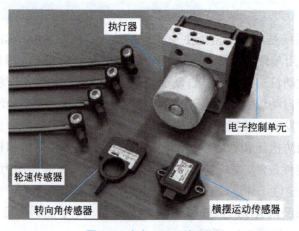

图 3-17　汽车 ESP 系统实物

二、汽车 ESP 系统的工作原理

汽车 ESP 系统能够实时监控汽车的行驶状态。汽车 ESP 系统的工作原理如图 3-18 所示，在汽车行驶过程中，转向角传感器感知驾驶员转弯方向和角度，车速传感器感知车速和节气门开度的大小，制动压力传感器感知制动压力，横摆角速度传感器感知汽车的倾斜度和侧倾速度。这些信息传送给 ECU，通过计算后判断汽车要正常安全行驶和驾驶员操纵汽车意图的差距，然后，由 ECU 向 ABS、ASR 系统发出纠偏指令，修正汽车的过度转向或转向不足，以避免汽车滑转、转向过度、转向不足和制动抱死，帮助汽车维持动态平衡，从而保证汽车的行驶安全，在紧急闪避障碍物或在转弯时出现转向不足、转向过度时，汽车稳定性控制系统都能帮助汽车克服偏离理想轨迹的倾向。

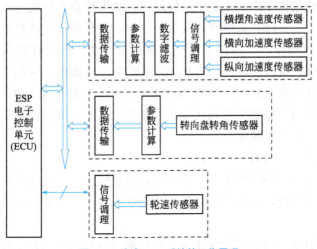

图 3-18　汽车 ESP 系统的工作原理

汽车 ESP 系统的工作过程如图 3-19 所示。

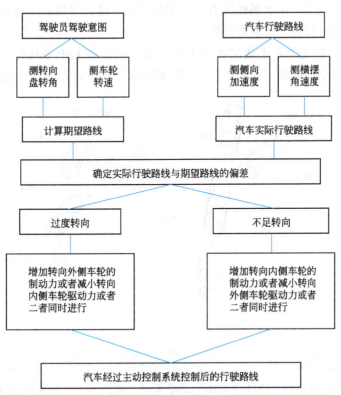

图 3-19　汽车 ESP 系统的工作过程

三、汽车 ESP 系统的作用

汽车在行驶过程中，EPS 系统始终通过传感器检查车辆的动态状况，一旦汽车有不稳定的状态，ESP 系统就对其进行制动，甚至降低发动机的动力输出，不需要驾驶员做出动作，从而提高汽车行驶的安全性，也能降低汽车突然转向时造成的危险。ESP 系统可以识别汽车的行驶趋势，并做出相应的反应，帮助汽车回到正确的行驶方向上；同时还有制动辅助作用，汽车在行驶时，ESP 中的控制单元通过制动压力传感器信号确认车辆为紧急状态时，就迅速将制动压力提高至 ABS 工作状态，使车辆减速。

汽车 ESP 系统具有以下作用。

（1）实时监控　ESP 系统是一个实时监控系统，每时每刻都在通过各种传感器监控驾驶员的操控、路面反应、汽车运动状态等，并不断向发动机和制动系统发出指令。

（2）主动干预　ABS 在起作用时，系统对驾驶员的动作起干预作用，但它不能调控发动机，而 ESP 系统则是主动调控发动机的转速并可调整每个车轮的驱动力和制动力，以修正汽车的过度转向和不足转向。

（3）事先提醒　ESP 系统还有一个实时警示功能，当驾驶员操作不当或路面异常时，它会用警告灯警示驾驶员。

汽车 ESP 系统的作用效果如图 3-20 所示，汽车在 ESP 系统作用下，能最大限度地保证汽车不跑偏、不甩尾、不侧翻和转向盘在任何状态下都能操纵自如。

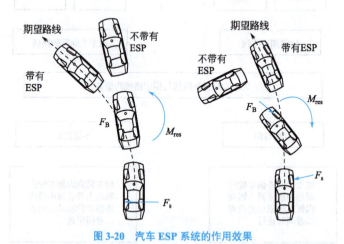

图 3-20　汽车 ESP 系统的作用效果

四、汽车 ESP 系统的应用实例

大众系列汽车采用德国博世公司的 ESP 系统，在汽车上的布置如图 3-21 所示，通过对各车轮施加不同的制动力，避免失控，保持汽车行驶的稳定性，如图 3-22 所示。

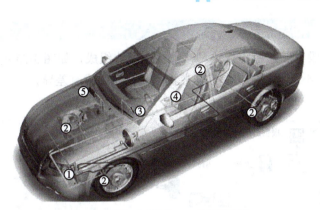

图 3-21　大众系列汽车 ESP 系统的布置

1—ESP 电子控制单元；2—轮速传感器；3—转向角传感器；4—横摆角速度传感器；5—发动机 ECU

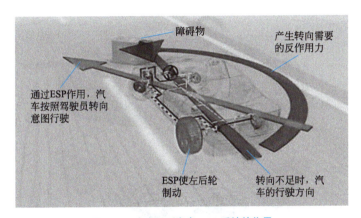

图 3-22　大众系列汽车 ESP 系统的作用

汽车 ESP 系统的 ECU 与发动机、传动系统的 ECU 通过 CAN 互联，使其能更好地发挥控制功能。

第五节　轮胎气压监测系统

汽车高速行驶时，轮胎故障是驾驶员最难以预料的危险，轮胎故障造成了大量的交通事故。轮胎气压监测系统（Tire Pressure Monitoring System，TPMS）是安装在车辆上能实时针对轮胎胎压过低、胎压过高、快速漏气、胎温过高等故障进行自动监测与报警，保持足够的胎压，预防爆胎事故的发生，增加驾驶汽车的安全性，减少因胎压不足所额外产生的油耗，并延长轮胎的使用寿命。

一、TPMS 的组成与原理

TPMS 一般由胎压监测模块和接收显示模块组成，如图 3-23 所示，其实物如图 3-24 所示。不同类型的轮胎气压监测系统具体组成有差异。

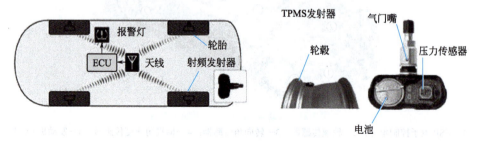

图 3-23　TPMS 的组成与原理示意图

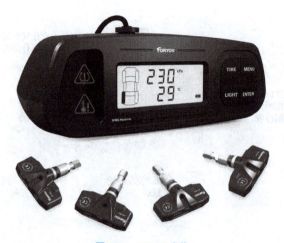

图 3-24　TPMS 实物

胎压监测模块安装在轮胎内部或车轮表面，主要包括压力传感器、ECU、射频发射器、电池和天线等，对轮胎压力、温度、电池电压及加速度等进行数据采集和处理，并以无线传输的方式加以发射。胎压监测模块需要做到低功耗，这样可以延长电池的寿命，一般设计有驻车模式和行驶模式。当模块处于行驶模式时，还会根据轮胎内部压力和温度变化的量来决定射频发射的频率，以进一步减少功耗。

接收显示模块用于接收胎压监测模块发来的射频信号，并完成数据分析和处理，判别轮胎的当前状态，在必要的时候给出报警。

二、TPMS 的功能与作用

GB/T 26149—2017《乘用车轮胎气压监测系统的性能要求和试验方法》强制性标准规定了 TPMS 具有以下主要功能。

（1）开机自检功能　10s 内完成自检，自检同时进行当时的胎压显示。如有系统故障或有欠压应在 10s 内报警，并指明欠压轮胎的位置，直到异常状态解除。

（2）欠压报警功能　轮胎气压低于制造厂规定冷态轮胎气压值的 75%，应在 10s 内报警，并指明欠压轮胎的位置，直到异常状态解除。

（3）系统故障报警功能　系统运行后，应具有自我诊断功能，系统有异常，应及时报警给驾驶员。

（4）当前轮胎压力显示功能　TPMS 应具有当前轮胎压力值显示功能，系统运行状态下，应能够实时查询每个轮胎的压力值信息，以便驾驶员在驾驶过程中随时了解各轮胎胎压情况，确定是否需要补气，对于长时间运行的车辆是非常必要的。

这些功能对于驾驶员及时了解当前胎压、了解 TPMS 是否正常是非常必要的。TPMS 具有以下主要作用。

（1）可有效预防轮胎爆胎事故　除特殊机械故障外，汽车行驶安全最重要的两大因素就是刹车装置和轮胎。因为轮胎气压形成轮胎强度，轮胎低压行驶时，变形下沉，将加大对轮胎胎肩的磨损，各部件胶于帘布层，帘布层之间剪切力增大，生热加剧，使胶层与帘线的物理性能下降，轮胎使用寿命缩短。若胎压长期低于正常气压的 80%，在高速行驶时，轮胎会急剧升温而脱层，最后导致爆胎。轮胎超压行驶时，轮胎与地面接触的面积减少，单位压力增高，轮胎胎面的中部磨损增加。室内试验证明，气压超出 25%，轮胎寿命降低 15%~20%；降低气压 25%，寿命降低约 30%。汽车轮胎温度越高，轮胎的强度越低，变形越大，轮胎磨损增加。TPMS 可实时对轮胎气压、温度进行自动监测预警，可有效防止轮胎爆胎事故的发生。

（2）提供"事前主动"型安全保护　TPMS 是"事前主动"预警系统。连续的压力以及温度实时监测会保证车辆在正确的负载中行驶。避免因轮胎压力过低或者过高，以及温度的异常而造成的爆胎；避免由于汽车 4 个轮胎压力的不平衡，而造成的驾车容易跑偏的现象；能最大限度地减少因轮胎故障而导致的半路抛锚以及其他交通事故的可能性。将事故消灭在萌芽状态，来确保汽车行驶中始终处于安全状态。

（3）具有经济效益和绿色环保作用　轮胎气压和温度过高，胎冠会加速磨损；轮胎低压行驶将增加行驶的阻力、燃料的消耗以及废气的排放。因此保持正常气压行驶才可节省燃料开支。除此以外，保持正常气压行驶还能避免由于爆胎而引起的车辆损坏的修理费、新胎的购置费用，以及因为轮胎原因发生故障所造成的有形或者无形的损失。另外，过快磨损轮胎的橡胶粉尘也将增加环境污染。

（4）保障整车的性能与寿命　正确的轮胎压力有助于优化车辆整体性能，如汽车的转向性能、制动性能、对方向操纵的响应、加强车辆的负载能力等；另外，正确的轮胎压力还能延长发动机及底盘、轮胎的寿命，提高整车寿命与舒适性。

三、TPMS 的分类

按胎压数据的测量方式分类，TPMS 可以分为间接式 TPMS、直接式 TPMS 和混合式 TPMS。

间接式 TPMS 是最早的轮胎气压监测系统，它与车辆的 ABS 一起使用。通过汽车 ABS 的轮速传感器来比较轮胎之间的转速差别，以达到监测胎压的目的，属于事后被动型。当一个轮胎的气压异常时，轮胎的直径就会变大或变小，车轮的转速也会发生相应的变化，监测系统将测得车轮转速同预先储存的标准值比较，就可得知轮胎气压太高或不足，从而报警。该方法利用已有的条件，不需要安装额外的传感器，成本低，安装方便，已装有 4 个 ABS 的轮胎只需要对软件进行升级；缺点是测量不准，校准复杂，不能具体指示出是哪一只轮胎胎压不足，如果 4 只轮胎的胎压同时下降，这种装置也就失效了，局限性较大。国内的大众、斯柯达、自主品牌等车型都使用的是间接式系统。

直接式 TPMS 是在每个轮胎内安装传感器，对轮胎进行监测，属于事前主动防御型。ECU 对传感器采集到的信息进行处理，并用射频发射器发送信息到接收显示模块。接收显示模块接收信号并处理，监测系统通过显示器将各个轮胎的压力和温度告知驾驶员。如果轮胎的压力异常，系统将发出报警信号。直接式 TPMS 的优点是测量准确，精度高，实时监测每个轮胎的气压，容易确定轮胎故障；缺点是成本高，设计复杂。像宝马、奔驰、奥迪等高端车以及通用旗下等车型便配备的是直接式系统。

混合式 TPMS 安装两个胎压传感器和一个接收器，能够克服间接式 TPMS 的局限性，可以检测到在同一个车轴或车辆同一侧的两个轮胎压力差异。与间接式 TPMS 相似，当两个对角轮胎压力异常时，系统只能检测到一个轮胎压力异常。当所有轮胎的压力都异常时，系统可以检测到故障。系统可靠性和灵活性不够理想，不能实时测量轮胎的气压，不能全部定位异常轮胎，但可以降低生产成本。

按轮胎模块是否需要电池，TPMS 可以分为有源 TPMS 和无源 TPMS。有源 TPMS 是指在胎压监测系统中胎压、温度等传感器及信息发射电路需要供电设备；无源式 TPMS 是指系统中的胎压传感器不需要供电设备，而是通过射频耦合、电磁感应及自供电等技术来实现信息传送。

目前，直接有源式 TPMS 已经成为市场的主流产品。

四、TPMS 的应用实例

TPMS 对汽车安全行驶有着非常重要的意义，车辆应按以下规定安装 GB 26149—2017 规定的 TPMS。

① 对发动机中置且宽高比小于或等于 0.9 的乘用车，其新申请型式批准车型自 2020 年 1 月 1 日起开始实施，其已获得型式批准的车型自 2021 年 1 月 1 日起开始实施。

② 对其他 M1 类车辆，其新申请型式批准车型自 2019 年 1 月 1 日起开始实施，其已获得型式批准的车型自从 2020 年 1 月 1 日起开始实施。

别克君越采用直接式 TPMS，其胎压显示位于仪表盘显示屏，如图 3-25 所示。通过转向盘的控制按钮对菜单进行切换能直接进入胎压显示的界面。除了在仪表盘中查看外，拥有胎压监测系统及安吉星系统的通用车型更能通过手机客户端进行查看。当车辆胎压出现异常时，显示屏会自动切换至胎压显示并进行提醒。

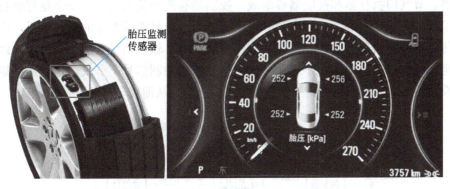

图 3-25　别克君越 TPMS

随着科学技术的发展，TPMS 也在不断发展，对于未来的 TPMS 发展将会实现无源化、智能化和车载局域网共享等。

第六节　汽车自适应巡航控制系统

汽车自适应巡航控制系统（Adaptive Cruise Control，ACC）是在传统巡航控制基础上发展起来的新一代汽车驾驶员辅助驾驶系统。它将汽车巡航控制系统（Cruise Control System，CCS）和车辆前向撞击报警系统（Forward Collision Warning System，FCWS）有机结合起来，既有巡航控制系统的全部功能，还可以通过车载雷达等传感器监测汽车前方的道路交通环境，一旦发现当前行驶车道的前方有其他前行车辆，将根据本车和前车之间的相对距离及相对速度等信息，控制汽车的油门和刹车以对车辆进行纵向速度控制，使本车与前车保持安全车距行驶，避免或减小追尾事故。

一、汽车巡航控制系统

汽车巡航控制系统又称汽车速度控制系统，是指在一定的车速范围内，驾驶员不用控制加速踏板而能使汽车保持以设定的速度行驶的控制装置。采用了这种控制系统的汽车，在高速公路上长时间行驶时，驾驶员不用控制加速踏板，从而降低了驾驶疲劳，提高了行驶安全性，同时减少了不必要的车速变化，节省了燃料。

1. 汽车巡航控制系统组成与原理

汽车巡航控制系统组成与原理如图 3-26 所示，主要由巡航控制开关、车速传感器、节气门执行器和控制器等组成。控制器有两个输入信号：一个是驾驶员按要求设定的指令车速，直接由驾驶员设定；另一个是实际车速的反馈信号，由车速传感器检测后反馈给控制器，控制器检测这两个输入信号之间的偏差后，经过一定的控制计算，产生一个送至节气门执行器的控制信号，节气门执行器根据所接收到的节气门控制信号调节发动机节气门开度，从而使车速保持稳定。

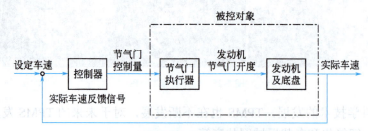

图 3-26　汽车巡航控制系统组成与原理图

巡航控制开关即驾驶员指令开关，一般有 3～4 个挡位，如主开关、恢复/加速开关、设置/减速开关、取消开关等。汽车在某一车速下行驶（>40km/h），打开巡航主开关至 ON 位置，汽车电源系统给巡航控制系统供电，此时巡航控制系统电源指示灯（Power）点亮。当按动设置开关，储存指示灯（Memory）点亮，此刻汽车的车速即被巡航控制系统保存起来，巡航控制系统便开始自动控制节气门，将汽车车速保持在储存车速，此后驾驶员不必再踩加速踏板。当系统进入定速巡航状态以后，若需提高巡航车速，则可按下加速开关不放，原设定车速便以每秒增加某一定值，按下开关持续时间越长，则增加行驶车速越多。当驾驶员放开加速开关的瞬间，此刻的系统车速即被保存下来，成为新的储存车速。巡航系统即操纵汽车按新的储存车速进行巡航行驶。若需要降低巡航车速，则可连续按下减速开关不放。部分巡航系统除了持续按下加速、减速开关不放来改变储存车速外，还可以通过连续点按加速、减速开关来改变储存车速，每一次点按改变的车速值为另一个定值，进行车速微调。如果需要暂时停止巡航控制，则可按取消开关，这时原巡航车速仍然作为储存车速保存在控制器中。巡航控制系统暂时停止巡航状态后，如果按一下恢复开关，巡航控制系统即可按储存车速恢复巡航状态。如需要完全停止巡航控制，则可将主开关置于 OFF 位置。

车速传感器的作用是将汽车的车速信号转变成电信号送入控制器，作为实际车速反馈信号，以便实现定速行驶功能。车速传感器通常和车速表驱动装置相连，如果车速表是电子式的，车速表传感器给出的信号可直接用作巡航控制器的反馈信号，而不必为巡航控制系统另设速度传感器。专门用于巡航控制系统的车速传感器一般安装在变速器输出轴上，这是因为汽车正常行驶时，实际车速与变速器输出轴转速成正比。车速传感器有磁感应式、霍尔式、光电式等多种形式，但一般常用磁感应式传感器。

执行器的作用是接受控制器发出的指令信号，以电动或气动方式操纵节气门，通过改变节气门开度，使汽车加速、减速及定速行驶。执行器可分为电动机式和真空式两种。电动机式执行器的控制方式更为先进，在现代轿车的巡航控制系统中得到广泛应用。

控制器是巡航控制系统的中枢，其作用是接受车速传感器、巡航控制开关、保护开关等的作用信号。经计算、记忆、放大信号转换等处理后，输出控制信号，驱动执行器动作。

在汽车巡航控制系统中有速度信号反馈给控制器与指令车速进行比较，因而巡航控制系统在闭环控制方式中工作。汽车巡航控制系统要求具有快速响应能力、较好的系统稳定性和很小的稳态误差。

2. 汽车巡航控制系统的功能

汽车巡航控制系统具有以下主要功能。

（1）保持设定车速　汽车行驶路况较好时，驾驶员按下设置键，系统以设定车速为目标车速匀速行驶。

（2）微调目标车速　可以通过操纵按键来对车速进行微调（1km/h），以达到所希望的车速。

（3）车速恢复　在主动或被动解除巡航控制之后，系统未断开主开关之前，驾驶员可以通过按下恢复键来使车辆恢复前次所设定车速。

（4）自动解除巡航控制　汽车在巡航行驶时，如果车速在 1s 之内的变化过大（如车速误差大于 15km/h）时，巡航系统将自动退出控制状态。

（5）手动解除巡航控制　驾驶员操纵制动、离合踏板时解除巡航控制。

二、汽车自适应巡航控制系统

GB/T 20608—2006《智能运输系统自适应巡航控制系统性能要求与检测方法》

规定了自适应巡航控制系统的基本控制策略、最低的功能要求、基本的人机交互界面、故障诊断及处理的最低要求以及性能检验规程;适用于自适应巡航控制系统的性能检测。

1. 汽车 ACC 系统的组成

汽车 ACC 系统的基本组成如图 3-27 所示,主要由信息感知单元、电子控制单元(ECU)、执行单元和人机交互界面构成。

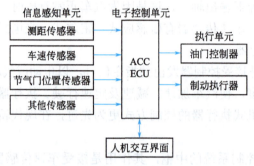

图 3-27 汽车 ACC 系统的基本组成

(1)信息感知单元 信息感知单元主要用于向电子控制单元(ECU)提供自适应巡航控制所需要的车辆行驶状况及驾驶员的操作信号。它包括测距传感器、车速传感器、节气门位置传感器、制动踏板传感器等。测距传感器安装在汽车前端,用来获取车间距离信号,其类型主要有雷达传感器、红外线传感器和视觉传感器等;车速传感器安装在变速器输出轴上,用于获取实时车速信号;节气门位置传感器安装在节气门轴上,用于获取节气门开度信号;制动踏板传感器安装在制动踏板下,用于获取制动踏板动作信号。

(2)电子控制单元(ECU) ECU 以微处理器为核心,包括时钟电路、复位电路、电源电路、传感器输入接口电路以及与监控主机进行数据交换的串行通信接口电路,用于实现系统的控制功能。ECU 根据驾驶员所设定的安全车距及巡航行驶速度,结合测距传感器传送来的信息确定当前车辆的行驶状态。当两车间的距离小于设定的安全距离时,ECU 计算实际车距和安全车距之比及相对速度的大小,选择减速方式,同时通过报警器向驾驶员发出报警,提醒驾驶员采取相应的措施。

(3)执行单元 执行单元包括节气门执行器和制动执行器,节气门执行器用于调整节气门的开度,使车辆作加速、减速及定速行驶;制动执行器用于紧急情况下的刹车。

(4)人机交互界面 人机交互界面用于驾驶员设定系统参数及系统状态信息的显示等。驾驶员可通过设置在仪表盘上的人机交互界面启动或清除 ACC 系统控制指令。启动ACC系统时，要设定当前车辆在巡航状态下的车速和与目标车辆间的安全距离，否则ACC系统将自动设置为默认值，但所设定的安全距离不可小于设定车速下交通法规所规定的安全距离。

汽车ACC系统的主要功能是基于特定的信息控制车速与前方车辆运动状况相适应，这些信息包括与前车间的距离、本车的运动状态和驾驶员的操作指令等。基于这些信息，ECU发送控制指令给执行单元以执行纵向控制，同时将状态信息提供给驾驶员。

2. 汽车ACC系统的作用

汽车ACC系统通过对车辆纵向运动进行自动控制，以减轻驾驶员的劳动强度，保障行车安全，并通过方便的方式为驾驶员提供辅助支持。

汽车ACC系统工作示意图如图3-28所示，共有4种典型的操作，即巡航控制、减速控制、跟随控制和加速控制。

(a) 巡航控制
(前方无车辆)

(b) 减速控制
(检测到前方车辆)

(c) 跟随控制
(保持车距)

(d) 加速控制
(与前车距离变长)

图3-28 汽车ACC系统工作示意图

假设当前车辆设定车速为100km/h，目标车辆行驶速度为80km/h。当前车辆前方无行驶车辆时，当前车辆将处于普通的巡航行驶状态，ACC系统按照设定的行驶车速对车辆进行巡航控制。当前车辆前方有目标车辆，且目标车辆的行驶速度小于当前车辆的行驶速度时，ACC系统将控制当前车辆进行减速，确保两车间的距离为所设定的安全距离。当ACC系统将当前车辆减速至理想的目标值之后采用跟随控制，与目标车辆以相同的速度行驶。当前方的目标车辆发生移线，或当前车辆移线行驶使得前方又无行驶车辆时，ACC系统将对当前车辆进行加速控制，使当前车辆恢复到设定的车速。在恢复行驶速度后，ACC系统又转入对当前车辆的巡航控制。当驾驶员参与车辆驾驶后，ACC系统自动退出对车辆的控制。

汽车ACC系统的指令通过控制开关由驾驶员设定，如图3-29所示。其中模式选择主要有限速巡航和自适应巡航；车速有设定区间，如30～150km/h，在高速公路，设定的速度不要超过高速公路的限速，一般在80～120km/h之间；车距选择一般由远及近有5个挡位供选择，选择多大的车距，要根据车速和路况决定，比如在高速公路，建议距离设定在较远的两个挡位。这些参数设定完，ACC 系统就可以工作了。当汽车进入自适应巡航状态后，右脚不用一直踩着油门，只要握好转向盘，控制行驶方向即可。如果当前的车速低于设定的车速，汽车会自动加速到设定的车速，并保持巡航。车头的测距传感器持续工作，探测前方是否有车辆；如果前方有车辆，在设定的距离之外，则汽车仍然保持设定的速度行驶；如果前方车辆速度较慢，当前车辆接近了预设的安全距离范围，ACC 系统就会马上做出反应，主动进行制动，让汽车保持在预定的安全距离之外。如果驾驶员不人为实施变道超车等动作，同时前方车辆保持之前的行驶状态，当前车辆会一直在安全距离之外跟车行驶。如果这时前车变道让行，前方道路无车了，ACC 系统会马上加速到预定的速度。如果前方车辆不让，驾驶员决定变道超车，这时完全不用理会 ACC 系统，直接深踩油门，变道超车就可以了。另外，如果驾驶员预见前方的路况比较复杂，担心 ACC 系统不能正确处理，只需轻踩刹车就可以解除 ACC 系统对车速的控制权。

图 3-29　汽车 ACC 系统的控制开关

注：操作 ACC 所需的按键位于方向盘上，使用很简单，只用左手拇指就够了。另外，按键的功能不唯一，可复用，比如 SET 键还能以 10 为单位调整速度。

三、汽车 ACC 系统的应用实例

目前，汽车 ACC 系统在中高级轿车上得到了广泛的应用。福特汽车配置的 ACC 系统是利用雷达探测前方车辆，当系统侦测到有发生碰撞的可能性时，ACC 系统中的碰撞预警功能开启，即会发出警报声响与红色的视觉警示提醒驾驶员减速。同时系统也会做好刹车的准备，只要驾驶员松开油门，刹车系统就会产生轻微的制动力度，刹车辅助系统也会一并做好准备，当驾驶员一旦踏下刹车踏板，就能获得最大的制动力度。根据 IIHS（美国道路安全保险协会）调查，这套系统可以减少约 40% 的追尾事故。此外，NHTSA（美国国家公路交通安全管理局）的研究显示，只要驾驶员能提早 1s 刹车，就能减少 90% 追尾的概率，而福特的

ACC 系统能在追尾发生前的 1.5～2.5s 之内发出警报。

除了碰撞预警功能，福特 ACC 系统最重要的就是利用雷达测量与前车的距离与速度，自动调节自身速度与跟车距离，此装置激活的条件为车速高于 30km/h。使用方法与一般巡航控制系统相同，驾驶员设定巡航速度后，车辆会自行保持匀速前进，但当雷达侦测到前方有慢车时，ACC 系统可控制节气门与刹车系统，通过刹车系统减慢车速，并且保持与前车的安全车距。当前车加速或是离开车辆前方，ACC 系统会使车辆自动加速，最快到达原先设定的巡航速度，驾驶员也可以通过转向盘上的控制键，自行调整与前车的距离。

图 3-30 所示为福特汽车 ACC 系统工作示意图。

图 3-30　福特汽车 ACC 系统工作示意图

未来汽车 ACC 系统将同其他的汽车电子电控系统相互融合，形成智能汽车电子控制系统，在卫星导航系统的指引下，借助公路两旁的电子标志牌，无须人为参与就可安全驶达目的地，实现完全的自动驾驶功能。

第七节　汽车自动紧急制动系统

汽车自动紧急制动（Automatic Emergency Braking，AEB）系统是指实时监测车辆前方行驶环境，并在可能发生碰撞危险时自动启动车辆制动系统使车辆减速，以避免碰撞或减轻碰撞的系统。

在汽车自动紧急制动系统中，测距技术是关键。

一、测距技术

目前，常见的测距技术有超声波测距、毫米波雷达测距、激光测距、红外线测距和 CCD 视频测距等。

1. 超声波测距

　　超声波一般是指频率 20kHz 以上的机械波，具有声波折射、反射、干涉等基本物理特性。工作时，超声波发生装置向某一方向不断发射出某一频率超声脉冲波，遇到被测物体则产生反射回波，由超声波接收装置接收反射回波并将其转变为电信号，根据接收和发射超声波所用的时间差以及声速，就可以测得车辆和目标物体之间的距离。

　　超声波测距方法简单，成本低，具有较强的穿透性以及反射能力。但是探测距离较短，最佳距离为 4～5m，对于远距离目标，不够灵敏，影响测量精度，而且传输速度容易受天气状态的影响，这使得超声波在高速公路测距的应用具有一定的局限性。另一方面，超声波散射角大，方向性较差，在测量较远距离的目标时，其回波信号会比较弱，影响测量精度。因此，超声波测距一般用于短距离的车辆倒车防撞雷达以及侧面防撞雷达。

2. 毫米波雷达测距

　　毫米波是指波长在 1～10mm（频率在 30～300GHz）之间的电磁波，测距方式可分为连续波雷达测距和脉冲雷达测距。目前，在汽车应用领域研究使用较多的是连续波雷达。工作时，毫米波发射源信号经环流器从天线向外发射具有一定斜率的连续调频信号，当遇到前方目标时，会产生与发射信号具有相同斜率的延时回波信号，回波信号经接收天线进入混频器，混频器将发射源信号与回波信号进行混频处理，从而得到其差频信号，差频信号再输入多普勒放大器，放大后的信号经整形电路整形，输出矩形脉冲式的信号，转换出的信号进入计数器计数，计算出目标的速度和距离信息。

　　毫米波雷达分辨率高，探测性能稳定，不易受大雾、雨、雪等天气的影响，而且穿透能力很强，测距精度很高，具有较好的稳定性和适应性；抗干扰能力强，毫米波雷达处于高频段，周围的干扰和噪声在中低频段，基本上不会对毫米波雷达正常使用造成影响，因此毫米波雷达可以抗低频干扰；毫米波雷达成为了最有发展潜力的车辆防撞雷达。

3. 激光测距

　　激光雷达的测距原理与超声波类似，由激光器发射激光束，遇到目标时反射回来，光学接收系统中的光学探测器将接收到的激光束与原发射激光束通过混频器转换为电信号，通过光速以及往返时间差计算得出所探测的目标距离。

　　激光具有相干性好、高单色性以及方向性好等优点。激光波束近似直线，波束能量比较集中，很少扩散，传输距离较远，测距精度比较高，故常用激光来测量物体长度、目标速度以及目标距离等。在车辆防撞领域，对探测距离要求比较高，同时所采用的测距技术应该适应任何天气变化。考虑遇到大雾或下雨等恶劣天气时，激光的穿透能力比较差，将导致其无法正常使用，这就限制了激光测距在车辆防撞系统中的使用。在高速运动的车体中，激光雷达测距仪器将受到很大的振动，这不利于工作稳定性的保持，所测得的数据可靠性得不到保障。此外，当车辆反射镜表面受到污染或者有磨损时，激光测距方式容易受到影响，导致探测距离减少 1/2～1/3，这就大大降低了激光测距的精度。

4. 红外线测距

任何物体无论何时都会发出红外线，利用红外线传播不扩散原理来测量目标距离叫红外测距。红外测距和激光测距的原理大体相同，都是依据测量光往返目标所需要的时间来计算判断目标距离。红外线测距仪工作时，由发射器不断发射红外线，在遇到前方目标时便反射回来，由接收器接收并将其转化为电信号，同时分析时间差，根据反射信号的波长与强弱的不同，即可识别出前方目标的性质并计算出目标与本车的相对距离。

红外线具有显著的热效应以及较强的穿透云雾能力，同时由于传播时不扩散，使得穿越其他物质时折射率很小，因此短距离的测距仪都会考虑采用红外线，其技术难度不大，所构成的测距系统成本低廉，但在长距离探测以及恶劣天气状况下仍旧不能满足高速公路防撞的要求，故红外线测距一般多用于短距离的车辆倒车防撞控制系统中。

5. CCD 视频测距

CCD 视频测距通过 CCD 相机对行驶在高速公路上的车辆进行成像采集，将采集到的连续视频图像进行预处理以及特征提取，进而可以从图像系列中检测到车辆的速度。

一般而言，视频测距设备架在空中，安装十分简便，而且受路面状况的影响很小，实现车辆测速的同时还可以对汽车进行跟踪监控，可以有效地获取超速汽车的完整信息。但是 CCD 视频测距非常容易受到天气状况的影响，尤其是在沙尘、大雾、黑夜等恶劣天气条件下，它的工作能力都将大打折扣。此外，对于高速公路上快速行驶的汽车来说，准确识别难度相对比较大。

二、汽车 AEB 系统的组成

汽车 AEB 系统主要由行车环境信息采集单元、电子控制单元和执行单元等组成，如图 3-31 所示。

（1）行车环境信息采集单元　行车环境信息采集单元由测距传感器、车速传感器、油门传感器、制动传感器、转向传感器、路面选择按钮等组成，对行车环境进行实时检测，得到相关行车信息。测距传感器用来检测本车与前方目标的相对距离以及相对速度；车速传感器用来检测本车的速度；油门传感器用来检测驾驶员在收到系统提醒报警后是否及时松开油门，对本车实行减速措施；制动传感器用来检测驾驶员是否踩下制动踏板，对本车实行制动措施；转向传感器用来检测车辆目前是否正处于弯道路面行驶或者处于超车状态，系统凭此来判断是否需要进行报警抑制；路面选择按钮是为了方便驾驶员对路面状况信息进行选择，从而方便系统对报警距离的计算。需要采集的信息因系统不同而不同，所有采集到的信息都将被送往电子控制单元。

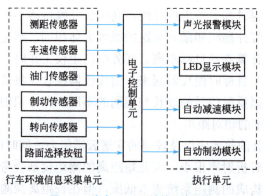

图 3-31　汽车 AEB 系统的总体结构

（2）电子控制单元　电子控制单元接收行车环境信息采集单元的检测信号后，综合收集到的数据信息，依照一定的算法程序对车辆行驶状况进行分析计算，判断车辆所适用的预警状态模型，同时对执行单元发出控制指令。

（3）执行单元　执行单元可以由多个模块组成，如声光报警模块、LED 显示模块、自动减速模块和自动制动模块等，根据系统不同而不同。它用来接收电子控制单元发出的指令，并执行相应的动作，达到预期的预警效果，实现相应的车辆刹车功能。当系统检测到存在危险状况时，首先进行声光报警，提醒驾驶员；当系统发出提醒报警之后，如果驾驶员没有松开油门，则系统会发出自动减速控制指令；在减速之后系统检测到危险仍然存在时，说明目前车辆行驶处于极度危险的状况，需要对车辆实施自动强制制动。

三、汽车 AEB 系统的工作原理

汽车 AEB 系统采用测距传感器测出与前车或者障碍物的距离，然后利用电子控制单元将测出的距离与报警距离、安全距离等进行比较，小于报警距离时就进行报警提示，而小于安全距离时即使在驾驶员没来得及踩制动踏板的情况下，AEB 系统也会启动，使汽车自动制动，从而为安全出行保驾护航。

图 3-32 所示为某汽车 AEB 系统工作过程示意图。

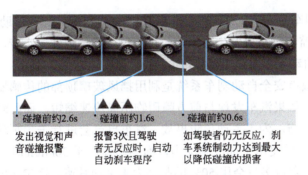

图 3-32　汽车 AEB 系统工作过程

欧洲新车星级评价（E-NCAP）以多年来统计的事故数据作为依据，对汽车 AEB 系统使用环境提出以下 3 种应用需求。

（1）城市专用 AEB 系统　一般的城市交通事故大多发生在路口等待、交通拥堵等情况下，因为驾驶员注意力分散，忽视了自身的车速和与前车的距离，造成碰撞事故。城市内驾驶特点是速度慢，易发生不严重的碰撞。城市专用 AEB 系统可以监测前方路况与车辆移动情况，如果探测到潜在的风险，它将采取预制动措施，提醒驾驶员风险的存在；如果在反应时间内未接到驾驶员的指令，该系统则会自动制动来避免事故。而在任何时间点内，如果驾驶员采取了紧急制动或猛打转向盘等措施，该系统将停止。城市专用型 AEB 系统在车速不超过 20km/h 情况下工作，该速度下集中了 80% 的城市交通事故。

（2）高速公路专用 AEB 系统　在高速公路上发生的事故与城市交通事故相比，其特点不同。高速公路上的驾驶员可能由于疲劳驾驶，当意识到危险时车速过快无法控制车辆。为了能保证这种行驶情况下的安全，AEB 系统必须能用相应的控制策略来应对。系统在车辆高速行驶状态下工作，首先通过报警来提醒驾驶员潜在的危险。如果在反应时间内，驾驶员没有任何反应，第二次警示系统将启动（比如突然的制动或安全带收紧），此时制动器将调至预制动状态；如果驾驶员依然没有反应，那么该系统将会自动实施制动。

（3）行人保护专用 AEB 系统　除探测道路上的车辆外，还有一类 AEB 系统是用来检测行人和其他公路上弱势群体的。通过车上一个前置摄像头传来图像，可以辨别出行人的图形和特征，通过计算相对运动的路径，以确定是否有撞击的危险。如果有危险，系统可以发出警告，并在安全距离内，制动系统采用全制动使车辆停止行驶。实际情况下预测行人行为是比较困难的，系统控制的算法也非常复杂。该系统需要在危险发生前更迅速地做出正确判断，更有效地做出响应，防止危险事态发生，同时也需要避免系统在特定情况下发生误触发。

四、汽车 AEB 系统的应用实例

汽车 AEB 系统在不同厂商中名称会有所不同，如沃尔沃的城市安全（City

Safety）自动刹车系统，以及奔驰的 Brake Assist PLUS 刹车辅助系统。安装了 AEB 的汽车在监测到将要发生碰撞时，不仅仅是简单地通过声音、视频警示驾驶员，而是强制自动刹车来避免碰撞。

沃尔沃的城市安全自动刹车系统是利用挡风玻璃顶部的传感器来探测与前方障碍物的距离，如果汽车发现与前方障碍物距离快速缩短，而此时驾驶员并没有及时采取减速措施，为了主动预防事故，汽车自己会进行干预制动。在车速低于 30km/h 时，它可以使用全部的制动力，而当车速高于 30km/h 时，为了保证不被后面车辆追尾，它最多只会用 50% 的制动力来主动减速。沃尔沃的城市安全自动刹车系统如图 3-33 所示。

图 3-33　沃尔沃的城市安全自动刹车系统

奔驰的 Brake Assist PLUS 刹车辅助系统是通过安置于前保险杠扫描幅度达 80° 的 30m 短程雷达和 150m 长程雷达，预先察觉前方可能的撞击意外时，系统将以 40% 的刹车力预先进行刹车作动，以避免撞击的发生概率，如图 3-34 所示。

图 3-34　奔驰的 Brake Assist PLUS 刹车辅助系统

图 3-35 所示为对某汽车 AEB 系统在 E-NCAP 的测试结果，表明该汽车 AEB 系统的安全性较好。

汽车 AEB 系统能大大避免汽车发生正面碰撞的风险，其装车量将大幅度增加,并将成为一些车型的标配。欧盟规定,自 2014 年起,所有欧盟市场销售的新车都要配备 AEB 系统,没有配备该系统的汽车都不能获得 E-NCAP 五星级的安全认证;包括大众、奥迪、通用、丰田在内的 10 家车企,与美国高速公路安全管理局(NHTSA)达成协定,在美出售的新车型将全部标配 AEB 系统;日本各大汽车厂商开始增加搭载自动刹车功能的乘用车,以防止行驶时与周围车辆或行人发生碰撞事故,丰田在 2017 年底前在日本、北美及欧洲发售的几乎全部乘用车上搭载了 AEB 系统。

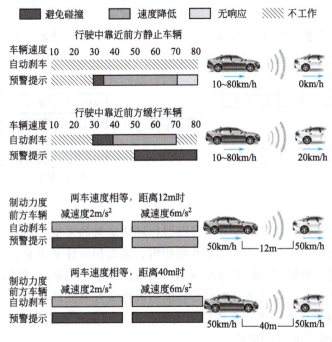

图 3-35　某汽车 AEB 系统的测试

随着汽车安全技术涉及的范围越来越广、越来越细,汽车正朝着更加智能化、自动化和信息化的机电一体化方向发展。汽车自动刹车系统应和其他控制系统相结合,采用智能型传感器、快速响应的执行器、高性能电控单元、先进的控制策略、无线通信等技术以提高汽车的主动安全性,使车辆从被动防撞减少伤害向主动避撞减少事故的方向发展。

第八节　车道偏离报警系统

调查显示,约有 50% 的汽车交通事故是因为汽车偏离正常的行驶车道引起的。

车道偏离报警系统（Lane Departure Warning System，LDWS）是一种通过报警的方式辅助驾驶员减少汽车因车道偏离而发生交通事故的系统。该系统提供智能的车道偏离预警，在驾驶员无意识（未打转向灯）偏离原车道时，能在车辆偏离车道前发出警报，为驾驶员提供更多的反应时间，大大减少因车道偏离引发的碰撞事故。

GB/T 26773—2011《智能运输系统 车道偏离报警系统 性能要求与检测方法》规定了车道偏离报警系统的定义、分类、功能、人机界面以及检测方法等。

一、车道偏离报警系统的组成

车道偏离报警系统主要由图像采集单元、车辆状态传感器、电子控制单元以及人机交互单元等组成，如图 3-36 所示。

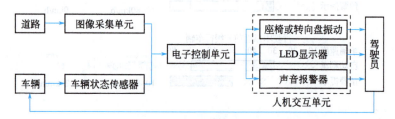

图 3-36　车道偏离报警系统的组成

图像采集单元完成车辆前方道路图像和环境信息的采集，并将模拟视频信号转换为数字视频信号，主要包括工业照相机、镜头和图像采集卡等；车辆状态传感器采集车速、车辆转向状态等车辆运动参数；电子控制单元可以完成数字图像处理、车辆状态分析以及决策控制等功能；人机交互单元通过显示界面向驾驶员提示系统当前的状态，当存在危险情况时，报警装置可以发出声音、光的提示，也有座椅或转向盘振动的形式。

二、车道偏离报警系统的工作原理

当车道偏离报警系统开启时，系统利用安装在汽车上的图像采集单元获取车辆前方的道路图像，控制单元对图像进行分析处理，从而获得汽车在当前车道中的位置参数，车辆状态传感器会及时收集车速、车辆转向状态等车辆运动参数，控制单元的决策算法判定车辆是否发生车道偏离。当检测到汽车距离当前车道线过近有可能偏入临近车道或驶离本车道而且驾驶员并没有打转向灯时，人机交互界面就会发出警告信息，提醒驾驶员注意纠正这种无意识的车道偏离，及时回到当前行驶车道上，为驾驶员提供更多的反应时间，从而尽可能地减少车道偏离事故的发生。如果驾驶员打开转向灯，正常进行变线行驶，则车道偏离报警系统不会做出任何提示。

三、车道偏离报警系统的应用实例

目前，车道偏离报警系统得到了越来越多的应用，已经成为汽车重要的主动安全技术之一。

图 3-37　沃尔沃的车道偏离报警系统

（1）沃尔沃的车道偏离报警系统　沃尔沃公司研发的车道偏离报警系统如图 3-37 所示，它通过在中控台上的一个按钮被激活，如果驾驶员在行车过程中跨越原来的车道，但没有转向的操作（如打转向灯），系统会发出轻微的警示音。该系统通过一台摄像机检测车辆在车道线之间的位置，当车速超过 60km/h 时，系统被激活；当车速超过 65km/h 时，系统便开始进行干预。

（2）索纳塔的车道偏离报警系统　第 9 代索纳塔车道偏离报警系统如图 3-38 所示，是一种通过报警的方式辅助驾驶员减少汽车因车道偏离而发生交通事故的系统。车道偏离报警系统由图像处理芯片、控制器、传感器组成，主要是扫描道路分割线，然后提供给车载电脑判断，再用声光方式提醒驾驶员注意保持正确道路。这可防止驾驶员因为注意力不集中导致车道偏离。

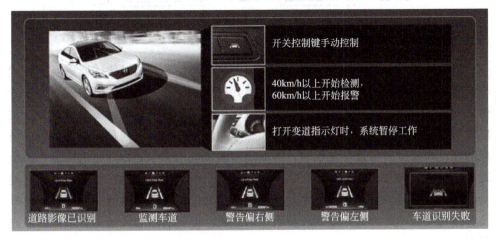

图 3-38　第 9 代索纳塔车道偏离报警系统

第9代索纳塔的车道偏离报警系统会在40km/h以上开始检测，60km/h以上会对车道左右偏离或车道识别失败自动报警。

车道偏离报警系统的研究主要集中在基于视觉的车道偏离报警系统上。但是，从现有的技术水平来看，影响基于视觉的车道偏离报警系统可靠性的最主要因素是系统应用的天气条件以及光照变化的影响，这是所有基于视觉系统面临的一个主要难题。目前，研究各种鲁棒性强、能适应各种天气条件、克服光照变化以及阴影条件的影响的车道偏离评价算法是所有基于视觉的车道偏离报警系统的发展趋势。

第九节　车道保持辅助系统

车道保持辅助（Lane Keeping Assist，LKA）系统是在车道偏离报警系统的基础上对转向系统协调控制，使汽车保持在预定的车道上行驶的系统，它可以减少驾驶员负担，防止驾驶失误。

一、车道保持辅助系统的组成与原理

车道保持辅助系统主要由信息采集单元、电子控制单元和执行单元等组成，如图3-39所示。

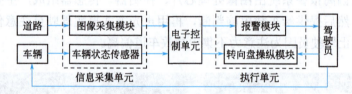

图3-39　车道保持辅助系统的组成

信息采集单元主要通过多功能摄像头采集道路信息，通过传感器采集车辆状态信息，并把这些信息传送给电子控制单元；电子控制单元对采集的信息进行分析、计算、判断等，把控制指令传送给执行单元。当行驶可能偏离车道线时，发出报警；当行驶偏离车道线后，电子控制单元计算出辅助转向盘操舵力、对应偏离的程度来控制转向盘操纵模块，施加转向盘操舵力使车辆回到正常轨道。如果驾驶员打开转向灯，正常进行变线行驶，那么系统不会做出任何提示。如果驾驶员既没有打开转向灯，也没有主动减速、转动转向盘，则系统就会使用视觉、听觉警报甚至振动转向盘提醒驾驶员潜在的危险，但提醒不会直接影响车辆的行驶状态。

车道保持辅助系统能够暂时接管并控制车辆主动驶回原车道，如果对车辆控制介入程度更高，还可以根据需要进行主动制动减速等一系列复杂的动作。自动化程度越高，功能越多，系统越复杂。

二、车道保持辅助系统的应用实例

车道保持辅助系统在一些高级轿车上有实际应用。

1. 奥迪 A8 车道保持辅助系统

奥迪 A8 车道保持辅助系统主要组成元件如图 3-40 所示。

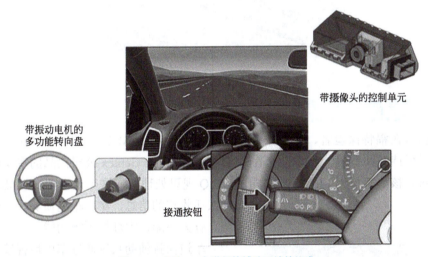

图 3-40　奥迪 A8 车道保持辅助系统的组成

电子控制单元与摄像头是一体的，该摄像头的影像摄取传感器前面有一个 6mm 焦距的镜头，视距最大为 60m；所使用的影像摄取传感器以黑白影像模式来获取车前路面的情况，其分辨率是 640×480 像素；影像摄取传感器获得的影像由奥迪软件进行分析。系统电子控制单元卡在风挡支架上，使用扩展 CAN 总线。

配备车道保持辅助系统的汽车需要使用带振动电机的多功能转向盘，振动电机安装在转向盘右下辐条内，转向盘的振动是因电机上的不平衡配重旋转而产生的，振动报警大约持续 1s。

车道保持辅助系统的接通或关闭由按钮控制。按钮集成在转向拨杆上，系统当前是接通还是关闭由组合仪表上的指示灯来指示。

当车速超过 60km/h 时，奥迪车道保持辅助系统利用安装在车内后视镜前的摄像头检测车道标记，摄像头可覆盖汽车前方超过 50m 的距离以及约 40° 视场的道路范围，每秒提供 25 幅高清晰图像。车载软件负责从这些图像中监测出车道标记以及在两条车道标记中的车道。如果在没有打转向灯的情况下汽车偏向某一侧车道标记，该系统将通过对电子机械式转向系统进行微小而有效的干预帮助汽车驶回"正道"。驾驶员可以确定这个干预行为的反应速度，以及是否要结合转向盘振动进行警示。如果驾驶员选择早期干预，系统可保持汽车一直在车道的中央行驶，如图 3-41 所示。

图 3-41　奥迪车道保持辅助系统

2. 福特车道保持辅助系统

福特在福特探险者、Fusion（美版蒙迪欧）、林肯 MKS、MKT 与 MKZ 上配置车道保持辅助系统。福特的车道保持辅助系统采用 Gentex 公司出品的多功能摄影系统，核心架构为 Mobileye 公司的 EyeQ 视讯处理器，这个处理器可以处理摄像头所收集的信息，实现车道侦测、车辆侦测、行人侦测、大灯控制等功能。

车道保持辅助系统通过车内后视镜附带的摄像头，如图 3-42 所示，获取车道标线的影像，计算车身与车道标线的接近速率，若计算出车辆在一定的时间内将跨越标线，系统便会发出警报。系统可以在即将跨越车道标线时就发出警示声响，或者是已经跨线时才发出警告。此外，在狭窄的道路上，系统也会允许驾驶员在转弯时轻微压线，减少系统对驾驶员的干扰。

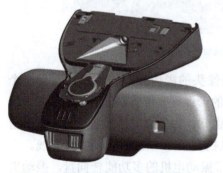

图 3-42　福特车道保持辅助系统的摄像头

福特车道保持辅助系统的工作过程如图 3-43 所示。车道保持辅助系统在每次启动车辆之后，就会默认开启，但驾驶员也可手动关闭。当系统判定驾驶员对于即将越过车道标线的情况没有采取任何修正的动作时，会对转向系统下达修正方向的指令，但修正力度相当轻微，仪表盘也会发出提醒，请驾驶员手握转向盘。此外，若驾驶员开启转向灯，在跨越车道标线时，系统也不会发出任何警告或修正动作。根据 E-NCAP 的调查显示，配置车道保持辅助系统的车辆可以减少大约

4%的严重伤害与9%的死亡事故。

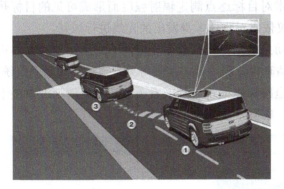

图 3-43　福特 LKA 系统的工作过程

1—未偏离车道；2—若未使用转向灯，则发出警报声响；3—若车辆继续偏离车道，
且驾驶者没有理会警报，LKA 系统会和缓地将车辆导回原有车道

福特车道保持辅助系统必须在速度约 64km/h 时才会发挥效用，且两侧需要有车道标线。在 E-NCAP 的报告中指出，恶劣的环境气候（下雪、大雾）、路面污损、前风挡脏污都会影响系统的工作效率，另外，各个国家的道路标线有所不同，也会影响系统的辨识率。

福特车道保持辅助系统对于现今车辆安全有很大的提升，因为在今日的用车环境中，有太多东西能分散驾驶员的注意力，如日渐复杂的多媒体信息系统、卫星导航系统与智能手机，这些都是导致注意力分散的配置，如何让驾驶员保持注意力且预防驾驶员在注意力分散时发生意外，是近年来各个车厂所努力的目标。福特车道保持辅助系统能有效防止因为驾驶员分心而发生的意外性车道偏离，对于道路安全有相当正面的帮助。

第十节　汽车夜视辅助系统

汽车夜视辅助系统是一种利用红外线技术辅助驾驶员在黑夜中看清道路、行人和障碍物，减少事故发生，增强主动安全的系统。

一、汽车夜视辅助系统的分类

按照工作原理不同，汽车夜视辅助系统可以分为主动夜视辅助系统和被动夜视辅助系统两种。

主动夜视辅助系统是采用主动红外成像技术，把目标物体反射或自身辐射的红外辐射图像转换成人眼可观察的图像，这种系统本身必须具备光源。

被动夜视辅助系统采用热成像技术，基于目标与背景的温度和辐射率差别，利用辐射测温技术对目标逐点测定辐射强度而形成可见的目标热图像，这种系统本身没有光源，仅依靠对物体本身发出的光线进行识别。

主动夜视辅助系统本身必须具备光源，不发出热量的物体也可以看到，通过图像处理提高了清晰度，道路标志清晰可见；被动夜视辅助系统本身不需要光源，探测距离较远，道路标志很难看到或看不清，图像清晰度取决于天气条件和时间段，图像与实际景象不完全符合。

二、汽车夜视辅助系统的组成与原理

1. 汽车主动夜视辅助系统

汽车主动夜视辅助系统主要由红外发射单元、红外成像单元、控制单元、图像显示单元等组成，如图 3-44 所示。

图 3-44　汽车主动夜视辅助系统的组成

红外发射单元位于两个前照灯内，当它被激活时，产生的红外线用于照射车辆前方区域，相应的夜视图等同于在远光灯下透过风挡玻璃所见到的情景；红外成像单元主要是红外图像摄像头，记录车辆前方区域内的图像，并提供其探测范围内是否存在行人的信息，然后通过数字视频线将数据发送给控制单元（ECU）；ECU 分析红外成像单元传来的数据，再通过集成化数据处理，将画面传输给图像显示单元，其中识别的行人和动物，以高亮度显示。一般对于数字化的 CCD 摄像头，采集到信号后，会进行必要的去噪声、信号增强等处理，然后再送给图像显示单元。这样，驾驶员就可以清晰地看到前大灯照射范围之外的景物，避免出现意外。

2. 汽车被动夜视辅助系统

汽车被动夜视辅助系统没有红外发射单元，红外成像单元直接将探测到的物体和行人的热辐射作为影像数据的来源，而无须车辆提供额外的红外线光源。ECU 将这种热量信息转换为可视的影像并显示在车辆的图像显示单元上。同时在汽车被动夜视辅助系统上，采用远红外线技术，系统集中于最重要的信息，避免一些无关紧要的细节干扰，在图像显示单元上，热影像的图形化描述方法使信息大大精简，驾驶员探测行人和动物时信息处理速度更快。

在被动夜视辅助系统中，关键零部件是红外摄像头，它与主动夜视辅助系统的红外摄像头原理相同，但接收对象存在差异，因此其软硬件设计也有不同。主动夜视辅助系统红外摄像头主要接收物体对红外光源的反射光线，而被动夜视辅助系统红外摄像头主要接收物体本身发出的红外辐射。被动夜视辅助系统红外摄像头主要装配于车辆前保险杠，一般安装在一个防撞击的盒子里，风挡玻璃清洗系统同时负责相机的清洁。当外界气温低于5℃时，镜头盖则被加热，拍摄距离300m，部分车型红外摄像头也可以随着车速的增加，通过镜头焦距的改变使得远距离的目标放大，使目标更清晰。

三、汽车夜视辅助系统的应用实例

目前，在奥迪、宝马、奔驰等车型上，都装备了夜视辅助系统。

1. 奥迪 A8L 夜视辅助系统

奥迪 A8L 夜视辅助系统主要元件是控制单元和摄像头。控制单元是夜视辅助系统的核心，位于左前座椅前方的汽车底板内，装在一个塑料盒内，如图 3-45 所示。

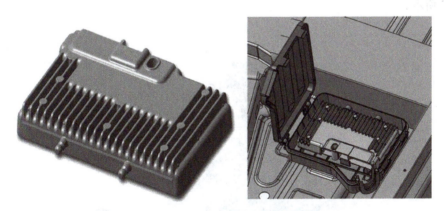

图 3-45　奥迪 A8L 夜视辅助系统控制单元

夜视辅助系统控制单元主要完成以下任务：处理夜视辅助系统摄像头的原始图像；识别出热敏图像上的人并将其做上标记；持续不断地对摄像头图像进行分析，并测算车辆与识别出的行人的碰撞可能性；在识别出有碰撞危险时发出警告；将已处理完的热敏图像传送给组合仪表；使用 CAN 扩展总线接收并处理夜视辅助系统功能所需要的数值和信息；为摄像头供电（蓄电池电压）；持续地对系统进行诊断，并将识别出的故障记录到故障存储器内；通过测量数据块、自适应和执行元件诊断来帮助查找夜视辅助系统故障；通过软件对售后中和生产中的系统进行校准；行车中在某些条件下进行动态校准；存储用户对夜视辅助系统所做的设置。

奥迪 A8L 夜视辅助系统的摄像头是一种红外热敏图像摄像头，如图 3-46 所示。为防止石击，摄像头的镜头前有一个锗制成的保护窗；摄像头有加热元件，防止结冰,加热电流可根据温度来调节。

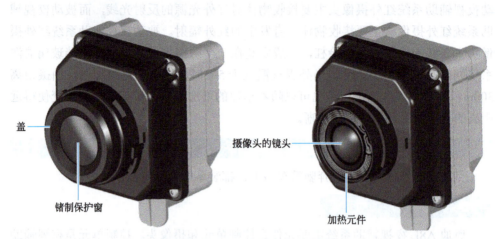

图 3-46 奥迪 A8L 夜视辅助系统摄像头

奥迪 A8L 夜视辅助系统的摄像头安装在车辆散热器隔栅的奥迪环中,如图 3-47 所示。

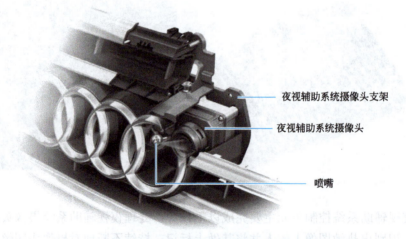

图 3-47 奥迪 A8L 夜视辅助系统摄像头安装位置

该摄像头配有自己的运算器,除了录下原始图像并把图像传给控制单元,还要储存校准数据。这些校准数据并不是存储在控制单元内,而是存储在摄像头内,这样,在更换损坏的夜视辅助系统控制单元后,就不必重新进行校准了。该摄像头的图像是黑白图像,其分辨率水平为 320 像素,垂直为 240 像素,每秒 20 帧照片。夜视辅助系统的探测范围约 300m,摄像头的水平探测张角约为 24°。

奥迪 A8L 夜视辅助系统除了可以让驾驶员看清近光灯照不到的黑暗中的交通标牌、弯道、车辆、障碍物等会造成危险的事物,正确判断出前方道路的情况外,还可以通过远红外热成像摄像头捕捉到车辆前方 24° 范围 300m 以内的热源（包括人和动物），让驾驶员提前做出反应，避免交通事故的发生。当热源（人或者动物）出现在捕捉范围内时，系统会将拍摄到的热信号送交电控单元处理，处理后的图像就会在仪表盘的显示器中显示出来。当行人有横穿车辆前方的意图时，系统会迅速做出判断并以红色突出显示，同时发出声音警告，如图 3-48 所示。

图 3-48　奥迪 A8L 夜视辅助系统

奥迪 A8L 夜视辅助系统是全天候的电子眼，在雨雪、浓雾天气公路上的物体及路旁的一切也都能尽收眼底，大大提高汽车行驶的安全性。

2. 宝马 7 系夜视辅助系统

宝马 7 系装备的第 3 代宝马夜视辅助系统采用远红外线技术，在车辆前端一个隐蔽的防撞击盒子中装有热成像摄像头直接以探测到的物体和行人的热辐射作为影像数据的来源，而无须车辆提供额外的红外线光源。ECU 将这种热量信息转化为影像并显示在车辆的显示屏上，系统可提前 5s 警示驾驶员觉察危险情况，如图 3-49 所示。

图 3-49　宝马 7 系夜视辅助系统

宝马夜视辅助系统探测距离可达 300m 左右，在车速低于 80km/h 情况下拥有 36°水平广角，中等车速下能覆盖前方 24°范围，并且影像可根据道路转弯进行幅度达 6°的转动。在较高车速时，用户可启动数字变焦使较远距离物体影像放大 1.5 倍。

此外，远红外线系统不会被"眩光"干扰，不会受到对面驶来车辆的大灯、交通信号灯、路灯及交通指示牌这样的强反光表面的影响，而且具有远红外线系统的车辆不会相互干扰。

驾驶员能够通过车灯控制旋钮旁的开关方便地启动和关闭宝马夜视辅助系统。系统内设有一个专门的菜单用于启动镜头随动与变焦。此外，驾驶员还可以选择屏幕不同的亮度和对比度，并且在全屏和分屏两种显示模式之间进行切换。

3. 奔驰主动夜视辅助系统

奔驰主动夜视辅助系统由一个最远可观察到 150m 距离的红外线灯、驾驶舱内红外线摄像机和黑白图像液晶显示器组成。当大灯以肉眼不可见的无眩光红外线照射路面时，安装于挡风玻璃内侧的摄像头能够精确捕捉红外光线，记录车前方路况，并将图像传至仪表板显示器，使驾驶员提前看清路上的行人、骑自行车者或各种障碍，从而及时进行有效规避，显著降低黑暗中行车事故发生的风险，如图 3-50 所示。

图 3-50　奔驰主动夜视辅助系统

目前，越来越多的汽车厂家开始开发和使用汽车夜视辅助系统，这不仅能够提高驾驶安全性，还能够提高其豪华程度。随着科技的发展和夜视辅助系统生产成本的降低，汽车夜视辅助系统将会全面普及。

第十一节 汽车自适应前照明系统

前照灯作为汽车夜间行驶时主要的照明源，为驾驶员前方道路提供了最大的信息。它是一种远光、近光或者同时具备远光和近光的灯具，各国都以强制性标准规范汽车前照灯的照明要求，用以保障车辆驾驶员人身安全，减少交通事故。其基本要求是安装的汽车前照灯必须满足驾驶员的正前方的照明，其光色和光强应明亮均匀，光线的照射范围应到达汽车行驶前方 100m 开外的路面位置和行人位置。随着汽车越来越快的车速，相应车灯照明也要保证最长距离可以到达车辆当前位置远方的 200~250m 处；同时前照灯应保证光线高度在一定范围之内，这是因为当对面路段有行驶车辆时，过高的大灯光线会导致对方驾驶员看不清路况，严重情况下甚至会引发交通事故。但传统行车灯的近光，只能在一种模式下工作，即固定不变的光学系统下，但实际的道路状况、环境状况、车辆的行车工况、车辆固有的属性往往不是一成不变。比如连续多弯道，左右车轮所附着路面高低不平，车辆行李载荷及乘员数量的不同，汽车加减速行驶等，这些行车状况及复杂的道路条件使得交通安全存在巨大的隐患。伴随汽车电子技术的不断发展，一种更为智能化的符合人们驾驶安全需求、满足人们对夜间行车安全需求的自适应照明系统应运而生。

汽车自适应前照明系统（Adaptive Front-lighting Systems，AFS）是一种能适应各种不同环境条件的智能前照灯系统，是未来汽车前照明系统的主要发展方向。与传统的前照灯不同，AFS 前照灯具有多种能适应于不同外界环境的照明模式，能根据汽车所处的不同状态和环境，自动改变照明的效果。

GB/T 30036—2013《汽车用自适应前照明系统》规定了汽车用自适应前照明系统的技术要求、安装、试验方法和检验规则；适用于 M、N 类汽车的自适应前照明系统。

一、汽车自适应前照明系统的组成与原理

汽车自适应前照明系统主要由传感器单元、CAN 总线传输单元、控制单元和执行单元等组成，如图 3-51 所示。传感器单元采集车辆当前信息（如车速、车辆姿态、转向角度等）和外界环境（如弯道、坡度和天气等）的变化信息，通过 CAN 总线传输单元输送给控制单元，控制单元需要对车辆行驶状态做出综合判断，输出脉冲变量给执行单元，控制两个电机调节前照灯的照射距离和角度，整个过程无须驾驶员人工介入从而自动调节。

当转动转向盘时，传感器自动检测转向角度和车速的信号，控制单元需要对

周围环境进行判断,随着这种环境的改变不断的修整参数、精确分析并发送精确的前照灯操作控制指令给执行单元——车头大灯组内水平和垂直安装的转向电机,令其随着车辆动态行驶进行实时调整,让照明光束始终与道路保持一致,这样驾驶员能够清楚地看到即将出现的弯道上的路况以便及时采取预防或者紧急避险措施。

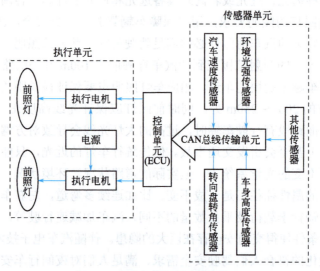

图 3-51 汽车自适应前照明系统组成

图 3-52 所示为有无 AFS 照明效果图。可以看出,AFS 的转向灯能够根据转向盘的角度转动,把有效的光束投射到驾驶员需要看清的前方路面上。

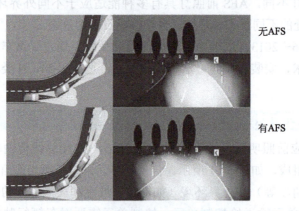

图 3-52 汽车有无 AFS 照明效果比较

二、汽车自适应前照明系统的照明模式

经过多年的研究和开发,各大汽车制造商均形成了独特且有效的 AFS 技术能

力。虽然这些技术的配光实现方式有所不同，但其功能模式均大同小异。目前已经被广泛认同的 AFS 照明模式主要有以下几种。

（1）基础照明模式　基础照明模式适用于在环境照明不好的普通道路上行驶的车辆，类似于普通的近光灯。基础照明模式是 AFS 的默认模式，在所有情况下均能开启。

（2）城市道路照明模式　城市中一般都有路灯照明，但道路复杂、交错。传统前照灯近光因为光型比较狭长，不能完全适合城市道路照明需要。在市区车辆行驶速度较为缓慢的前提下，AFS 使用比较宽阔的光型，以便在道路边缘和交叉路口都能获得较好的照明，有效地避免了与岔路中突然出现的行人、车辆可能发生的交通事故，如图 3-53 所示。

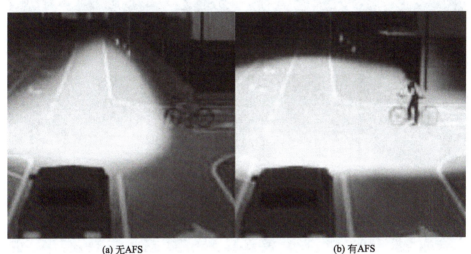

图 3-53　汽车有无 AFS 城市道路照明比较

（3）高速公路照明模式　车辆在高速公路上行驶，因为具有极高的车速，所以需要前照灯比普通前照灯照得更远，照得更宽。而传统的前照灯却存在着高速公路上照明不足的问题，AFS 采用了更为宽广的光型解决了这一问题，如图 3-54 所示。

（4）转弯道路照明模式　传统前照灯的光线因为和车辆行驶方向保持着一致，所以不可避免地存在照明的暗区。一旦在弯道上存在障碍物，极易因为驾驶员对其准备不足，引发交通事故。AFS 能够使车辆在进入弯道时，产生旋转的光形，给弯道以足够的照明，如图 3-55 所示。

（5）恶劣天气照明模式　恶劣天气照明模式主要针对的是阴雨天气，此时地面的积水会将前照灯打在地面上的光线反射至对面会车驾驶员的眼睛中，使其眩目，进而可能造成交通事故。AFS 能变换合理的光形，减弱地面可能对会车产生眩光的区域的光强，如图 3-56 所示。

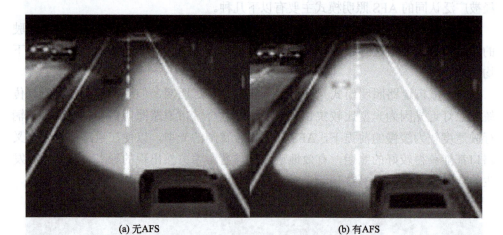

(a) 无AFS　　　　　　　　　　　(b) 有AFS

图 3-54　汽车有无 AFS 高速公路照明比较

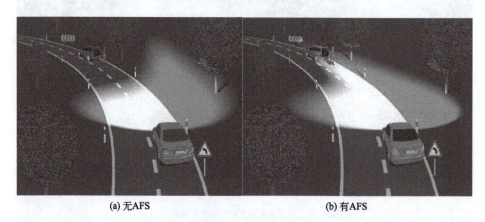

(a) 无AFS　　　　　　　　　　　(b) 有AFS

图 3-55　汽车有无 AFS 转弯道路照明比较

(a) 无AFS　　　　　　　　　　　(b) 有AFS

图 3-56　汽车有无 AFS 恶劣天气道路照明比较

在 AFS 实际开发和使用中，根据实际情况，可以对上述功能进行取舍。

三、汽车自适应前照明系统的应用实例

汽车自适应照明系统已经在一些高级轿车上使用。

1. 奔驰 E 级 LED 智能照明系统

奔驰公司所发明的智能照明系统早在 2006 年便已问世,是一种提供 5 种不同发光模式的以双氙气灯泡为光源的照明系统。如今,该系统已全面换装为 LED 光源,如图 3-57 所示。

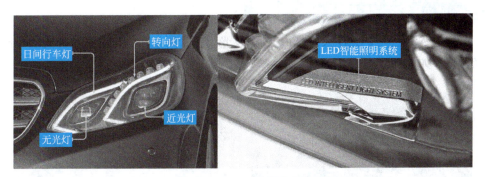

图 3-57　奔驰 E 级 LED 智能照明系统

奔驰 E 级 LED 智能照明系统具有 5 种发光模式,分别是乡村道路照明、高速公路照明、增强型雾灯、主动转弯照明和弯道辅助照明。

(1) 乡村道路照明　能够更加宽阔地照亮驾驶员一侧的路面,从而使驾驶员在黑暗中更容易判断前方路况,并能够在其他车辆或人员穿越其行车路径时,更容易做出反应。

(2) 高速公路照明　夜间在高速公路上行驶时,车速达到预设的速度时,LED 大灯的亮度会比传统模式近光灯增加 60% 的照明度。并且划分出了两挡:在车速为 110km/h 时,一挡自动激活,可有效改善夜间高速公路行车的远距离视野;当车速超过 110km/h 时,二挡启用,照明范围进一步增强,识别距离再次加大,光锥中心的可见度比传统模式下的近光灯照射距离增加 50m。

(3) 增强型雾灯　在浓雾、霾等天气下行驶时,该功能在 70km/h 速度以内且后雾灯打开时被激活,驾驶员一侧的 LED 大灯可向外转动约 8° 并降低大灯照射高度,以便更好地照亮近侧路面,同时还可减轻在雾天的反射灯眩光。当车速超过 100km/h 时,该模式便会自动关闭。

(4) 主动转弯照明　根据不同的车速和转向角,主动转弯照明会自动开启。此时主动转变大灯可迅速向转弯方向转动(最大可达 15°),增强转角方向的照明效果约 90%。

(5) 弯道辅助照明　当车速低于 40km/h 行驶时,转动转向盘或是使用转弯信

号灯时，弯道照明功能会被自动激活。此时会照亮汽车前方侧面约 65°、30m 远的照射区域。与传统车灯技术相比，能够更早地发现横穿道路的行人。

除以上 5 种照明模式外，奔驰还为新 E 级推出了增强型自适应远光灯的功能。该系统可实现远光灯在持久照明的同时，能有效避免对其他车辆或行人造成的眩光干扰。通过车前立体多功能摄像头探测，LED 灯组会在 ECU 的控制下自动把光线压低至前方同向或对向车辆之下，使其他车辆不受远光灯影响。根据交通流量及道路照明条件的不同，远光照射距离可以从 65m 一直延伸至 300m。

2. 奥迪 A8 矩阵式 LED 智能照明系统

奥迪 A8 矩阵式 LED 大灯是由 25 个发光二极管所组成的，它产生的光线与日光相似，如图 3-58 所示。

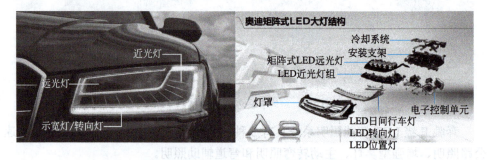

图 3-58　奥迪 A8 矩阵式 LED 智能照明系统

当大灯开关处于"自动"状态，并同时开启了远光灯，且车辆速度达到或超过 60km/h 时，矩阵式 LED 大灯将会被激活。在激活状态下，一旦灯光系统所连接的摄像头检测到前方有其他交通对象，比如骑自行车的行人，灯组控制器会立即关闭射向该对象的 LED 灯源，其他灯源继续保持照明。矩阵式 LED 大灯组投射出的光线，能够自动避开逆向驶来的车辆和前方行驶的车辆，一旦逆向车辆驶离，矩阵式 LED 大灯会自动切换回全功率状态，继续为驾驶员提供最佳的照明视野，并且不会对道路上的其他车辆或行人造成眩目，同时它还能为车辆旁边区域提供充足的照明。

矩阵式 LED 大灯还具备弯道主动照明系统，它不仅能有针对性地变亮或变暗，还能使光线聚焦于路肩和行车线并按照其曲线进行移动照明。实现这一功能并非依靠转动转向盘来实现，而是根据增强版导航系统提供的预测路线数据自动提前完成。也就是说，灯光的自动控制是在驾驶员转动转向盘之前完成的。

在奥迪 A8 等车型上，矩阵式 LED 大灯可与夜视辅助系统相互配合。当夜视辅助系统监测到有行人出现在车辆前方的关键区域时，矩阵式灯组中的一个 LED 灯会对着前方行人自动连续快速闪烁 3 次，目的是将行人突出照亮，与周围背景形成明显的对比，起到警告行人和驾驶员的作用。

奥迪 A8 矩阵式 LED 大灯还针对城市道路、十字路口、城际公路、高速公路驾驶，以及恶劣天气等不同的行车环境，设计了大量的特殊照明功能。

目前，汽车自适应前照明系统主要用在豪华轿车上，如奔驰、奥迪、宝马、雷克萨斯等车型。

第十二节 汽车平视显示系统

汽车行驶时，特别是在高速或夜间行车时，驾驶员常常低头查看仪表显示或查看中控台的音响等显示，此时如果前方遇有紧急情况就有可能因来不及采取有效措施而造成事故。为避免这种情况发生，有些高档汽车装配了平视显示系统，它可以将有关信息显示在前风挡玻璃的驾驶员平视范围上，这样可以避免因为低头所造成的视觉盲区，对于行车安全起到很好的辅助作用。

一、汽车平视显示系统的组成与原理

汽车平视显示（Head Up Display，HUD）系统也称抬头显示系统，它可以将汽车驾驶辅助信息、导航信息和检查控制等各种信息以投影方式显示在风挡玻璃上或约 2m 远的前方、发动机罩尖端的上方，阅读起来非常舒适，同时还可以显示来自各个驾驶辅助系统的警告信息，如车道偏离警告、来自带行人识别功能的夜视辅助系统的行人避让警告等，避免驾驶员在行车过程中频繁低头看仪表或车载屏幕。

汽车平视显示系统主要由图像源、光学系统和图像合成器等组成，如图 3-59 所示。

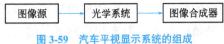

图 3-59 汽车平视显示系统的组成

图像源一般采用液晶显示屏，实现 HUD 系统的各种功能，并输出视频信号；光学系统将视频信号投射出去，并且可以调节大小、位置等参数；一般将前风窗玻璃作为图像合成器，把外部景物信息和内部投影信息合成到一起。投射的图像在风窗玻璃上发生反射，以达到和前方路况信息叠加、融合的效果。因此，带平视显示系统的车辆安装的是特设的前风窗玻璃，其与传统前风窗玻璃的区别在于前风窗玻璃的两侧扁平玻璃中间的 PVB（聚乙烯醇缩丁醛）膜的厚度不是恒定不变的，而是略微呈楔型，这样的结构使驾驶员不会看到重影。

二、光学系统结构形式

光学系统结构不同，汽车平视显示系统也不同，主要有风挡玻璃映像式平视显示系统、前置反射屏式平视显示系统、自由曲面平视显示系统、菲涅尔透镜平视显示系统、与仪表盘相结合的平视显示系统等多种形式。

1. 风挡玻璃映像式平视显示系统

风挡玻璃映像式平视显示系统是最基本也是使用最为广泛的结构，如图 3-60 所示。

从图像源发出的光经投影透镜折射和风挡玻璃反射与外部的景物光一同进入人眼，人眼沿着光线的反向延长线观察到位于风挡玻璃左侧的虚像，从而保证驾驶员能够在观察前方路况信息的同时也能观察到仪表盘上的信息。风挡玻璃一方面能透射外部景物光，另一方面又能反射图像源经过投影透镜的光。这种系统的优点是驾驶员在能够观察到投影像的同时还允许一定范围的头部移动；缺点是图像小，亮度低，视场角小，重量和体积都较大。

2. 前置反射屏式平视显示系统

前置反射屏式平视显示系统也是较为普遍的结构形式，如图 3-61 所示。

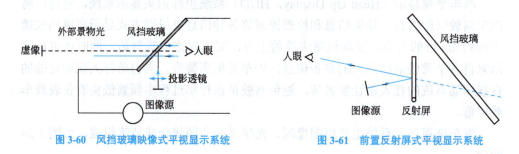

图 3-60　风挡玻璃映像式平视显示系统　　图 3-61　前置反射屏式平视显示系统

在驾驶室内设置独立的半反射半透射的反射屏，图像源发射出的光线经过反射屏反射进入人眼，驾驶员沿着该反射光线反向延长线方向能够观察到悬浮在前方的虚像。在这种结构中，反射屏与风挡玻璃是相互独立的两个部分，并不需要对风挡玻璃做镀膜等其他处理。此外，反射屏可以前后转动，投影角度比较灵活。使用时可以将反射屏竖起，不使用时将反射屏放平。但是反射屏的设置会使车内空间变得狭窄，且结构复杂。图像源发射出的光线透射过反射屏后会被风挡玻璃反射，部分反射光线会进入人眼对驾驶员形成干扰。

3. 自由曲面平视显示系统

汽车的风挡玻璃不是一个平面，而是带有一定弧度的曲面，因此可以用自由曲面来代替传统结构中风挡玻璃所在的面。自由曲面平视显示系统原理如图 3-62 所示，系统包括两个自由曲面和一个折叠反射镜，实现对图像源成像。

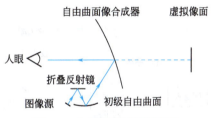

图 3-62　自由曲面平视显示系统

图像源发射出的光线先经过折叠反射镜反射，再经过初级自由曲面反射，最后经过自由曲面合像器反射进入人眼，其中，自由曲面合像器是风挡玻璃所在的面。这种结构形式简单灵活，像差平衡能力强，成像质量较好，但制造成本较高。人眼直接通过风挡玻璃观察外界景物时，风挡玻璃可能会产生一定的像差。

4. 菲涅尔透镜平视显示系统

在平视显示系统中，为了获得较大的观察图像范围，通常需要较大口径的光学透镜。光学透镜的口径越大，透镜的体积越大，重量越重，透镜不易加工，且成本较高，因而难以大批量生产。为了在保证透镜口径的前提下减小透镜厚度，可以使用菲涅尔透镜。菲涅尔透镜平视显示系统如图 3-63 所示。

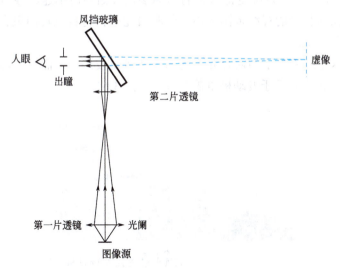

图 3-63　菲涅尔透镜平视显示系统

菲涅尔透镜平视显示系统有两片菲涅尔透镜，图像源位于第一片菲涅尔透镜下方，先经过第一片透镜再经过第二片菲涅尔透镜放大，最后经风挡玻璃的反射进入人眼。菲涅尔透镜系统结构形式简单，透镜的体积小，重量轻，同时，菲涅尔透镜还可以校正风挡玻璃所产生的像差，但是系统的轴外视场像差较大。

5. 与仪表盘相结合的平视显示系统

在上述平视显示系统中，汽车前方仪表盘的存在限制了平视显示系统的可用

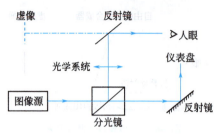

图 3-64 与仪表盘相结合的平视显示系统

空间范围。与仪表盘相结合的平视显示系统如图 3-64 所示,包含一个图像源、一个分光镜、多个平面反射镜和一组光学系统。

图像源发出的光经过分光镜分成透射部分和反射部分,透射部分的光经过平面反射镜反射,将透射图像反射到仪表盘上作为显示信息;反射部分的光经过光学系统折射和风挡玻璃反射进入人眼。仪表盘系统和平视显示系统采用同一个图像源,可以保证两者显示信息的实时性,而且使用这种包含分光镜在内的系统,可以去除掉一些不必要的结构,充分利用驾驶台前方的可用空间,减小系统的体积。

三、汽车平视显示系统的应用实例

目前,奥迪、宝马等车型上已经采用了平视显示系统。

1. 奥迪 A7 平视显示系统

奥迪 A7 平视显示系统能将重要的车辆参数(如当前车速、导航信息等)直接投影显示在驾驶员的视线范围之内,驾驶员无须再将目光转向组合仪表,从而提高了行车安全性。

平视显示系统所显示的内容并不是出现在风窗玻璃上,而是在离驾驶员前方 2~2.5m 处,图像悬浮于发动机罩盖上方,如图 3-65 所示。

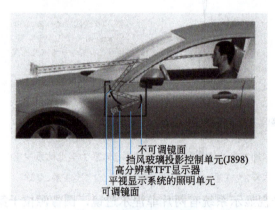

图 3-65 奥迪 A7 平视显示系统图像显示的位置

奥迪 A7 平视显示系统具有以下优点。

(1)视线偏离角度小 在传统的汽车中,驾驶员要获取组合仪表的显示信息,必须将头低下 20°~25°,而有了平视显示系统,驾驶员只需将头低下 5°~10° 即可,从而大大降低在高速行车时由于视线偏离造成对车辆前方状况观察不足而引发交通事故的可能性,提高行车安全。

(2) 减少人眼对光线变化带来的适应调整　由于平视显示位于驾驶员的扩大视野中,所以在获取显示内容时,特别是在日间光线充足的条件下,人眼不必像查看组合仪表时那样对较暗的环境条件做出调整。这样,在获取车辆信息时就可避免由亮至暗及随后由暗至亮的调节适应过程。

(3) 减少人眼的距离视敏度　由于驾驶员感觉平视显示内容处于驾驶员前方 2～2.5m 处,所以眼睛的聚焦时间明显少于观察组合仪表所需的时间。

汽车平视显示内容仅限于一些重要的车辆参数,奥迪 A7 平视显示系统可显示以下信息。

(1) 车速信息　当前车速是唯一持续显示的车辆参数,无法通过 MMI 系统(多媒体交互系统)将其关闭。

(2) 导航信息　导航信息只有在导航功能激活后才显示,需要事先在 MMI 系统中启用显示内容"导航信息"。

(3) ACC 和主动车道保持辅助系统信息　启用 ACC 或奥迪主动车道保持辅助系统后,就会出现这些信息,这些信息的显示需要事先在 MMI 系统中启用显示内容"ACC/Audi active lane assist"。

(4) ACC 的当前调节车速　ACC 中设置的调节车速更改后会临时显示在平视显示系统中,该信息需要事先在 MMI 系统中启用显示内容"ACC/Audi active lane assist"。

(5) ACC 的当前调节车距　ACC 的调节车距被更改后,这一内容会短时间显示。

(6) 限速显示　在 MMI 系统中启用显示内容"限速显示"后,交通限速标志就会出现在平视显示系统中。

(7) 定速巡航装置的当前调节车速　设置的调节车速被更改后会临时显示在平视显示系统中,需要事先在 MMI 系统中启用显示内容"定速巡航装置"。

(8) 奥迪夜视辅助系统的警告信息　在 MMI 系统中启用相应的显示内容后,奥迪夜视辅助系统的警告就会出现在平视显示系统中。

(9) 红色警告标记　总是会在平视显示中出现,无法关闭。红色警告标记只会短时间显示,在显示此标记期间,除当前车速以外的所有其他显示内容都会被抑制。

图 3-66 所示为奥迪 A7 平视显示系统示意图。图中 72km/h 表示当前车速,60 表示限速。

2. 宝马 7 系汽车平视显示系统

宝马的第 1 套平视显示系统 2004 年出现在宝马 5 系车型上,比其他汽车厂家的同等性能产品亮相要早。宝马 7 系的平视显示系统最早应用在 2009 年款 F01/F02 车上。新款宝马 7 系的平视显示系统可提供多种有助于提高交通安全性和驾驶舒适性的功能。平视显示系统可显示定速巡航控制系统、导航系统、检查控制信息以及车速等方面的信息。

宝马 7 系平视显示系统工作原理如图 3-67 所示。需要一个光源来投射 HUD 信息,使用红色和绿色 2 个 LED 灯组作为光源,通过 TFT 投影显示屏产生图像内容。TFT(薄膜晶体管)投影显示屏相当于一个滤波器,运行或阻止光线通过。由一个图像光学元件确定 HUD 显示图像的形状、距离和尺寸,图像看起来就好像自由漂浮在道路上方,风挡玻璃的作用相当于偏光镜。HUD 投射图像内容距离观察者的眼睛大约 2.7m。

图 3-66　奥迪 A7 平视显示系统

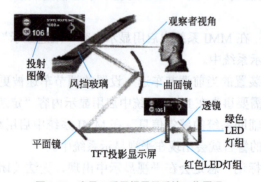

图 3-67　宝马 7 系平视显示系统工作原理

宝马 7 系平视显示系统显示效果如图 3-68 所示。

目前,汽车平视显示系统也不仅仅局限于高档轿车和跑车,奔驰、本田、奥迪、日产等多个汽车厂家都有车型装备了平视显示系统。随着技术的进步,汽车平视显示系统的应用将会越来越多。

图 3-68　宝马 7 系汽车平视显示系统显示效果

第十三节　驾驶员疲劳预警系统

疲劳驾驶是指驾驶员在一段时间的驾车之后所产生的反应水平下降，导致不能正常驾车行驶。驾驶员产生疲劳后，其心理状态也会发生各种各样的变化，如视力下降，致使注意力分散、视野逐渐变窄；思维能力下降，致使反应迟钝、判断迟缓、动作僵硬、节律失调；自我控制能力减退，致使易于激动、心情急躁或开快车等。因此，疲劳驾驶对道路交通安全的危害是十分巨大的，如何有效地监测驾驶员驾驶状态，谨防驾驶员疲劳驾驶，对于道路交通安全保障的提高、安全事故发生率以及人员伤亡率的降低，有着十分重要的现实意义。

一、驾驶员疲劳检测方法

目前，驾驶员疲劳检测方法主要有基于驾驶员自身特征（包括生理信号和生理反应）的检测方法、汽车行驶状态的检测方法和多特征信息融合的检测方法。

1. 基于驾驶员生理信号的检测方法

研究表明，驾驶员在疲劳状态下，一些生理指标如脑电、心电、肌电、脉波、呼吸等会偏离正常状态，因此，可以通过生理传感器检测驾驶员的这些生理指标来判断驾驶员是否处于疲劳状态。

（1）脑电信号检测　脑电信号是人脑机能的宏观反应，利用脑电信号反映人体的疲劳状态，客观并且准确，脑电信号被誉为疲劳监测中的"金标准"。研究者发现，人在疲劳状态下，慢波增加，快波降低。利用脑电信号检测驾驶疲劳状况，判定的准确率较高，但是操作复杂且不适合车载实时监测。

（2）心电信号检测　心电图指标主要包括心率及心率变异性等。其中，心率信号综合反映了人体的疲劳程度与任务和情绪的关系。心率变异性是心脏神经活动的紧张度和均衡度综合体现。心电信号是判定驾驶疲劳的有效特征，准确度高。利用心电信号检测人体疲劳状况需要将电极与人身体相接触，会给驾驶员的正常驾驶带来不便。

（3）肌电信号检测　通过肌电信号的分析，可以反映人体的疲劳程度。肌电图的频率随着疲劳的产生和疲劳程度的加深呈现下降趋势，而肌电图的幅值增大则表明疲劳程度增大。该方法测试比较简单，结论较明确。

（4）脉搏信号检测　传统中医理论认为，人体精神状态不同，心脏活动和血液循环也会有差异，而人体脉搏波的形成依赖于心脏和血液循环，因此，利用脉搏波监测驾驶员的疲劳状态具有可行性。

（5）呼吸信号检测　人体疲劳状态的一个重要表现就是呼吸频率降低，呼吸变得平稳。在正常驾驶过程中，驾驶员精神集中，呼吸的频率相对较高，如果驾驶期间与他人交谈，呼吸波的频率变得更高，同时呼吸的周期性变差。当驾驶员疲劳驾驶时，注意力集中程度降低，思维不活跃，此时呼吸变得平缓。因此，通过检测驾驶员的呼吸状况来判定疲劳驾驶也成为研究疲劳驾驶预警系统的一个重要方面。

基于驾驶员生理信号的检测方法客观性强，准确性高，但与检测仪器有较大关系，而且都是接触式检测，会干扰驾驶员的正常操作，影响行车安全。而且，由于不同人的生理信号特征有所不同，并与心理活动关联较大，在实际用于驾驶员疲劳检测时有很大的局限性。

2. 基于驾驶员生理反应特征的检测方法

基于驾驶员生理反应特征的检测方法一般采用非接触式检测途径，利用机器视觉技术检测驾驶员面部的生理反应特征，如眼睛特征、视线方向、嘴部状态、头部位置等来判断驾驶员疲劳状态。

（1）眼睛特征检测　驾驶员眼球的运动和眨眼信息被认为是反映疲劳的重要特征，眨眼幅度、眨眼频率和平均闭合时间都可直接用于检测疲劳。目前被认为是最有应用前景的实时疲劳检测方法——PERCLOS（Percent of Eye Closure，指在一定的时间内眼睛闭合时所占的时间比例）检测，指出 PERCLOS 的 P80（单位时间内眼睛闭合程度超过 80% 时间占总时间的百分比以上的）与驾驶疲劳程度的相关性最好。为了提高疲劳检测准确率，可以综合检测平均睁眼程度、最长闭眼时间的特征作为疲劳指标，可以达到较高的疲劳检测准确率。通过眼睛特征检测驾驶员的疲劳程度，不会对驾驶员行为带来任何干扰，因此它成为这一领域现行研究的热点。

（2）视线方向检测　把眼球中心与眼球表面亮点的连线定为驾驶员视线方向。正常状态下，驾驶员正视车辆运动前方，同时视线方向移动速度比较快；疲劳时，驾驶员视线方向的移动速度会变慢，表现出迟钝现象，并且视线轴会偏离正常的位置。通过摄像头获取眼睛的图像，对眼球建模，把视线是否偏离正常范围作为判别驾驶员是否疲劳的特征之一。

（3）嘴部状态的检测　根据常识，人在疲劳时往往有频繁的哈欠动作，如果检测到哈欠的频率超过一个预定的阈值，则判断驾驶员已处于疲劳状态。基于此原理，可以完成对驾驶员的疲劳检测。

（4）头部位置检测　在驾驶过程中，驾驶员正常和疲劳时头部位置是不同的，可以利用驾驶员头部位置的变化检测疲劳程度。利用头部位置传感器，对驾驶员的头部位置进行实时跟踪，并且根据头部位置的变化规律判定驾驶员是否疲劳。

基于驾驶员生理反应特征的检测方法的优点是表征疲劳的特征直观、明显，可实现非接触测量；缺点是检测识别算法比较复杂，疲劳特征提取困难，且检测结果受光线变化和个体生理状况的变化影响较大。

3. 基于汽车行驶状态的检测方法

基于汽车行驶状态的疲劳检测方法，不是从驾驶员本人出发去研究，而是从驾驶员对汽车的操控情况去间接判断驾驶员是否疲劳。该种检测方法主要利用CCD摄像头和车载传感器检测汽车行驶状态间接推测驾驶员的疲劳状态。

（1）基于转向盘的疲劳检测　基于转向盘的检测包括转向盘转角信号检测和转向盘力信号检测。

驾驶员疲劳时对汽车的控制能力下降，转向盘转角左右摆动的幅度会较大，然后在一段时间内其值没有明显变化，同时操作转向盘的频率会下降。通过对转向盘转角时域、频域和幅值域的分析，转向盘转角的方差或平方差可以作为疲劳驾驶评价指标。通过检测驾驶员驾驶过程中转向盘的转角变化情况来检测驾驶员的疲劳情况是疲劳预警系统研究的热点方向。这种方法数据准确，算法简单并且该信号与驾驶员疲劳状况联系紧密。

驾驶员疲劳时，其对转向盘的握力逐渐减小。通过传感器实时检测驾驶员把握转向盘的力，通过一系列分析，判断驾驶员的疲劳程度。

驾驶员对转向盘的操作特征能间接、实时地反映驾驶员的疲劳程度，具有可靠性高、无接触的优点，但由于传感器技术的限制，其准确度有待提高。

（2）汽车行驶速度检测　通过实时检测汽车的行驶速度，判断汽车是处于有效控制状态还是处于失控状态，从而间接判断驾驶员是否疲劳。

（3）车道偏离检测　驾驶员疲劳驾驶时，由于注意力分散，反应迟钝，汽车可能偏离车道。

基于汽车行驶状态的检测方法优点是非接触检测，信号容易提取，不会对驾驶员造成干扰，以汽车的现有装置为基础，只需增加少量的硬件，具有很高的实用价值。其缺点是受到汽车的具体型号、道路的具体情况和驾驶员的驾驶习惯、驾驶经验和驾驶条件等限制，目前此方法测量的准确性不高。

4. 基于多特征信息融合的检测方法

依据信息融合技术，将基于驾驶员生理特征、驾驶行为和汽车行驶状态相结合是理想的检测方法，大大降低了采用单一方法造成的误警或漏警现象。信息融合技术的应用，使疲劳检测技术得到更进一步的发展和提高，能客观、实时、快捷、准确地判断出驾驶员的疲劳状态，避免疲劳驾驶所引起的交通事故，是疲劳检测技术的发展方向。

二、驾驶员疲劳预警系统的组成与原理

驾驶员疲劳预警系统是指一旦驾驶员精神状态下滑或进入浅层睡眠，该系统会依据驾驶员精神状态指数分别给出语音提示、振动提醒、电脉冲警示，警告驾驶员已经进入疲劳状态，需要休息，并同时自动记录相关数据，以便日后查阅、鉴定。其作用就是监视并提醒驾驶员自身的疲劳状态，减少驾驶员疲劳驾驶的潜在危害。

驾驶员疲劳预警系统一般由信息采集单元、电子控制单元和预警显示单元组成，如图3-69所示。

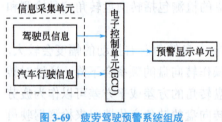

图3-69　疲劳驾驶预警系统组成

信息采集单元主要利用传感器采集驾驶员信息和汽车行驶信息，驾驶员信息包括驾驶员的面部特征、眼部信号、头部运动性等，汽车行驶信息包括转向盘转角、行驶速度、行驶轨迹等，这些信息的采集取决于系统的设计；ECU接收信息采集单元传送的信号，进行运算分析，判断驾驶员疲劳状态，如果经计算分析发现驾驶员处于一定的疲劳状态，则向预警显示单元发出信号，通过声音、光照闪烁及安全带振动等方式对疲劳预警。

驾驶员疲劳预警系统也称为防疲劳预警系统、疲劳识别系统、注意力警示辅助系统、驾驶员安全警告系统等。

三、驾驶员疲劳预警系统的应用实例

1. 比亚迪防疲劳预警系统

比亚迪公司开发的防疲劳预警系统基于驾驶员生理图像反应，利用驾驶员的面部特征、眼部信号、头部运动性等推断驾驶员的疲劳状态，并进行提示报警和采取相应措施的装置。同时具备对环境的强抗干扰能力，对驾驶行车安全给予主

动智能的安全保障。

比亚迪防疲劳预警系统主要由摄像头和 ECU 两大模块组成，如图 3-70 所示。摄像头模块主要由镜头、CMOS 图像传感器、近红外 LED 灯、图像信号采集电路及电源电路组成。CMOS 图像传感器将通过镜头的光信号转换为电信号，实时拍摄驾驶员的头、肩部姿态，并通过连接线将信号输送至 ECU 进行处理。近红外 LED 灯在必要时点亮，进行补光，使得系统无论在白天、夜晚都能正常工作。另外，ECU 模块主要由视频解码电路、运算单元、疲劳程度检测与报警信号输出单元、蜂鸣器组成。视频解码电路接收由摄像头模块发出的视频图像信号，解码后送入运算单元进行处理，如果经计算发现驾驶员处于一定的疲劳程度，则由报警单元驱动蜂鸣器进行报警。

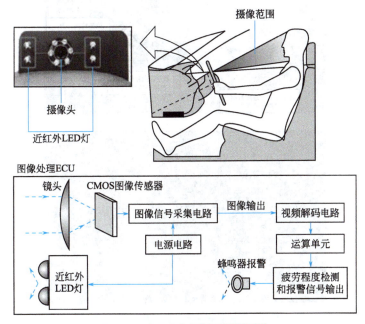

图 3-70　比亚迪防疲劳驾驶预警系统

2. 奔驰注意力警示辅助系统

奔驰公司开发的驾驶员注意力警示辅助系统会先观察每名驾驶员正常状态下的行为，并用采集到的这些信息为每名驾驶员建档。驾驶的过程中，在 80～180km/h 的车速范围内，系统会通过车辆上的 71 个传感器时刻对驾驶员输入的指令进行监控，并与档案中的信息进行对比。一旦两者之间出现差异，系统会立刻判断这个差异是否是因为疲劳驾驶引起的，如果得出的结果是肯定的话，系统会在仪表区显示"请休息片刻"的文字信息，并从扬声器发出相同内容的语音提示。

系统核心是一个极度灵敏的传感器元件，它能够非常精确地监控转向盘的转动和速度的变化。在对驾驶员的驾驶状态进行判定时,系统要考虑包括车速、纵向和横向加速度、转向盘转动的角度以及转向灯和踏板的使用情况等在内的多种因素。此外,诸如侧风天气和崎岖不平的路面情况等各种不同的外部环境的影响也考虑在内。在驾驶员驾驶的过程中,系统时刻都在对这些因素进行监控,以确保将那些非常规的驾驶行为判定为疲劳驾驶时的准确度。奔驰公司开发的驾驶员注意力警示辅助系统,如图3-71所示,咖啡杯的出现说明驾驶员需要休息了。

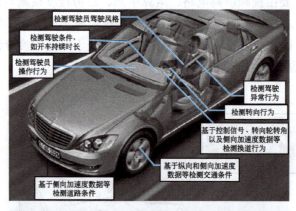

图3-71 奔驰驾驶员注意力警示辅助系统

随着汽车市场的发展,社会对生命关怀程度的加深,政府对交通安全的重视,技术的进一步成熟,硬件成本的逐渐降低,驾驶员疲劳检测产品越来越多地被企业和个人接受与应用,它必将具备极佳的市场应用前景。

第十四节 汽车并线辅助系统

由于汽车后视镜本身存在视觉盲区,如图3-72所示,以致驾驶员无法及时、准确地获知后方车辆的动向。因此，车辆并线剐蹭便成为两车碰撞事故中最常见的一种。

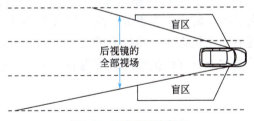

图 3-72　汽车后视镜盲区

并线辅助系统也称盲区监测系统，它能够通过安装的电子控制系统，在左右两个后视镜内或者其他地方提醒驾驶员后方安全范围内有无障碍物或来车，从而消除视线盲区，提高行车安全。

一、汽车并线辅助系统的组成与原理

汽车并线辅助系统一般由信息采集单元、电子控制单元和预警显示单元组成，如图 3-73 所示。

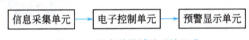

图 3-73　汽车并线辅助系统组成

信息采集单元利用红外夜视摄像头或探测雷达等传感器检测汽车盲区里是否有行人或其他行驶车辆，并把采集到的有用信息传输给电子控制单元，电子控制单元进行分析判断，如果有危险，则通过预警显示单元发出预警显示。

二、汽车并线辅助系统的应用实例

目前有代表性的并线辅助系统有以下三类。

1. 奔驰汽车的并线辅助系统

奔驰汽车的并线辅助系统是通过汽车两侧安装的传感器探知两侧后方是否有车辆，并将信息通过电子控制单元控制，在左右两个后视镜内提醒驾驶员后方的来车。在奔驰 E 级车上，当两边后方有来车时，如果不打转向灯会以黄色警示提醒，如果打转向灯则会以红色闪烁提醒驾驶员后方有来车，这时并线会发生危险，如图 3-74 所示。

2. 沃尔沃汽车的并线辅助系统

沃尔沃汽车的并线辅助系统也叫盲点信息监测系统，位于外后视镜根部的摄像头会对距离 3m 宽、9.5m 长的一个扇形盲区进行 25 帧/s 的图像监控，如果有速度大于 10km/h、且与车辆本身速度差在 20～70km/h 之间的移动物体（车辆或者行人）进入该盲区，系统会对比每帧图像，当系统认为目标会进一步接近时，A 柱上的警示灯就会亮起，防止出现事故。沃尔沃汽车盲点信息监测系统在左右两个反光镜下面内置有两个摄像头，将后方的盲区影像反馈到行车电脑的显示屏幕上，并在后视镜的支柱上有并线提醒灯提醒驾驶员注意以消除盲区，如图 3-75 所示。

图 3-74 奔驰汽车并线辅助系统

图 3-75 沃尔沃汽车盲点信息监测系统

3. 奥迪汽车的并线辅助系统

奥迪汽车的并线辅助系统也叫侧向辅助系统。这套系统会在车速超过 60km/h 时介入，依靠传感器的帮助，可以探测到侧后方最远 50m 处的车辆，若此时并线有潜在危险，后视镜上就会亮起警示灯。如果驾驶员在警示灯亮了之后仍打转向灯，警示灯会增加亮度并开始闪烁。奥迪侧向辅助系统和奔驰的系统类似，都是在反光镜里面内置了一个小灯，以提醒驾驶员，但探测范围更大，如图 3-76 所示。

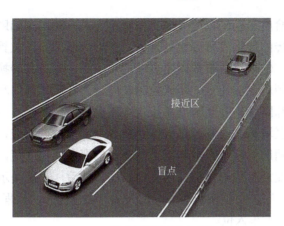

图 3-76　奥迪汽车并线辅助系统

第十五节　自动泊车辅助系统

在倒车雷达几乎成为汽车标配之后,自动泊车辅助系统渐渐成为另一项风行的汽车技术。

自动泊车辅助(Park Assist,PA)系统是利用车载传感器探测有效泊车空间并辅助控制车辆完成泊车操作的一种汽车电子辅助系统。相比于传统的电子辅助功能,比如倒车雷达、倒车影像显示,自动泊车辅助系统智能化程度更高,减轻了驾驶员的操作负担,有效降低了泊车的事故率。

一、自动泊车辅助系统的组成与原理

自动泊车辅助系统主要由信息检测单元、电子控制单元和执行单元等组成,如图 3-77 所示。

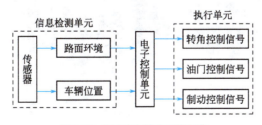

图 3-77　自动泊车辅助系统组成

信息检测单元是自动泊车系统的"耳目",利用摄像头或雷达传感器等对路面环境和车辆位置等进行检测,可采集图像数据及周围物体距车身的距离数据,并通过数据线传输给电子控制单元；电子控制单元是自动泊车辅助系统的核心，将信息检测单元上传的数据进行分析处理后，得出汽车的当前位置、目标位置以及周围的环境参数，依据这些参数做出自动泊车策略，并将其转换成电信号；执行单元接收电子控制单元的指令，精确控制转向盘的转动、油门和刹车的运动，以使汽车能准确跟踪路径，并随时准备接收中断以紧急停车。自动泊车的过程通常为汽车进入停车区域后缓慢行驶，人工开启自动泊车辅助系统，或者根据车速自动启动自动泊车辅助系统，通过车载传感器扫描汽车周围环境，通过对环境区域的分析和建模，搜索有效泊车位，当确定目标车位后，系统提示驾驶员停车并自动启动自动泊车程序，根据所获取的车位大小、位置信息，由程序计算泊车路径，然后自动操纵汽车泊车入位。

从机理上分析，自动泊车辅助系统的运行过程主要分为以下三个部分。

（1）车位检测　通过车载传感器获取环境信息，传感器主要采用测距传感器（如雷达）和视觉传感器（如摄像头），然后识别出目标车位。

（2）路径规划　根据所获取的环境信息，电子控制单元对汽车和环境建模，计算出一条能使汽车安全泊入车位的路径。

（3）路径跟踪　控制汽车跟踪预先规划的泊车路径，使汽车避障泊车入位。

二、自动泊车辅助系统的应用实例

自动泊车辅助系统在汽车上的应用越来越广泛。

1. 雪佛兰自动泊车辅助系统

雪佛兰科鲁兹配备的自动泊车辅助系统可以实现水平和垂直两种方式的自动泊车，如图3-78所示。在泊车入位过程中，驾驶员仅需要控制制动踏板、加速踏板及换挡杆，转向盘操作由电脑完成，帮助驾驶员准确将车停到指定位置，方便驾驶员操控车辆。

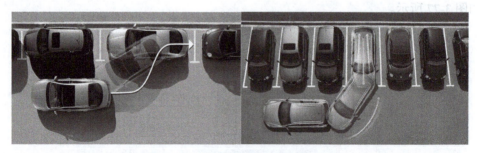

图3-78　水平和垂直两种方式自动泊车

该自动泊车辅助系统组成如图3-79所示，图中1代表带自动转向功能的电动转向机；2代表8个驻车辅助传感器（UPA），用于测量泊车过程中与障碍物的距离，探测距离为 1.5m；3 代表 4 个泊车辅助传感器（APA），用于测量寻车位过程中车位的长短，探测距离为 1.5m；4 代表 APA 模块，位于后备厢左侧衬板内，是驻车辅助、自动泊车辅助、侧盲区报警功能的主控模块，此模块在底盘拓展网络和低速网络上通信，向电动转向、仪表、收音机等模块发送控制指令和信息；5 代表启用/关闭按钮，共有 2 个，分别为打开和关闭 UPA 和 APA 功能；6 代表仪表。

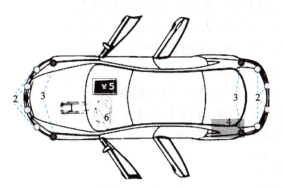

图 3-79 雪佛兰自动泊车辅助系统组成

自动泊车辅助系统控制框图如图 3-80 所示，图中实线表示专线信号，虚线表示网络信号。系统进入工作状态时，通过 APA 传感器监测与路边车辆的相对位置来搜索车位。搜索到合适的车位以后，APA 模块通过仪表和收音机扬声器向驾驶员提示停车并挂入倒挡。驾驶员按指令操作后，APA 模块向 EPS（电动助力转向）模块发出转向控制指令，并通过持续的 APA 和 UPA 传感器信号来判定车辆实际位置，通过仪表向驾驶员发出指示，直到完全停车入位。

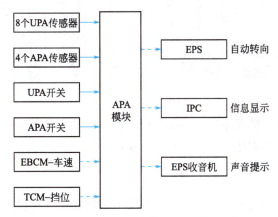

图 3-80 雪佛兰自动泊车辅助系统控制框图

EBCM—电子制动控制模块（Electronic Brake Control Module）；TCM—自动变速器控制模块（Transmission Control Module）；EPS—电动助力转向（Electric Power Steering）；IPC—仪表盘（Instrument Panel Cluster）

自动泊车辅助系统水平泊车时，参照车辆与本车的距离应控制在 0.3～1.5m 范围内，最小车位长度为车身长度加 0.8m，最大车位长度为 12m；垂直泊车时，参照车辆与本车的距离应控制在 0.3～1.5m 范围内，最小车位宽度为车身宽度加 0.8m，最大车位宽度为 12m。

自动泊车操作步骤如下。

① 在车辆处于 D 挡时，按下自动泊车系统开关。
② 按下开关后，系统默认寻找右侧水平泊车车位。
③ 驾驶车辆以低于 30km/h 的速度驶过停车位。
④ 系统找到车位后，在驾驶员信息中心提示停车。
⑤ 踩下制动踏板，挂入 R 挡，转向盘振动，表明自动泊车系统已进入工作。
⑥ 按驾驶员信息中心提示信息停车或换挡，直到显示泊车成功。
⑦ 如需要垂直泊车，需要长按泊车系统开关来激活。

2. 奥迪自动泊车辅助系统

奥迪自动泊车辅助系统利用遍布车辆周围的雷达探头测量自身与周围物体之间的距离和角度，然后通过车载电脑计算出操作流程配合车速调整转向盘的转动，驾驶员只需要控制车速即可。奥迪 A3 自动泊车辅助系统如图 3-81 所示。

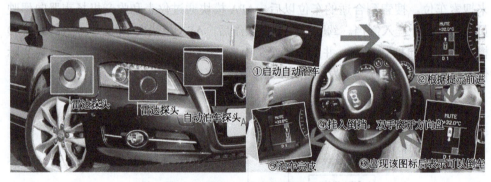

图 3-81　奥迪 A3 自动泊车辅助系统

现有的自动泊车辅助系统都不是全自动的，驾驶员必须踩制动踏板控制车速，时刻盯紧汽车的倒车雷达显示屏和左右后视镜。

3. 奥迪全自动泊车技术

奥迪全自动泊车技术是通过智能手机上的应用程序"一键自动停车"来完成。奥迪目前开发的应对城市移动出行的新技术，已经提升了城市交通效率和安全性。如果所有车辆都采用此技术，每辆汽车停车所需的车位空间将能够缩小 $2m^2$，停车库能够停放的车辆将是现在的 2.5 倍。

当驾驶员将车辆开到停车场的入口附近时，驾驶员下车拿出手机，然后只是简单地点一下屏幕，就转身离去，随后车辆开始自行启动，进入停车场寻找停车位，如图3-82所示。

图3-82　奥迪全自动泊车技术

虽然奥迪确实实现了全自动泊车，但是车辆并不是依靠自己的力量完成的，在这场演示的场地中布满了激光扫描设备来帮助车辆定位，也就是说只有在与奥迪合作安装了激光扫描设备的停车场，这项技术才能真正地得以使用。

4. 沃尔沃全自动泊车技术

沃尔沃正在开发中的全自动泊车系统则是与无人驾驶技术、网络技术和无线通信技术的进一步结合。在基础设施建设方面，沃尔沃这套系统并不算复杂，只需要停车场在出入口以及停车场内部设置传感器，用于引导车辆进出停车场以及寻找车位。沃尔沃的这项技术，可以让驾驶员不在车内，便可实现车辆的自动泊车和锁闭，并且它还能让车辆自己从泊车位来到驾驶员的身边。这些操作都可以用手机端的自动停车APP实现，只需轻点按钮，车辆便会自动寻找车位，当车辆完成泊车后，也会在手机上接收到泊车完毕的信息。同样，如果想让车自己来到你的身边，也只需在手机上进行简单操作，如图3-83所示。

图3-83　沃尔沃全自动泊车系统

沃尔沃的这项技术还可以在自动泊车的过程中实时监测车辆周围的各种障碍

物，以便随时调整行车路线。

5. 宝马远程代客泊车技术

远程代客泊车技术是在 360°防碰撞系统的基础上，借助其激光扫描仪获得的数据，实现车辆自动泊车。驾驶员只需将车辆开到停车场入口处，即可通过智能手表启动远程代客泊车系统，如图 3-84 所示。

图 3-84　宝马远程代客泊车技术

在车辆进行自动泊车的过程中，系统可以自动识别周围物体，避开意外出现的障碍物，比如行人、其他车辆以及未完全入位的车辆。

相比沃尔沃的全自动泊车技术，由于宝马借助了 360°防碰撞系统的激光扫描仪，而减少了对于 GPS 卫星定位系统的依赖，这使得该系统的使用范围不仅局限于无遮蔽的露天停车场，即便是地下停车场或立体停车场，搭载这项技术的宝马车型都可以畅通无阻，做到真正意义上的解决"难停车""停车难"的问题。

除了配备激光扫描仪之外，这款试验用车还配备了处理系统与运算系统，这意味着车辆可以独立完成楼内定位、监测周围环境，并进行独立的自动导航。这样，停车场便不需要配备自动驾驶所需要的复杂基础设施。

全自动泊车技术还处于试验阶段，真正达到全自动泊车的应用，还有很多技术需要解决完善。

第四章
汽车电动化技术

汽车电动化的典型应用是新能源汽车。新能源汽车是指采用非常规的车用燃料作为动力来源,或使用常规的车用燃料,采用新型车载动力装置,综合车辆的动力控制和驱动方面的先进技术,形成的具有新技术、新结构的汽车。新能源汽车主要包括纯电动汽车、插电式混合动力电动汽车和燃料电池电动汽车。

第一节 纯电动汽车技术

纯电动汽车(BEV)是指驱动能量完全由电能提供的、由电机驱动的汽车。电机的驱动电能来源于车载可充电储能系统或其他能量储存装置。纯电动汽车是一种绿色环保的交通运输工具,采用可再生电能替代燃油。

一、纯电动汽车的组成

纯电动汽车主要由驱动电机系统、电源系统、整车控制器和辅助系统等组成,如图 4-1 所示。

1. 驱动电机系统

驱动电机系统包括电机、电机控制器及它们工作所必需的辅助装置。

(1)电机 电机的作用是将储存在蓄电池中的电能高效地转化为车轮的动能,并能够在汽车减速制动和下坡滑行时,将车轮的动能转化为电能充入蓄电池。电机具有电动机和发电机双重功能。

(2)电机控制器 电机控制器是按整车控制器的指令、驱动电机的转速和电流反馈信号等，对驱动电机的转速、转矩和旋转方向进行控制。

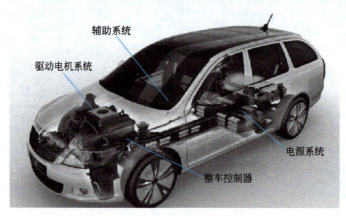

图 4-1　纯电动汽车组成

2. 电源系统

电源系统主要包括动力电池、电池管理系统、车载充电机及辅助动力源等。

（1）动力电池　动力电池是电动汽车的动力源，是能量的存储装置，也是目前制约电动汽车发展的关键因素。要使电动汽车与内燃机汽车相竞争，关键是开发出比能量高、比功率大、使用寿命长、成本低的动力电池。

（2）电池管理系统　电池管理系统实时监控动力电池的使用情况，对动力电池的端电压、内阻、温度、电解液浓度、当前电池剩余电量、放电时间、放电电流和放电深度等动力电池状态参数进行检测，并按动力电池对环境温度的要求进行调温控制。通过限流控制避免动力电池过充，对有关参数进行显示和报警，其信号流向辅助系统的车载信息显示系统，以便驾驶员随时掌握并配合其操作，按需要及时对动力电池充电并进行维护保养。

（3）车载充电机　车载充电机是把电网供电制式转换为对动力电池充电要求的制式，即把交流电转换为相应电压的直流电，并按要求控制其充电电流。

（4）辅助动力源　辅助动力源是供给电动汽车其他各种辅助装置所需的动力电源，一般为12V或24V的直流低压电源。它主要给动力转向、制动力调节控制、照明、空调、电动窗门等各种辅助装置提供所需的能源。

3. 整车控制器

整车控制器是电动汽车的"大脑"，是实现整车控制决策的核心电子控制单元。它根据驾驶员输入的加速踏板和制动踏板的信号，向电机控制器发出相应的控制指令，对电机进行启动、加速、减速、制动控制。在电动汽车减速和下坡滑行时，整车控制器配合电池管理系统进行发电回馈，使动力电池反向充电。对于与汽车行驶状况有关的速度、功率、电压、电流及有关故障诊断等信息，还需传输到车载信息显示系统进行相应的数字或模拟显示。

4. 辅助系统

辅助系统包括车载信息显示系统、电动转向系统、电控制动系统、电动空调系统、照明及除霜装置、刮水器和收音机等，借助这些辅助系统来提高电动汽车的操纵性和乘员的舒适性。

二、纯电动汽车的原理

纯电动汽车的工作原理如图 4-2 所示。整车控制器根据驾驶员输入的加速踏板和制动踏板的输入信号，向电机控制器发出相应的控制指令，对电机进行启动、加速、减速、制动控制等。当电动汽车行驶时，储存在动力蓄电池中的电能通过电机控制器输送给驱动电机，驱动电机将电能高效地转化为驱动车轮的动能，使车轮转动。当汽车制动减速或下坡滑行时，又将车轮的动能转化为电能充入蓄电池，进行制动能量回收。

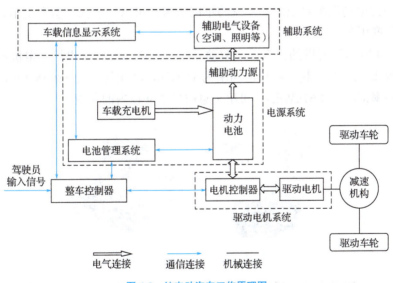

图 4-2　纯电动汽车工作原理图

三、纯电动汽车电驱动系统

电驱动系统主要由电机、电机控制器和机械传动装置组成，它的结构形式直接影响电动汽车驱动系统的布置形式，如图 4-3 所示。

随着电动汽车技术的不断发展，电驱动系统集成化已经成为必然趋势。通过集成化，车企一方面可以简化主机厂的装配，提高产品合格率；另一方面可以大

图 4-3 电驱动系统

规模缩减供应商数量,还可以达到轻量化、节约成本等目的。

三合一电驱动系统是指将电机、电控和减速器集成为一体,目前已成为电动汽车电驱动系统的主流。

> 1. 博世(BOSCH)的电驱动系统

德国博世公司的电驱动系统的产品系列按照设计可实现输出功率从 50kW 到 300kW、转矩从 1000N·m 到 6000N·m 不同的变形产品,用以覆盖纯电动汽车和混合动力电动汽车对电驱动系统的不同需求;可以安装在小型乘用车、越野车甚至轻型商用车上。

图 4-4 所示为博世的三合一电驱动系统,它由永磁同步电机、电机控制器和二级减速器集成在一起。其输出功率为 150kW,输出转矩为 3800N·m,质量为 90kg,功率密度为 1.67kW/kg,可用于总质量 7.5t 以内的车型。

图 4-4 博世的三合一电驱动系统

三合一电驱动系统将原来独立的电机、电机控制器和减速器集成到一个外壳当中,使得整个电驱动系统成本更低、体积更小、效率更高。生产成本降低的同时,其体积降低超过 20%。

博世的三合一电驱动系统可安装于纯电动汽车、混合动力电动汽车,包括前驱或后驱,包括轿车、SUV,甚至是轻型商用车上。

博世的电驱动系统具有以下特点。

① 高度集成化。博世充分利用其完整的产品线,进行高度整合后将电机、电

机控制器和减速器合三为一，体积上的大幅减少更能支持新能源车型紧凑的动力布局。

② 简化冷却管路和功率驱动线缆。高度集成的另一个好处就是电机和控制器的冷却管路整合而简化了管线布置。模块内部集成大功率交流驱动母线进一步降低了线缆成本。

③ 平台化设计灵活，适配不同车型。它可以适应多种类型的车辆，可以安装纯电动汽车和混合动力电动汽车的前后车轴上。

2. 吉凯恩（GKN）的电驱动系统

英国的吉凯恩公司将电机、电机控制器和减速器置于同一个封装空间，如图4-5所示。

吉凯恩的三合一电驱动系统采用轻量化设计，传动部件实现了12.5的传动比，该设计可适应更高的电机转速。该系统可提供高达2000N·m的转矩和70kW的功率，足以使车辆在纯电动模式下达到125km/h的最高速度。此外，在全轮驱动模式下，纯电动模式比传统机械系统的提速能力强很多。整套装置的质量只有20.2kg，且体积较小，长、宽、高分别为457mm、229mm、259mm，便于在有限空间内安装。

该装置采用了机电驱动离合器，在不需要纯电动或混合动力驱动时，可以通过一个集成的切断装置将电机从传动系统中断开；还对齿轮和轴承布置进行了优化，实现更高的效率、更好的NVH性能和耐久性。

吉凯恩的同轴电驱动系统 Co-axial eAxle 如图4-6所示，单挡、两级减速、减速比为10。

图4-5 吉凯恩的三合一电驱动系统　　图4-6 吉凯恩的同轴电驱动系统

吉凯恩电驱动系统可安装于纯电动汽车和混合动力电动汽车上。

图4-7所示是吉凯恩的双速三合一电驱动系统，两挡、两级减速，电机功率为120kW，最大输出转矩为3500N·m，每个后轮转矩可达2000N·m。

图 4-7 吉凯恩的双速三合一电驱动系统

3. 采埃孚（ZF）的电驱动系统

德国 ZF 公司研发的适用于小型和中型轿车的电驱动系统如图 4-8 所示。其驱动单元安装于车桥中部，最大输出功率为 120kW，能保证在低速情况下就能输出高转矩值。

图 4-8 ZF 的轿车电驱动系统

ZF 研发的适用于客车和卡车的中央电驱动系统如图 4-9 所示。它可以快速对传统客车和卡车实现电动化，取消传统发动机和变速器，在原变速器位置放置该电驱动系统，而传动轴和后桥以及整个后悬架系统都保持不变。

ZF 另一款三合一电驱动系统如图 4-10 所示，它把电机、电机控制器及减速器集成为一体，适用于前驱或后驱。

ZF 的轮边双电机驱动桥 AVE130 如图 4-11 所示，两个驱动电机布置在车桥两侧，通过侧减速器和轮边减速器实现减速增扭驱动车轮。轮边双电机驱动系统便于实现电子差速与转矩协调控制，可回收制动能量，具有能量利用率高的独特优势。

AVE130 轮边电驱动桥和传统的低地板门式车桥的安装空间要求相同，客车制造商无须额外开发针对电动化的设计平台，因此大大降低了成本。另一方面，

AVE130 兼容蓄电池、超级电容、燃料电池或架空接触网等几乎所有传统能源方案。

图 4-9 ZF 的中央电驱动系统

图 4-10 ZF 三合一电驱动系统

另外，ZF 还有多种形式的轮边电驱动桥。带有中央减速的轮边电驱动桥 AV130 如图 4-12 所示，主减速器偏置的轮边电驱动桥如图 4-13 所示。

图 4-11 ZF 的 AVE130 轮边双电机驱动桥

图 4-12 带有中央减速的轮边电驱动桥 AV130

4. 麦格纳（Magna）的电驱动系统

加拿大麦格纳公司的 1eDT330 电驱动系统如图 4-14 所示，主要用于纯电动汽车。其最大输出转矩为 3300N·m，最大输入转矩为 2320N·m（两个电机），质

图 4-13 主减速器偏置的轮边电驱动桥

图 4-14 麦格纳的 1eDT330 电驱动系统

量（不带油液）为150kg（包括电机），长、宽、高分别为512mm、631mm、367mm，输入轴和输出轴中心距为215mm，减速比为5.50，适用电机功率为77～150kW，适用电压为300～400V。

图4-15所示为麦格纳的高集成电驱动系统（低），主要用于纯电动汽车和混合动力电动汽车，其峰值功率为76kW，最高转速为13500r/min，最大输出转矩为1600N·m，逆变器参数分别为360V、350A。

图4-16所示为麦格纳的高集成电驱动系统（中），主要用于纯电动汽车和混合动力电动汽车，其峰值功率为140kW，最高转速为18000r/min，最大输出转矩为3800N·m，逆变器参数分别为450V、500A。

图4-15 麦格纳的高集成电驱动系统（低）　　图4-16 麦格纳的高集成电驱动系统（中）

图4-17所示为麦格纳的高集成电驱动系统（高），主要用于纯电动汽车和混合动力电动汽车，其峰值功率为253kW，最高转速为16500r/min，最大输出转矩为5300N·m，逆变器参数分别为460V、960A。

图4-18所示为麦格纳的1eDT200单挡减速器，最大输出转矩为2500N·m，最大输入转矩为200N·m，质量（不带油液）为20kg，长、宽、高分别为230mm、455mm、318mm，输入轴和输出轴中心距为157.5mm，减速比为8.61或

图4-17 麦格纳的高集成电驱动系统（高）　　图4-18 麦格纳的1eDT200单挡减速器

9.89（二选一），适用电机功率为 15～90kW，适用电压为 48～400V。

图 4-19 所示为麦格纳的 2eDT200 两挡变速器，最大输出转矩为 2500N·m，最大输入转矩为 200N·m，质量（不带油液）为 26kg，长、宽、高分别为 245mm、462mm、300mm，输入轴和输出轴中心距为 188mm，减速比分别为 12.06 和 8.61，适用电机功率为 55～90kW，适用电压为 300～400V，电机换挡。

图 4-19　麦格纳的 2eDT200 两挡变速器

5. 东风德纳的电驱动桥

东风德纳公司的 eS4500r 刚性电驱动桥如图 4-20 所示，最高转速为 14000r/min，峰值功率为 180kW，最大输出转矩为 4500N·m，应用于小型纯电动载货卡车。

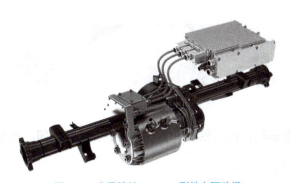

图 4-20　东风德纳 eS4500r 刚性电驱动桥

东风德纳 eS5700r 电驱动桥如图 4-21 所示，功率为 130kW，车轮转矩为 5700N·m，质量为 305kg，最大承载量为 6t，车轴最大承载量为 3.5t，最高车速为 80km/h，适用于 3 级卡车。

东风德纳 eS9000r 电驱动桥如图 4-22 所示，电机功率为 237kW，电机转矩为 300N·m，车轮转矩为 5700N·m，工作电压为 400～650V，车桥质量为 370kg，适用于 4～6 级卡车。

图 4-21　东风德纳 eS5700r 电驱动桥

图 4-22　东风德纳 eS9000r 电驱动桥

东风德纳针对 6～8t 城市物流电动卡车、8m 城市公交纯电动客车、7m 纯电动旅游客车，推出了"四合一"结构特点的纯电动驱动桥 EP-Axle8，如图 4-23 所示。该电驱动桥集成了电机、减速器、传动轴、差速器等，具有传动效率高、尺寸小等特点。其中，电机峰值功率为 150kW，峰值转矩为 635N·m，最高转速达到 8000r/min。

图 4-23　东风德纳的电驱动桥 EP-Axle8

相比普通传动系统，该电驱动系统大大减小了系统空间，更方便车辆的布局。

6. 比亚迪的电驱动系统

比亚迪公司开发的三合一电驱动系统，几乎覆盖了全部轿车对动力性和加速性的需求，如图 4-24 所示。

四、纯电动汽车动力电池

纯电动汽车动力电池主要使用的是锂离子电池。锂离子电池是用锰酸锂、磷酸铁锂或钴酸锂等锂的化合物作正极，用可嵌入锂离子的碳材料作负极，使用有机电解质的蓄电池。目前，纯电动汽车上应用的储能装置主要是锂离子电池。

项目	40kW平台	70kW平台	120kW平台	180kW平台
适用车重 /t	<1.1	1.2~1.6	1.7~2.2	2.3~2.7
最高转速 /(r/min)	14000	14000	14000	14000
峰值转矩 /(N·m)	120	180	280	330
峰值功率 /kW	42	70	120	180
总成质量 /kg	53	63	80	92

图 4-24 比亚迪开发的三合一电驱动系统

1. 锂离子电池的结构

锂离子电池主要由正极、负极、隔膜和电解液等组成，如图 4-25 所示。

（1）正极 正极材料作为锂离子电池中 Li^+ 的唯一供给者，对锂离子电池能量密度的提高及成本的降低起着决定性作用。被广泛采用的正极材料主要有锰酸锂、磷酸铁锂、钴酸锂、镍钴锰锂等。

（2）负极 负极材料影响锂离子电池的安全性，目前，广泛应用的碳基负极材料，将锂在负极表面

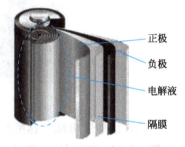

图 4-25 锂离子电池的基本结构

的沉积/溶解转变为在碳材中的嵌入/脱出，大幅度地减少锂枝晶的形成，提高锂离子电池安全性。

（3）隔膜 隔膜主要作用是隔绝正负极以防止两电极短路及自放电，同时为两电极间提供良好的离子通道。目前，应用比较广泛的隔膜主要有 PP-PE-PP 多层隔膜、聚合物陶瓷涂覆隔膜以及无纺布隔膜等。

（4）电解液 锂离子电池采用的是非水有机溶剂体系的电解液。

电动汽车用锂离子电池的基本单元是单体电池，按使用要求组合成不同电压和不同电量的锂离子电池总成。

特斯拉电动汽车采用的是日本索尼公司生产的 18650 型三元锂离子电池，其中"18"是指电池直径为 18mm，"65"是指电池高度为 65mm，"0"则意味着为圆柱形电池。图 4-26 所示为特斯拉电动汽车用锂离子电池组，采用 7000 多个 18650 型三元锂离子电池。

2. 锂离子电池的类型

按照锂离子电池正极材料的不同，锂离子电池主要分为磷酸铁锂电池、锰酸锂电池、钴酸锂电池、镍酸锂电池以及各种三元锂电池。

（1）磷酸铁锂电池 磷酸铁锂电池是指用磷酸铁锂作为正极材料的锂离子电

池。磷酸铁锂（LiFePO$_4$）具有橄榄石晶体结构，其理论容量为170mA·h/g，在没有掺杂改性时其实际容量已高达110mA·h/g。通过对磷酸铁锂进行表面修饰，其实际容量可高达165mA·h/g，已经非常接近理论容量，工作电压为3.4V左右。磷酸铁锂电池的优点是稳定性高，安全可靠，环保并且价格低；缺点是电阻率较大，电极材料利用率低。

图4-26　特斯拉电动汽车用锂离子电池组

（2）锰酸锂电池　锰酸锂电池是指用锰酸锂作为正极材料的锂离子电池。锰酸锂（LiMn$_2$O$_4$）具有尖晶石结构，其理论容量为148mA·h/g，实际容量为90～120mA·h/g，工作电压范围为3～4V。锰酸锂电池的优点是锰资源丰富，价格便宜，安全性高，比较容易制备；缺点是理论容量低，与电解质相容性不好，在深度充放电的过程中电池容量衰减快。

（3）钴酸锂电池　钴酸锂电池是指用钴酸锂作为正极材料的锂离子电池。钴酸锂电池的优点是电化学性能优越，易加工，性能稳定，一致性好，比容量高，综合性能突出；缺点是安全性较差，成本高。

（4）镍钴锰锂电池　镍钴锰锂电池是指用镍钴锰三元材料作为正极的锂离子电池。镍钴锰锂电池的优点是能量密度大，功率密度高，循环寿命长；缺点是成本高，对电池管理系统要求高。

3. 锂离子电池的特点

锂离子电池具有以下优点。

① 工作电压高。锂离子电池工作电压为3.6V，是镍氢和镍镉电池工作电压的3倍。

② 比能量高。锂离子电池比能量已达到150W·h/kg，是镍镉电池的3倍，镍氢电池的1.5倍。

③ 循环寿命长。目前锂离子电池循环寿命已达到1000次以上，在低放电深度下可达几万次，超过了其他几种二次电池。

④ 自放电率低。锂离子电池月自放电率仅为6%～8%，远低于镍镉电池（25%～30%）和镍氢电池（15%～20%）。

⑤ 无记忆性。可以根据要求随时充电，而不会降低电池性能。

⑥ 对环境无污染。锂离子电池中不存在有害物质，是名副其实的"绿色电池"。

⑦ 能够制造成任意形状。

锂离子电池具有以下缺点。

① 成本高。主要是正极材料 $LiCoO_2$ 的价格高。

② 必须有特殊的保护电路，以防止过充。

4. 新体系动力电池

在国家的动力电池发展规划中，近中期，在优化现有体系锂离子动力电池技术、满足新能源汽车规模化发展需求的同时，以开发新型锂离子动力电池为重点，提升其安全性、一致性和寿命等关键技术，同步开展新体系动力电池前瞻性研发；中远期，在持续优化提升新型锂离子动力电池的同时，重点研发新体系动力电池，显著提升能量密度，大幅度降低成本，实现新体系动力电池实用化和规模化应用。

由此可见，新体系动力电池是未来的发展方向。

新体系电池主要是指固态电池、锂硫电池和金属空气电池。

（1）固态电池　固态电池是一种使用固体正负极和固体电解质，不含有任何液体，所有材料都由固态材料组成的电池，如固态锂离子电池。

液态锂离子电池被人们形象地称为"摇椅式电池"，摇椅两端为电池正负两极，中间为液态电解质，而锂离子就像优秀的运动员，在摇椅的两端来回奔跑，在锂离子从正极到负极再到正极的运动过程中，完成电池的充放电过程。固态锂离子电池的原理与液态锂离子电池相同，只不过其电解质为固态，电池体积大大降低，能量密度得到提高，如图4-27所示。

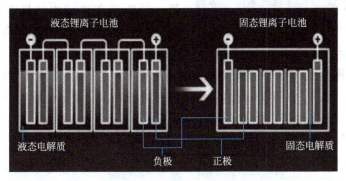

图4-27　固态锂离子电池的原理

液态锂离子电池具有 7 大缺点，如图 4-28 所示。

图 4-28　液态锂离子电池的缺点

固态锂离子电池与液态锂离子电池相比，其特点如图 4-29 所示。

图 4-29　固态锂离子电池的特点

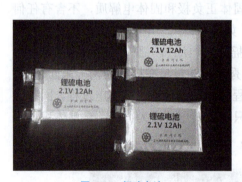

图 4-30　锂硫电池

（2）锂硫电池　锂硫电池是锂电池的一种，尚处于试验阶段。锂硫电池是以硫作为电池正极、金属锂作为负极的一种锂电池，如图 4-30 所示。利用硫作为正极材料的锂硫电池，硫的理论比容量和电池理论比能量分别达到了 1675mA·h/g 和 2600W·h/kg，是目前锂离子电池的 3～5 倍。单质硫在地球中储量丰富，价格低廉，环境友好，是一种非常有前景的锂电池，有望应用于动力电池、便携式电子产品等领域。

（3）金属空气电池　金属空气电池是以电极电位较低的金属如锌、铝、镁、铁等作负极，以空气中的氧或纯氧作正极的活性物质，主要有锌空气电池、铝空气电池、镁空气电池等，如图 4-31 所示。

金属空气电池具有比能量高、价格便宜、性能稳定等特点。

五、电池管理系统

电池管理系统（BMS）是连接动力电池和电动汽车的重要纽带，其精准的控制和管理为动力电池的完美应用保驾护航。

(a) 锌空气电池

(b) 铝空气电池

(c) 镁空气电池

图 4-31　金属空气电池

电池管理系统（BMS）是指监视蓄电池的状态（温度、电压、电流、荷电状态等），可以为蓄电池提供通信、安全、电芯均衡及管理控制，并提供与应用设备通信接口的系统。它在电动汽车上的位置如图 4-32 所示。

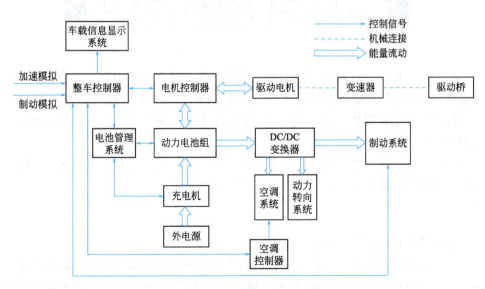

图 4-32　电池管理系统在电动汽车上的位置

电池管理系统和动力电池组一起组成电池包整体，与电池管理系统有通信关系的两个部件分别是整车控制器和充电机。电池管理系统向上通过 CAN 总线与电动汽车整车控制器通信，上报电池包状态参数；接收整车控制器指令，配合整车需要，确定功率输出；向下监控整个电池包的运行状态，保护电池包不受过放、过热等非正常运行状态的侵害；充电过程中，与充电机交互，管理充电参数，监控充电过程正常完成。

1. 电池管理系统的组成

电池管理系统的基本组成如图 4-33 所示，它主要由检测模块、均衡电源模块和控制模块三部分组成。

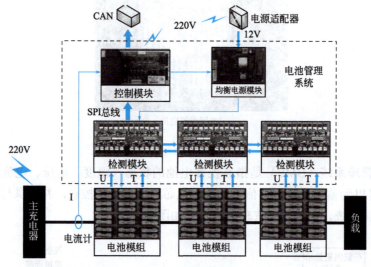

图 4-33　电池管理系统的基本组成

（1）检测模块　检测模块能够对电池组中各单体电池的电压、电流、温度等关键状态参数进行准确和实时的检测，并通过 SPI 总线上报给控制模块。

（2）均衡电源模块　均衡电源模块能够平衡单体电池间的电压差异，解决电池组"短板效应"。

（3）控制模块　控制模块能够根据既定策略完成控制功能，实现 SOC 估计，同时将电池状态数据通过 CAN 总线发送给整车其他的电子单元。

2. 电池管理系统的功能

电池管理系统应具备以下功能。

（1）电池参数检测　包括总电压、总电流、单体电池电压检测（防止出现过充、过放甚至反极现象）、温度检测（最好每串电池、关键电缆接头等均有温度传感器)、烟雾探测(监测电解液泄漏等)、绝缘检测(监测漏电)、碰撞检测等。

(2) 电池状态估计　包括荷电状态(SOC)或放电深度(DOD)、健康状态(SOH)、功能状态(SOF)、能量状态(SOE)、故障及安全状态(SOS)等。

(3) 在线故障诊断　包括故障检测、故障类型判断、故障定位、故障信息输出等。故障检测是指通过采集到的传感器信号,采用诊断算法诊断故障类型,并进行早期预警。电池故障是指电池组、高压电回路、热管理等各个子系统的传感器故障,执行器故障(如接触器、风扇、泵、加热器等),以及网络故障、各种控制器软硬件故障等。电池组本身故障是指过压(过充)、欠压(过放)、过电流、超高温、内短路故障、接头松动、电解液泄漏、绝缘能力降低等。

(4) 电池安全控制与报警　包括热系统控制、高压电安全控制。BMS 诊断到故障后,通过网络通知整车控制器,并要求整车控制器进行有效处理(超过一定阈值时 BMS 也可以切断主回路电源),以防止高温、低温、过充、过放、过电流、漏电等对电池和人身的损害。

(5) 充电控制　BMS 中具有一个充电管理模块,它能够根据电池的特性、温度高低以及充电机的功率等级,控制充电机给电池进行安全充电。

(6) 电池均衡　不一致性的存在使得电池组的容量小于组中最小单体的容量。电池均衡根据单体电池信息,采用主动或被动、耗散或非耗散等均衡方式,尽可能使电池组容量接近于最小单体的容量。

(7) 热管理　根据电池组内温度分布信息及充放电需求,决定主动加热/散热的强度,使得电池尽可能工作在最适合的温度,充分发挥电池的性能。

(8) 网络通信　BMS 需要与整车控制器等网络节点通信;同时,BMS 在车辆上拆卸不方便,需要在不拆壳的情况下进行在线标定、监控、自动代码生成和在线程序下载(程序更新而不拆卸产品)等,一般的车载网络均采用 CAN 总线技术。

(9) 信息存储　用于存储关键数据,如 SOC、SOH、SOF、SOE、累积充放电安时(A·h)数、故障码和一致性等。车辆中的真实 BMS 可能只有上面提到的部分硬件和软件。每个电池单元至少应有一个电池电压传感器和一个温度传感器。对于具有几十个电池的电池系统,可能只有一个 BMS 控制器,或者将 BMS 功能集成到车辆的主控制器中。对于具有数百个电池单元的电池系统,可能有一个主控制器和多个仅管理一个电池模块的从属控制器。对于每个具有数十个电池单元的电池模块,可能存在一些模块电路接触器和平衡模块,并且从控制器像测量电压和电流一样管理电池模块,控制接触器,均衡电池单元并与主控制器通信。根据所报告的数据,主控制器将执行电池状态估计、故障诊断、热管理等。

(10) 电磁兼容　由于电动汽车使用环境恶劣,要求 BMS 具有好的抗电磁干扰能力,同时要求 BMS 对外辐射小。

六、驱动电机

纯电动汽车驱动电机主要有感应异步电机、永磁同步电机、开关磁阻电机以及轮毂电机等。

1. 感应异步电机

图 4-34 感应异步电机结构示意图

感应异步电机也称交流感应电机,它是指定子及转子为独立绕组,双方通过电磁感应来传递力矩,其转子以低于/高于气隙旋转磁场转速旋转的交流电机。

感应异步电机一般由定子(静止不动的部分)、转子(旋转产生动能的部分)、机座(连接定子和转子的壳体)和散热部件等构成,如图 4-34 所示。转子是由导电性好的金属材质制成,如铝、铜等材质,且转子大多采用笼型式结构,工作时也是通过给定子通电,与转子感应电流相互作用产生电磁转矩,从而使转子转动。"异步"之意就是在运行时,转子的转速总是小于旋转磁场的速度。

图 4-35 所示为特斯拉 Model S 采用的感应异步电机,其峰值功率为 193kW,峰值转矩为 330N·m,最高转速为 18000r/min,既用于前驱,也用于后驱。

图 4-35 特斯拉 Model S 采用的感应异步电机

特斯拉 Model S 采用的感应异步电机的定子外直径为 254mm,内直径为 157mm;转子外直径为 155.8mm,内直径为 50mm;定子长度为 152.6mm,转子长度为 153.8mm;定子槽数为 60,转子槽数为 74。

特斯拉 Model S 采用的感应异步电机具有以下优点。

① 能忍受大幅度的工作温度变化。

② 感应异步电机的输出转矩可以在大范围内调整,因此无须安装第 2 套乃至第 3 套传动机构。特斯拉 Model S 设计的电机转速能达到 12000r/min,并且能产

生最高为400N·m的转矩，能在加速或爬坡时强制提高输出转矩（虽然时间很短）。

③ 体积小。目前电动汽车大多数电机还是属于水冷，而采用水冷散热的电机，意味着电机体积更大，因为水路太占用体积了。而特斯拉 Model S 采用的感应异步电机可以将体积做到西瓜大小，优点是其散热更快，不要忽视电机散热对电机体积的影响。将电机做小，就可以保证功率不变的情况下，减小电机体积，增加电机转速，保证低速（起步）转矩。

④ 质量小。特斯拉 Model S 电机质量不过 52kg，转速区间可以达到 0～12000r/min 转，所以无须安装多余的传动机构。

特斯拉 Model S 采用的感应异步电机具有以下缺点。

① 感应异步电机由于是单边励磁，产生单位转矩需要的电流很大，而且定子中有无功励磁电流，因此能耗较大，功率因数滞后。

② 结构复杂，采用交流感应电机，其控制系统复杂，技术要求高，制造成本高。

2. 永磁同步电机

永磁同步电机是指转子采用永磁材料励磁的同步电机，是国内电动汽车应用的主流，约占80%。

永磁同步电机和交流感应电机在基本结构和外观上大致相同，都是由定子、转子、电机外壳等部件组成，只不过其转子在结构、用料和工作原理上存在差异。

永磁同步电机属于交流电机的一种，其转子由带有永久磁场的钢制成，电机工作时给定子通电，产生旋转磁场推动转子转动，而"同步"的意思是在稳态运行时，转子的旋转速度与磁场的旋转速度同步。

图 4-36 所示为永磁同步电机结构示意图。

图 4-36 永磁同步电机结构示意图

整体来看，我国驱动电机已取得较大进展，自主开发出满足各类新能源汽车需求的产品，部分产品的主要性能指标已达到相同功率等级的国际先进水平。但是，这些产品在最高转速、功率密度及效率等方面与国外仍存在一定的差距。

① 最高转速。最高转速是驱动电机的重要指标，也是目前国内驱动电机较之国外电机差距最为明显的指标。国内绝大部分永磁同步电机的最高转速在 10000r/min 以下，而国外基本在 10000r/min 以上。

② 功率密度。虽然国内电机在功率方面基本能够达到国际水平，但是在同功率条件下存在重量劣势，因此功率密度较之国际水平存在较大差距。目前，国内的永磁同步电机功率密度多处于 1～2kW/kg 区间内。

③ 效率。在电机效率方面，国内电机的最高效率均达到 94%～96%，已达到西门子、Remy 等企业的水平。但是在高效区面积方面，如系统效率大于 80% 的区域占比方面尚存在一定差距。我国电机的高效区面积占比集中在 70%～75%，而国外电机基本达到 80%。

④ 冷却方式。电机的冷却方式已经从自然冷却逐步发展为水冷，目前国内电机企业采用水冷为主，国外先进的电机企业已经发展到油冷电机。国内部分电机企业也研发出油冷电机，如精进等，使电机的冷却效率得到进一步提升。

永磁同步电机的发展具有以下瓶颈。

① 功率密度。功率的提升有两种途径：一种是提高转矩，另一种是提高转速。前者主要问题是过载电流加大，造成发热量高，给散热造成较大压力；后者是高速时铁磁损耗大，需采用高性能低饱和硅钢片，从而使成本提高；或采用复杂的转子结构，但影响功率密度。

② 材料方面。永磁材料也是制约永磁同步电机性能提升的重要因素，目前常用的永磁材料钕铁硼主要存在温度稳定性差、不可逆损失和温度系数较高以及高温下磁性能损失严重等缺点，从而影响电机性能。

③ 生产工艺。永磁同步电机在生产工艺方面的难点是制约大规模配套乘用车的重要因素。因为永磁同步电机生产企业缺乏产业化的积累，国内企业生产不良率较高，无法达到乘用车企业的不良率要求，尤其是随着纯电动乘用车市场规模的扩大，百万级的年产量给永磁同步电机带来了巨大的挑战。

3. 开关磁阻电机

开关磁阻电机是继直流电机和交流电机之后，又一种极具发展潜力的新型电机。

开关磁阻电机是采用定转子凸极且极数相接近的大步距磁阻式步进电机的结构，利用转子位置传感器，通过电子功率开关控制各相绕组导通使之运行的电机。

开关磁阻电机主要应用于电动大巴和电动卡车上。

开关磁阻电机是由双凸极的定子和转子组成，如图 4-37 所示。

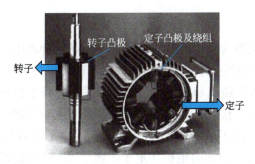

图 4-37　开关磁阻电机的结构

开关磁阻电机的定子和转子的凸极均由普通的硅钢片叠压而成。定子极上绕有集中绕组，把沿径向相对的两个绕组串联成一个两级磁极，称为"一相"；转子既无绕组又无永磁体，仅由硅钢片叠成。现今应用较多的是四相（8/6）结构和三相（12/8）结构。

通过控制加到电机绕组中电流脉冲的幅值、宽度及其与转子的相对位置（即导通角、关断角），即可控制电机转矩的大小与方向，这正是开关磁阻电机调速控制的基本原理。

开关磁阻电机主要具有以下优点。

① 电机结构简单、坚固，制造工艺简单，成本低。转子仅由硅钢片叠压而成，可工作于极高转速；定子线圈为集中绕组，嵌放容易，端部短而牢固，工作可靠，能适用于各种恶劣、高温及强振动环境。

② 损耗主要产生在定子，电机易于冷却；转子无永磁体，允许有较高的温升。

③ 转矩方向与相电流方向无关，从而可减少功率变换器的开关器件数，降低系统成本。

④ 功率变换器不会出现直通故障，可靠性高。

⑤ 启动转矩大，低速性能好，无异步电机在启动时所出现的冲击电流现象。

⑥ 调速范围宽，控制灵活，易于实现各种特殊要求的转矩速度特性。

⑦ 在宽广的转速和功率范围内都具有高效率。

⑧ 能四象限运行，具有较强的再生制动能力。

开关磁阻电机主要具有以下缺点。

① 转矩脉动。从工作原理可知，开关磁阻电机转子上产生的转矩是由一系列脉冲转矩叠加而成的，由于双凸极结构和磁路饱和非线性的影响，合成转矩不是恒定转矩，而有一定的谐波分量，影响了电机低速运行性能。

② 传动系统的噪声与振动比一般电机大。

③ 电机的出线头较多，如三相 SR 电机至少有 4 根出线头，四相 SR 电机至少有 5 根出线头，而且还有位置检测器出线端。对于整体的线路布局有影响。

④ 控制部分相对比较复杂，一定程度上提升了整体成本。

4. 轮毂电机

轮毂电机技术又称为车轮内装式电机技术，是一种将电机、传动系统和制动系统融为一体的轮毂装置技术，是现阶段先进电动汽车技术研究的热点之一。

从各种驱动技术的特点和发展趋势来看，采用轮毂电机技术是电动汽车的最终驱动形式。随着电池技术、动力控制系统和整车能源管理系统等相关技术研发的不断深入，电机性能的不断提高，轮毂电机技术将在电动汽车上取得更大成功。

轮毂电机驱动系统通常由电机（定子、转子）、制动装置和电子控制器等组成，如图 4-38 所示。

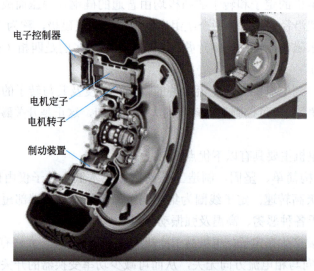

图 4-38　轮毂电机驱动系统结构

轮毂电机驱动系统根据电机的转子形式主要分成两种结构形式：内转子式和外转子式。其中外转子式采用低速外转子电机，电机的最高转速为 1000～1500r/min，无减速装置，车轮的转速与电机相同；而内转子式则采用高速内转子电机，配备固定传动比的减速器，为获得较高的功率密度，电机的转速可高达 10000r/min。减速结构通常采用传动比为 10∶1 左右的行星齿轮减速装置，车轮的转速为 1000r/min 左右。随着更为紧凑的行星齿轮减速器的出现，内转子式轮毂电机在功率密度方面比低速外转子式更具竞争力。

高速内转子的轮毂电机具有较高的比功率，质量小，体积小，效率高，噪声小，成本低；缺点是必须采用减速装置，使效率降低，非簧载质量增大，电机的最高转速受到线圈损耗、摩擦损耗以及变速机构的承受能力等因素的限制。低速外转子电机结构简单，轴向尺寸小，比功率高，能在很宽的速度范围内控制转矩，且响应速度快，外转子直接和车轮相连，没有减速机构，因此效率高；缺点是如要获得较大的转矩，必须增大发动机体积和质量，因而成本高，加速时效率低，噪声大。这两种结构在目前的电动车中都能应用，但是随着紧凑的行星齿轮变速机构的出现，高速内转子式驱动系统在功率密度方面比低速外转子式更具竞争力。

轮毂电机动力系统由于电机电制动容量较小，不能满足整车制动效能的要求，通常需要附加机械制动系统。轮毂电机系统中的制动器可以根据结构采用鼓式或者盘式制动器。由于电机电制动容量的存在，往往可以使制动器的设计容量适当减小。大多数的轮毂电机系统采用风冷方式进行冷却，也有采用水冷和油冷的方式对电机、制动器等的发热部件进行散热降温，但结构比较复杂。

轮毂电机的驱动方式可以分为直接驱动和减速驱动两种基本形式。

直接驱动方式如图 4-39 所示，采用低速外转子电机，轮毂电机与车轮组成一个完整部件总成，电机布置在车轮内部，直接驱动车轮带动汽车行驶。其主要优点是电机体积小，质量小，成本低，系统传动效率高，结构紧凑，既有利于整车结构布置和车身设计，也便于改型设计。这种驱动方式直接将外转子安装在车轮的轮辋上驱动车轮转动。由于电动汽车在起步时需要较大的转矩，所以安装在直接驱动型电动轮中的电机必须能在低速时提供大转矩；承载大转矩时需要大电流，易损坏电池和永磁体；电机效率峰值区域很小，负载电流超过一定值后效率急剧下降。为了使汽车能够有较好的动力性，电机还必须具有很宽的转矩和转速调节范围。由于电机工作产生一定的冲击和振动，要求车轮轮辋和车轮支撑必须坚固、可靠，同时由于非簧载质量大，要保证汽车的舒适性，要求对悬架系统进行优化设计。此方式适用于平路或负载小的场合。

图 4-39　轮毂电机直接驱动方式

减速驱动方式如图 4-40 所示，采用高速内转子电机，满足现代高性能电动汽车的运行要求。这种电动轮采用高速内转子电机，其目的是获得较高的功率。减速机构布置在电机和车轮之间，起减速和增矩的作用，保证电动汽车在低速时能够获得足够大的转矩。电机输出轴通过减速机构与车轮驱动轴连接，使电机轴承不直接承受车轮与路面的载荷作用，改善了轴承的工作条件；采用固定速比行星齿轮减速器，使系统具有较大的调速范围和输出转矩，消除了车轮尺寸对电机输出转矩和功率的影响。但轮毂电机内齿轮的工作噪声比较大，并且润滑方面存在很多问题；其非簧载质量也比直接驱动式电动轮电驱动系统的大，对电机及系统内部的结构方案设计要求更高。

图 4-40 轮毂电机减速驱动方式

七、充电技术

1. 电动汽车充电设备的类型

电动汽车充电设备的类型很多，一般分为非车载充电机、车载充电机、交流充电桩、直流充电桩和交直流充电桩等。

（1）非车载充电机　非车载充电机是指安装在电动汽车车体外，将电网的交流电能变换为直流电能，采用传导方式为电动汽车动力蓄电池充电的专用装置，如图 4-41 所示。

非车载充电机一般由高频开关电源模块、监控单元、人机操作界面、与电动汽车的电气接口、计量系统和通信接口等组成。

（2）车载充电机　车载充电机是指固定安装在电动汽车上运行，将交流电能转换为直流电能，采用传导方式为电动汽车动力蓄电池充电的专用装置，如图 4-42 所示。

车载充电机由交流输入接口、功率单元、控制单元、直流输出接口等部分组成，充电过程中由车载充电机提供电池管理系统、充电接触器、仪表盘、冷却系统等低压用电电源。

（3）交流充电桩　交流充电桩是指固定在电动汽车外、与交流电网连接，采用传导方式为具有车载充电装置的电动汽车提供交流电源的专用供电装置。交流充电桩只提供电力输出，没有充电功能，需连接车载充电机为电动汽车充电。图

4-43所示为电动汽车交流充电桩。

图4-41 非车载充电机

图4-42 车载充电机

图4-43 电动汽车交流充电桩

交流充电桩由桩体、电气模块和计量模块3部分组成。桩体外部结构包括外壳和人机交互界面；电气模块包括充电插座、供电电缆、电源转接端子排、安全防护装置等；计量模块包括电能表、计费管理系统、非接触式读写装置等。

交流充电桩输出单相/三相交流电，通过车载充电机转换成直流电给车载蓄电池充电，功率较小，有7kW、22kW、40kW等，充电速度较慢，一般安装在商业区、写字楼、小区停车场等地。

交流充电示意图如图4-44所示。高压电通过变压器转化成低压电，低压电经由低压电缆引至非车载充电机，输出交流电，通过车载充电机给蓄电池供电。

（4）直流充电桩　直流充电桩是指固定在电动汽车外、与交流电网连接，可以为非车载电动汽车动力电池提供小功率直流电源的供电装置。直流充电桩直接输出直流电给车载电池进行充电，功率较大，有60kW、120kW、200kW甚至更高，充电速度较快，故一般安装在大型充电站。图4-45所示为电动汽车直流充电桩。

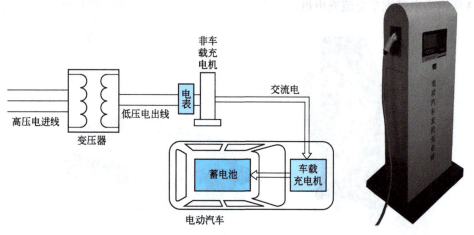

图 4-44 交流充电示意图　　图 4-45 电动汽车直流充电桩

直流充电桩主要由监控器、刷卡区、充电指示灯、插枪接口、充电桩体等部分组成。

直流充电示意图如图 4-46 所示。高压电通过变压器转化为低压电,低压电经由低压电缆引至非车载充电机,输出直流电,不通过车载充电机直接给蓄电池供电。

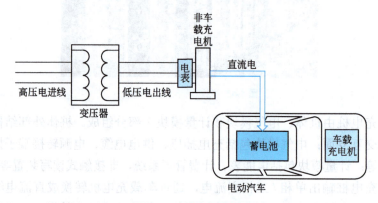

图 4-46 直流充电示意图

(5) 交直流充电桩　交直流充电桩是采用交直流一体的结构,既可以直流充电,也可以交流充电。白天充电业务多的时候,使用直流充电方式进行快速充电,当夜间充电站用户少时可用交流充电方式进行慢充操作。图 4-47 所示为电动汽车交直流充电桩。

2. 电动汽车充电方式

电动汽车充电方式主要有常规充电方式、快速充电方式、电池更换充电方式、无线充电方式和移动充电方式。

（1）常规充电方式 常规充电方式采用恒压、恒流的传统充电方式对电动汽车进行充电，相应的充电机的工作和安装成本相对比较低。电动汽车家用充电设施（车载充电机）和小型充电站多采用这种充电方式。车载充电机是电动汽车的一种最基本的充电设备，如图 4-48 所示。充电机作为标准配置固定在车上或放在后备厢里。由于只需将车载充电机的插头插到停车场或家中的电源插座上即可进行充电，因此充电过程一般由用户自己独立完成。充电时直接从低压照明电路取电，充电功率较小，由 220V/16A 规格的标准电网电源供电。一般充电时间为 8~10h（SOC 达到 95% 以上）。这种充电方式对电网没有特殊要求，只要能够满足照明要求的供电质量就能够使用。由于在家中充电通常是晚上或者是在电力低谷期，有利于电能的有效利用，因此电力部门一般会给予电动汽车用户一些优惠，例如电力低谷期充电打折。

图 4-47 电动汽车交直流充电桩

图 4-48 车载充电机充电方式

小型充电站是电动汽车的一种最重要的充电方式，如图 4-49 所示，充电机设置在街边、超市、办公楼、停车场等处。采用常规充电方式充电，电动汽车驾驶员只需将车停靠在充电站指定的位置上，接上电线即可开始充电。计费方式是投币或刷卡，充电功率一般为 5~10kW，采用三相四线制 380V 供电或单相 220V 供电。一般充电时间是：补电 1~2h，充满 5~8h（SOC 达到 95% 以上）。

常规充电方式主要具有以下优点。

图 4-49 小型充电站充电方式

① 充电技术成熟，技术门槛低，使用方便，容易推广普及。

② 充电设施配置简单，占地较小，投资少；电池充电过程缓和，电池能够深度充满，续航里程更长。

③ 充电时电池发热温和，不易发生高温短路或爆炸危险，安全性较高。

④ 接口和相关标准较低。

⑤ 充电功率相对低，对配电网要求较低，基础设施配套需求小。

⑥ 一般选择夜间充电，可避开傍晚用电高峰期，享受低谷电价优惠，节能效果较好。

常规充电方式主要具有以下缺点。

① 充电时间长，续航里程有限。

② 主要用于有慢速充电需求的停车场所，如住宅小区停车场、社会公共停车场等，使用受到限制。

（2）快速充电方式　快速充电方式以 150～400A 的高充电电流在短时间内为蓄电池充电，与常规充电方式相比安装成本相对较高。快速充电也可称为迅速充电或应急充电，其目的是在短时间内给电动汽车充满电，充电时间应该与燃油车的加油时间接近。大型充电站（机）多采用这种充电方式。

大型充电站（机）的快速充电方式如图 4-50 所示，它主要针对长距离旅行或需要进行快速补充电能的情况进行充电，充电机功率很大，一般都大于 30kW，采用三相四线制 380V 供电。一般充电时间是 10～30min。这种充电方式对电池寿命有一定的影响，特别是普通蓄电池不能进行快速充电，因为在短时间内接受大量的电量会导致蓄电池过热。快速充电站的关键是非车载快速充电组件，它能够输出 35kW 甚至更高的功率。由于功率和电流的额定值都很高，因此这种充电方式对电网有较高的要求，一般应靠近 10kV 变电站附近或在监测站和服务中心中使用。

图 4-50　快速充电方式

快速充电方式主要具有以下优点。

① 技术较为成熟，接口标准要求较低。

② 充电速度快，增加电动汽车长途续航能力，是一种有效的补充方案。

快速充电方式主要具有以下缺点。

① 充电功率较大，接口和用电安全要求高，电池散热要重点考虑。

② 电池不能深度充电，一般能充到电池容量的 80% 左右，容易损害电池寿命，需要承担更多的电池折旧成本。

③ 短时用电消耗大，对配电网要求较高，基础设施配套需求巨大。

④ 一般在白天和傍晚时间段充电，属于城市电力负荷高峰时段，对城市电网的安全性是一种威胁，而且不享受夜间电价打折。

（3）电池更换方式　电池更换方式通过动力电池更换迅速补充车辆电能，电池更换可在 10min 以内完成，理论上无限提升了车辆续航里程。

图 4-51 所示是利用换电机器人为电动汽车更换电池。

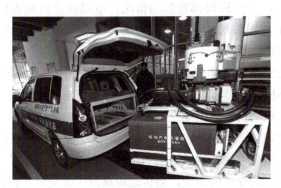

图 4-51　电池更换方式

电池更换方式主要具有以下优点。

① 电池更换客户感受接近传统的加油站加油。

② 用户只需购买裸车，电池采用租赁的方式，大幅降低了车辆价格。

③ 采用适合的充电方式保证电池的健康以及电池效能的发挥，电池集中管理便于集中回收和维护，减少环境污染。

④ 选择夜间用电低谷时段慢速充电，降低服务机构运行成本，对电网起到错峰填谷作用。

电池更换方式主要具有以下缺点。

① 基础设施建设成本较高，占用场地大，电网配套要求高。

② 需解决电动汽车更换电池方便问题，例如电池设计安装位置、电池拆卸难易程度等。

③ 需要电动汽车行业众多标准的严格统一，包括电池本身外形和各项参数的标准化，电池和电动车接口的标准化，电池和外置充电设备接口的标准化等。

④ 电池更换容易导致电池接口接触不良等问题，对电池及车辆接口的安全可

靠要求提高。

⑤ 电池租赁带来了资产管理、物流配送、计价收费等一系列问题，使运作更复杂，提高了成本。

(4) 无线充电方式　电动汽车无线充电方式是利用无线电能传输技术对蓄电池进行充电的一种新型充电方式，主要有3种形式：电磁感应充电方式、磁共振充电方式和微波充电方式。

电磁感应充电方式是在送电线圈和接收线圈之间传输电力，这是最接近实用化的一种充电方式。当送电线圈中有交变电流通过时，发送（初级）、接收（次级）两线圈之间产生交变的磁场，由此在次级线圈产生随磁场变化的感应电动势，通过接收线圈端对外输出交变电流。该充电方式存在的问题是：送电距离比较短（约100mm），并且送电与受电两部分出现较大偏差时，电力传输效率就会明显下降；有异物进入时，会出现局部发热的情况；电磁波及高频方面的防护问题也不易解决；功率大小与线圈尺寸直接相关，需要大功率传送电力时，需在基础设施建设和电力设备方面加大投入。

磁共振充电方式主要由电源、电力输出、电力接收、整流器等主要部分组成，基本原理与电磁感应方式基本相同。电源传送部分有电流通过时，所产生的交变磁束使接收部分产生电动势，为电池充电时输出电流。与电磁感应充电方式的不同之处在于，磁共振充电方式加装了两个高频驱动电源，采用兼备线圈和电容器的LC共振电路，而并非由简单线圈构成送电和接收两个单元。共振频率的数值会随送电与接收单元之间距离的变化而改变，当传送距离发生改变时，传输效率也会像电磁感应一样迅速降低。因此，可通过控制电路调整共振频率，使两个单元的电路发生共振，亦即"共鸣"，也称这种磁共振状态为"磁共鸣"。在控制回路的作用下改变传送与接收的频率，可将电力传送距离增大至数米左右，同时将两个单元电路的电阻降至最小以提高传送效率。当然，传输效率还与发送和接收电单元的直径相关，传送面积越大，传输效率越高。目前的传输距离可达400mm左右，传输效率可达95%。目前磁共振充电方式技术上的难点是小型、高效率化比较难。现在的技术能力大约是直径半米的线圈，能在1m左右的距离提供60W的电力。

微波充电方式使用2.45GHz的电波发生装置传送电力。传送的微波也是交流电波，可用天线在不同方向接收，用整流电路转换成直流电为汽车电池充电，并且可以实现一点对多点的远距离传送。为防止充电时微波外漏，充电部分装有金属屏蔽装置，使用中，送电与受电之间的有效屏蔽可防止微波外漏。该充电方式目前存在的主要问题是磁控管产生微波时的效率过低，造成许多电力变为热能，被白白消耗。

相对于电动汽车的有线充电而言，无线充电具有以下优势。

① 充电设备占地小，充电便利性高。

② 充电设施可无人值守，后期维护成本低。
③ 相同占地面积下，可充电的电动汽车数量提升，增大空间利用率。
无线充电具有以下劣势。
① 充电效率不高，峰值效率为 90% 左右，传统充电效率为 95% 左右。
② 传递功率不够大，一般为 10kW 以下。
③ 无线充电主要采用电磁方式，存在辐射泄漏的安全问题。
有了无线充电技术，公路上行驶的电动汽车或双能源汽车可通过安装在电线杆或其他高层建筑上的发射器快速补充电能。电费将从汽车上安装的预付卡中扣除。

电动汽车无线充电如图 4-52 所示。

图 4-52　电动汽车无线充电示意图

（5）移动充电方式　移动充电是指电动汽车在路上巡航时进行充电，如图 4-53 所示，有接触式和感应式两种。

图 4-53　电动汽车移动充电

接触式移动充电系统需要在车体的底部装一个接触拱，通过与嵌在路面上的充电元件相接触，接触拱便可获得瞬时高电流。当电动汽车行驶通过移动充电区时，为电动汽车充电。

车载式接触拱由感应线圈所取代，嵌在路面上的充电元件由可产生强磁场的高电流绕组所取代，便成为感应式移动充电系统。

电动汽车充电系统的设计趋势是大功率、高效率，以便在一次充电保证尽可能多的续航里程。

对于车载充电机产品扩功率、降成本的发展趋势，主要形成以下两种技术形态。

① 单向充电技术向双向充电技术发展，单向充电机变成双向充电机。车载双向充电机就是充电机既可以给电动汽车蓄电池进行充电，又可以在必要时将蓄电池的电逆变成交流电，给负载离网供电，或回馈到电网并网馈电。通过车载双向充电机的应用，未来电动汽车不仅仅是一个交通工具，还将成为一个移动的储能电站。

车载充电机呈集成化趋势，车载充电机与DC/DC变换器和电机控制器集成在一起，具有V2V（车对车）、V2L（车对负载）、V2H（车对家庭）、V2G（车对电网）功能的双向充电机，如图4-54所示。

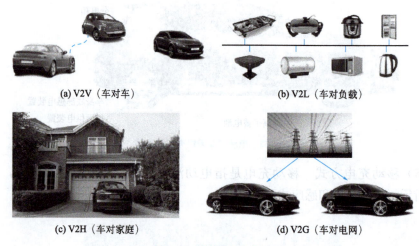

图4-54　车载双向充电机

② 单相充电技术向三相充电技术发展。现阶段，许多电动汽车不支持高于6.6kW的交流充电功率水平，但交流连接器支持高达19kW（美国）、14kW（欧洲）的单相功率水平，以及高达52kW（美国）、44kW（欧洲）的三相功率水平。标准化充电功率与电动汽车交流充电功能之间还未完全匹配，因此，在现有充电标准内增加AC充电水平存在相当大的潜力。

第二节　混合动力电动汽车技术

混合动力电动汽车（HEV）是指能够至少从两类车载储存的能量（可消耗的

燃料、可再充电能/能量储存装置）中获得动力的汽车。混合动力电动汽车是内燃机汽车向纯电动汽车发展过程中的过渡车型，目前技术相对成熟。

混合动力电动汽车一般分为常规混合动力电动汽车和插电式混合动力电动汽车。常规混合动力电动汽车是指在正常行驶情况下从车载燃料中获取全部能量的混合动力电动汽车，不能从外部充电；插电式混合动力电动汽车是可以利用电网对动力电池充电的混合动力汽车。目前，国内把常规混合动力电动汽车划分到节能汽车，不属于新能源汽车；插电式混合动力电动汽车属于新能源汽车，是发展的重点。

一、混合动力电动汽车的构型

混合动力电动汽车的混动构型按照电机的放置位置进行分类，其中P的定义就是电机的位置。对于单电机的混合动力系统，根据电机相对于传统动力系统的位置，可以把单电机混合动力方案分为五大类，分别以P0、P1、P2、P3、P4命名，如图4-55所示。

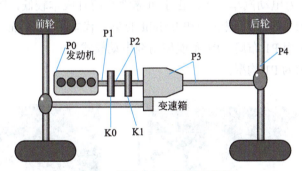

图4-55　混合动力电动汽车的构型
K0, K1—离合器

P0～P4构型示意图如图4-56所示。

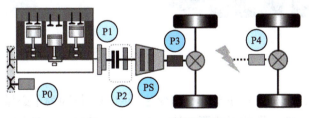

图4-56　P0～P4构型示意图

1. P0构型

电机位于发动机前端皮带上，给发动机增加一款小型发电机（BSG），通过皮带与曲轴连接，当发动机运转时，由曲轴带动发电。自动起停、弱混是常见的 P0 构型。

图 4-57 所示为吉利的 P0 构型。48V 启发电一体机主要实现功能在于快速起停、制动能量回收和辅助转矩三个作用，理论上它可以实现在部分巡航时速下停止发动机工作，并保证快速需要动力的时候又能快速启动发动机的作用。

这项微混技术现阶段受到了很多欧系品牌的青睐，在国内，诸如长安、奇瑞等品牌也都有这项技术。它的优势在于改进成本低，与发动机的适配性很好。48V P0 微混技术仅仅是更换了一个启发电一体机，其节油效果比较有限，这项技术大概能够实现 8% ~ 15% 的节油效果。

2. P1 构型

电机位于发动机曲轴上，在发动机后离合器前，原来飞轮的位置。电机和曲轴转速相等，因此电机需要有较大转矩。与 P0 相仿，支持发动机起停、制动能量回收发电。同时电机与曲轴刚性连接，可以辅助动力输出。目前 P1 构型多以轻度混合型混合动力电动汽车为主，由于可靠性高而且成本较低，国内公交车和自主品牌多采用 P1。本田思域混动和 Insight 的第一代本田 IMA 混动，以及奔驰的 S400 混动，都采用 P1 布局。P1 不能使用纯电动模式。

图 4-58 所示为 P1 构型。

图 4-57　P0 构型

图 4-58　P1 构型

3. P2 构型

P2 也需要将电机布置在发动机和变速器中间，但因为不必像 P1 一样整合在发动机外壳中，P2 布置的形式更灵活，电机不仅可以直接套在变速器输入轴上，也可以通过皮带与变速器输入轴连接，甚至也可以使用减速齿轮。

P2 在纯电动模式下可以和发动机断开连接，因为电机和发动机之间还有个离合器，因此在纯电动模式下发动机并不会被拖动，同时由于 P2 模式下，电机的后面有变速器,因此变速器的所有挡位都可以被电机利用。

P2 的模式是发动机→离合器 1→电机→离合器 2→变速器→差速器→车轮。

P2 是目前市场混合动力车型采用最多的模式。电机放在离合器后变速器前,通过在发动机与变速器之间插入两个离合器和一套电机来实现混动;是一种并联式的两个离合器的混合动力系统。P2 和 P1 模式基本相同,唯一区别在于电机和发动机之间有没有离合器,是不是可以切断电机的辅助驱动。P2 系统可以实现纯电驱动。

因为电机和发动机之间有离合器,因此可以单独驱动车轮;在动能回收时也可以切断与发动机的连接。因为电机和轴之间可以有传动比,因此不需要太大的转矩,可以降低成本和电机的体积。

图 4-59 所示为 P2 构型。

图 4-59 P2 构型

4. P3 构型

电机位于变速器输出端,与发动机共享一根轴,同源输出。P3 最主要的优势是纯电驱动和动能回收的效率。同时,P3 会比 P2 少一组离合器,且纯电传动更为直接、更高效。比如比亚迪秦,在急加速方面就表现非常突出。P3 比较适合后驱车,有充足的空间予以布置。代表车型是本田 i-DCD、比亚迪秦、长安逸动。现代的混合动力采用这种系统,此外法拉利的 LaFerrari 混合动力超级跑车也是 P3 构型。

图 4-60 所示为 P3 构型。

P2.5(也称 PS)是介于 P2 和 P3 之间的一种混合动力形式,就是将电机整合进入变速器内。相比电机置于发动机输出端的 P1 及变速器输入端的 P2 形式,P2.5 在油电衔接瞬时冲击方面更具优势。相比电机置于变速器输出端的 P3 形式,

P2.5 可将电机的力矩通过变速器多挡位放大，不仅能让电机经济运行区域更广，而且选型时也可以考虑采用功率更小的电机。吉利博瑞 GE 的 PHEV 版本，采用的动力系统是 1.5T+7DCT，并采用了 P2.5 构型的混合动力系统。

图 4-60　P3 构型

图 4-61 所示为 P2.5 构型。电机是集成在变速箱壳体内部位置，其输出端与变速箱输出端形成并联结构。在纯电模式下，电机直接驱动车轮；在混合动力模式下，电机与发动机一同协调工作。

图 4-61　P2.5 构型

实际应用中被人们称为 P3 的混合动力构型，其实往往是 P2.5。比如大众速腾混动、奥迪 A3 e-tron、沃尔沃 T5 前驱混动、比亚迪秦等。使用 P2.5 的方案包含了中混、强混、混合策略插电混动以及增程式插电混动等。

5. P4 构型

电机放在后桥上，另外轮边驱动也叫 P4。P4 布局最大的特点是电机与发动机不驱动同一轴，这意味着车辆可以实现四驱。如果混动车型有两个电机，就是 Pxy 构型。比如长城 WEYP8 混合动力汽车，在发动机前端与后轴都有电机，属于 P40 构型；沃尔沃 T8 混合动力四驱，在发动机的驱动轴也有一个电机，属于 P24 构型。

P4 大多应用于各种插电混动，或者是微混模式，因为不方便纯电驱动与纯发动机驱动间的切换，P4 强混反而是比较少的。因此，大部分 P4 混动采用插电混动，以电机后驱为主，只有在需要更大功率时才启动发动机驱动前轴。

图 4-62 所示为 P4 构型。

图 4-62 P4 构型

二、串联式混合动力电动汽车

串联式混合动力电动汽车是指车辆行驶系统的驱动力只来源于电机，结构特点是发动机带动发电机发电，电能通过电机控制器输送给驱动电机，由电机驱动车辆行驶。另外，动力电池也可以单独向驱动电机提供电能驱动车辆行驶，如图 4-63 所示。

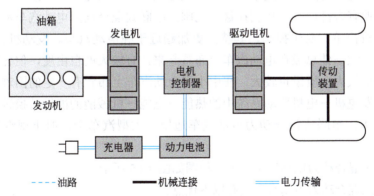

图 4-63 串联式混合动力电动汽车

串联式混合动力电动汽车系统结构如图 4-64 所示，它主要由发动机、发电机、功率转换器、驱动电机及电机控制器、动力电池系统及车载充电机等部件组成。在串联式混合动力电动汽车上，由发动机带动发电机所产生的电能和动力电池输出的电能,共同输出到驱动电机来驱动汽车行驶,电力驱动是唯一的驱动模式。发动机与发电机直接连接产生电能,来驱动电机或者给动力电池充电。驱动电机直接与驱动桥相连,汽车行驶时的驱动力由驱动电机输出。当动力电池的荷电状态 SOC 值降到一个预定值时,发动机即开始对动力电池进行充电,来延长混合动力电动汽车的续航里程。另外,动力电池系统还可以单独向驱动电机提供电能来驱动电动汽车,使混合动力电动汽车在零污染状态下行驶。发动机与驱动系统并没有机械地连接在一起,这种方式可以很大程度地减少发动机所受到的车辆瞬态响应。瞬态响应的减少可以使发动机进行最优的喷油和点火控制,使其在最佳工况点附近工作。

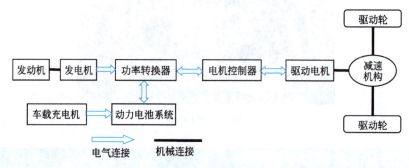

图 4-64 串联式混合动力电动汽车系统结构

串联式混合动力系统的关键特征是在功率转换器中两个电功率被加在一起。该功率转换器起电功率耦合器的作用,控制从动力电池和发电机到驱动电机的功率流,或反向控制从驱动电机到动力电池的功率流。

串联式混合动力电动汽车的发动机能够经常保持在稳定、高效、低污染的运转状态,使有害排放气体控制在最低范围。串联式混合动力电动汽车从总体结构上看,比较简单,易于控制,其特点更加趋近于纯电动汽车。发动机、发电机、驱动电机三大部件总成在电动汽车上布置起来,有较大的自由度,但各自的功率较大,外形较大,质量也较大,在中小型电动汽车上布置有一定的困难。另外在发动机→发电机→电机驱动系统中的热能→电能→机械能的能量转换过程中,能量损失较大。串联式混合动力电动汽车适用于大型汽车上,但小型汽车上也可应用。

串联式混合动力电动汽车动力流程图如图 4-65 所示。

串联式混合动力电动汽车具有以下优点。

① 发动机独立于行驶工况,使发动机运转始终处于高效率区域,避免在低速和怠速区域所造成的能源浪费、排放差的情况,因此,提高了发动机经济性和排放性。

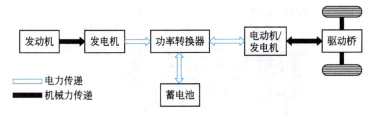

图 4-65　串联式混合动力电动汽车动力流程图

② 串联式结构使混合动力系统只有单一的驱动路线，动力系统的控制策略较为简单。

③ 动力电池具有储能作用，能够根据驱动功率的需求对电机进行功率的补充，发动机用作储能作用，因此可以选择功率较小的发动机。

④ 发电机和电机之间采用电气连接，发动机只与发电机采用机械连接，使传动系统及底盘的布置具有较大的空间和灵活性，有利于整车传动系统的布置。

⑤ 由于发动机与车轮在机械上的解耦，发动机运转速度对整车运行速度没有关联，发动机选型范围较大。

⑥ 当发动机关闭时，可实现纯电动模式的行驶，发动机可以延长汽车的续航里程。

串联式混合动力电动汽车具有以下缺点。

① 串联系统只能由电机驱动车轮，在化学能转化机械能、机械能转化电能、电能再转化为机械能过程中，能量损失较大，降低能量利用率。

② 动力蓄电池就像一个调节水库，除了要满足发电机的输出功率，还要使充放电水平处于合理的区间内，避免充电过渡和放电过渡，这就需要容量较大的动力电池，成本增加，质量增加。

③ 由于只有电机直接驱动，就需要较大功率的电机，增加了整车的质量，同时也增加了成本。

美国通用汽车的沃蓝达混合动力系统采用的是串联式结构，如图 4-66 所示。沃蓝达混合动力系统采用 1 台发动机、1 台发电机和 1 台电机对车辆进行综合驱动。动力电池采用的是容量为 16kW·h 的 360V 锂电池组，电池组成 T 形布置，隐藏于后排座椅下及车身中部，纯电动最高行驶里程可达 80km。沃蓝达混合动力系统包括汽油发动机、综合动力分配系统、高容量锂电池以及电力控制单元。

三、并联式混合动力电动汽车

并联式混合动力电动汽车是指车辆行驶系统的驱动力由驱动电机及发动机同时或单独供给，结构特点是并联式驱动系统可以单独使用发动机或驱动电机作为动力源，也可以同时使用驱动电机和发动机作为动力源驱动车辆行驶，如图 4-67 所示。

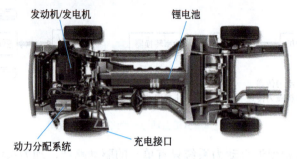

图 4-66　沃蓝达串联式混合动力系统

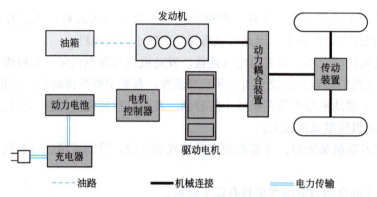

图 4-67　并联式混合动力电动汽车

并联式混合动力电动汽车有发动机和电机两套驱动系统,它们可以分开工作,也可以一起协调工作,共同驱动。因此,并联式混合动力电动汽车可以在比较复杂的工况下使用,应用范围较广。并联式混合动力电动汽车由于电机的数量和种类、传动系统的类型、部件的数量和位置关系的差别,具有明显的多样性。

并联式混合动力电动汽车系统结构如图 4-68 所示,它主要由发动机、驱动电机及电机控制器、动力电池系统、车载充电机、动力耦合器等部件组成,有多种组合形式,可以根据使用要求进行设计。并联式混合动力系统采用发动机和驱动电机两套独立的驱动系统驱动车轮。发动机和驱动电机通过动力耦合器、减速机构来驱动车轮,可以采用发动机单独驱动、驱动电机单独驱动、发动机和驱动电机混合驱动三种工作模式。当发动机提供的功率大于车辆所需驱动功率或者当车辆制动时,电机工作于发电机状态,给动力电池充电。发动机和电机的功率可以互相叠加,发动机功率和电机功率为电动汽车所需最大驱动功率的 0.5～1 倍,因此,可以采用小功率的发动机与电机,使得整个动力系统的装配尺寸、质量都较小,造价也更低,行程也可以比串联式混合动力电动汽车长,其特点更加趋近于内燃机汽车。并联式混合动力驱动系统通常应用在小型混合动力电动汽车上。

发动机和驱动电机通过动力耦合器、减速机构同时与驱动桥直接相连接。驱动电机可以用来平衡发动机所受的载荷,使其能在高效率区域工作,因为通常发动机在满负荷（中等转速）工作下的燃料经济性最好。当车辆在较小的路面载荷下工作时，内燃机车辆的发动机燃料经济性比较差，而并联式混合动力电动汽车的发动机此时可以被关闭掉而只用驱动电机来驱动汽车，或者增加发动机的负荷使电机作为发电机，给动力电池充电以备后用（即一边驱动汽车，一边充电）。由于并联式混合动力电动汽车在稳定的高速下，发动机具有比较高的效率和相对较小的质量，所以它在高速公路上行驶具有比较好的燃料经济性。

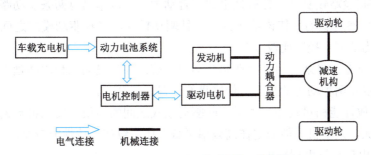

图 4-68　并联式混合动力电动汽车系统结构

并联式混合驱动系统有两条能量传输路线，可以同时使用电机和发动机作为动力源来驱动汽车，这种设计方式可以使其以纯电驱动汽车，或以低排放汽车的状态运行，但是此时不能提供全部的动力能源。

并联式混合动力电动汽车动力流程图如图 4-69 所示。

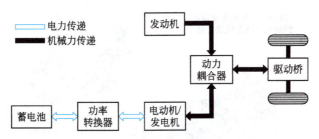

图 4-69　并联式混合动力电动汽车动力流程图

并联式混合动力电动汽车具有以下优点。

① 良好的燃料经济性。并联式结构布置两套动力传递路线，可根据实际工况选择不同的动力输出路线和动力组合，具有更强的选择性和适应性，避免所有能量在多次转换中浪费和损失，提高燃料经济性。

② 良好的动力性。当高负荷运行时，发动机和电机动力耦合，同时对汽车进行驱动，具有良好的动力性。

③ 系统稳定性较高。并联式结构布置两套独立动力传递路线，当一条传递系统出现故障时，可以启用另外一条传递路线，保证汽车的正常运行。

④ 发动机与电机是两套相互独立的动力系统，都可以单独作为动力源驱动汽车，因此系统整体可靠性较高。

⑤ 电机功率较小。由于发动机可以单独驱动，或和电机共同驱动汽车，因此可以选择功率较小的电机。

⑥ 电池容量较小。电机作为辅助动力，所需动力电池容量较小。

并联式混合动力电动汽车具有以下缺点。

① 控制策略较复杂。并联插电式混合动力电动汽车具有两条驱动路线，可以单独或耦合参与驱动，使该结构具有多种驱动模式，多种驱动模式之间的切换以及两种动力的耦合控制比较复杂。

② 整车布置复杂。由于存在两套动力系统，并且发动机和驱动轴之间存在机械连接，以及两种动力的耦合，使底盘的布置比较复杂。

③ 排放性能相对较差。由于不同驱动模式之间的切换，发动机频繁出现点火启动、熄火，发动机不能稳定在高效率区域工作，致使排放性能较差。

④ 纯电动续航里程较短。

本田IMA系统是非常典型的并联式混合动力系统，它由4个主要部件构成，即发动机、电机、无级变速器（CVT）以及智能动力单元（IPU）组成，如图4-70所示。电机取代了传统的飞轮用于保持曲轴的运转惯性。整套系统的结构非常紧凑，和传统汽车相比仅是IPU模块占用了额外的空间。

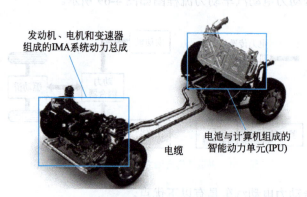

图4-70 本田IMA并联式混合动力系统

四、混联式混合动力电动汽车

混联式混合动力电动汽车是指具备串联式和并联式两种混合动力系统结构，主要由发动机、电机1、电机2、行星齿轮动力分配机构、电机控制器、传动装置、动力电池和外部充电接口等组成。该混合动力系统的特点是利用一个单排行星齿轮机构将发动机和两个电机的动力耦合在一起。单排行星齿轮机构可以实现无级变速器的功能，使整个动力系统效率较高，尤其是在城市驾驶循环工况，如

图 4-71 所示。

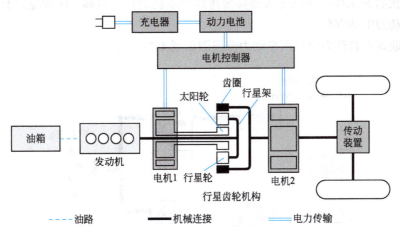

图 4-71 混联式混合动力电动汽车的组成

混联式驱动系统是串联式与并联式的综合,其结构示意图如图 4-72 所示,它主要由发动机、发电机、功率转换器、驱动电机及电机控制器、动力耦合器、动力电池系统等部件组成。发动机发出的功率一部分通过机械传动系统输送给驱动桥,另一部分则驱动发电机发电。发电机发出的电能输送给电机或动力电池,驱动电机产生的驱动力矩通过动力耦合器传送给驱动桥。混联式驱动系统的控制策略是:行驶时优先使用纯电动模式;在动力电池的荷电状态(SOC)降到一定限值时,切换到混合动力模式下行驶,在混合动力模式下,启动、低速时使用串联式系统的发电机发电,电机驱动汽车车轮行驶;加速、爬坡、高速时使用并联式系统,主要由发动机驱动汽车车轮行驶。发动机多余能量可带动发电机发电给动力电池充电。

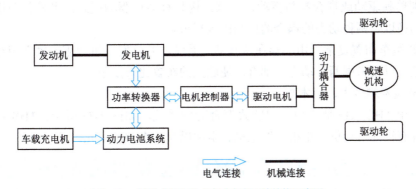

图 4-72 混联式混合动力电动汽车系统结构示意图

混联式驱动系统充分发挥串联式和并联式的优点,能够使发动机、发电机、驱动电机等部件进行更多的优化匹配,从而在结构上保证在更复杂的工况下使系统在最优状态工作,所以更容易实现排放和油耗的控制目标,因此是最具影响力的混合动力电动汽车。

混联式混合动力电动汽车动力流程图如图4-73所示。

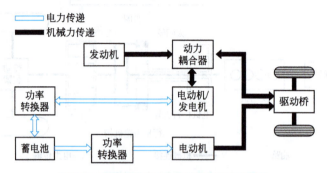

图4-73 混联式混合动力电动汽车动力流程图

混联式混合动力电动汽车具有以下优点。

① 低排放性。应对复杂的运行工况,混联式混合动力电动汽车具有多种驱动模式,能保证发动机在最佳工作区域工作,最大限度降低有害气体排放。

② 低油耗性。在低速运行时,主要以串联模式运行,燃料经济性好。

③ 较强的动力性。在加速或高速运行时,动力系统主要以并联模式运行,发动机和电机同时提供驱动力,为汽车运行提供较强动力。

④ 较好的舒适性。启动以及中速以下行驶时,电机独立驱动车辆行驶,减少了噪声,提高舒适性。

混联式混合动力电动汽车具有以下缺点。

① 控制策略较复杂。混联插电式混合动力电动汽车有两套动力系统,它们可以分别单独驱动或耦合参与驱动,使该结构具有多种驱动模式,多种驱动模式之间的切换以及两种动力的耦合的控制比较复杂。

② 整车布置复杂。由于存在两套动力系统,并且发动机和驱动轴之间存在机械连接,以及考虑两种动力的耦合,使底盘的布置比较复杂。

③ 技术难度大,成本高。

丰田THS系统是典型的混联式混合动力系统,如图4-74所示。THS系统主要部件有汽油发动机、电机、发电机、电池以及功率控制单元。

五、增程式电动汽车

增程式电动汽车是指一种在纯电动模式下可以达到其所有的动力性能,而当车载可充电储能系统无法满足续航里程要求时,打开车载辅助供电装置为动力系统提供电能,且该车载辅助供电装置与驱动系统没有传动轴(带)等传动连接,以延长续航里程的电动汽车。

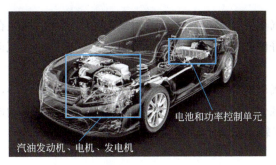

图 4-74 丰田 THS 混联式混合动力系统

增程式电动汽车介于混合动力电动汽车和纯电动汽车之间，兼有纯电动汽车和混合动力电动汽车的特点。增程式电动汽车是一种特殊的混合动力电动汽车。

增程式电动汽车中存在三种能量源：一是动力电池，为增程式电动汽车主要能量源，负责纯电动行驶中的能量供给；二是增程器，为增程式电动汽车的备用能量源，负责动力电池以及驱动电机的能量补给；三是驱动电机，为增程式电动汽车的回收能量源，是指在制动能量回馈过程中驱动电机回馈的能量。

增程式电动汽车动力传动系统的组成如图 4-75 所示，主要由驱动电机系统、电源系统、增程器和整车控制器等组成。与纯电动汽车相比，增加了增程器。

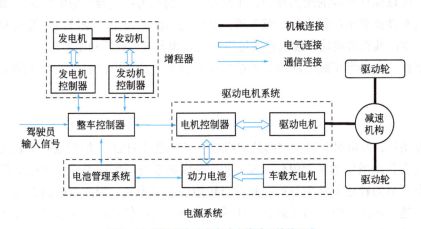

图 4-75 增程式电动汽车动力传动系统的组成

1. 驱动电机系统

驱动电机系统与纯电动汽车的类似，也是由驱动电机及电机控制器组成。区别在于驱动电机能量来源除动力电池外，还有增程器。发动机到驱动电机之间没有机械连接，通过发电机发电将发动机发出的机械能转化为电能，然后电机控制器根据车辆工况的需求将电能分配给驱动电机,如果有多余的电能将被储存到动力电池中。

增程式电动汽车驱动电机应该具备较高的功率密度,而且在较宽的转速和转矩范围内具备较好的效率特性,同时驱动电机控制器能实现双向控制,以实现制动能量回收。

增程式电动汽车驱动电机参数匹配方法与纯电动汽车一样,根据整车动力性匹配驱动电机的峰值功率。在满足动力性前提下,为提高驱动电机工作效率并减轻质量,尽量选择较小峰值功率以及高转速的电机。

2. 电源系统

电源系统与纯电动汽车的类似,也是由动力电池、电池管理系统、车载充电机等组成。区别在于动力电池的要求需兼顾纯电动和混合动力两种模式,具体要求如下:在深度放电的情况下,依然有较长的循环寿命;在较低的SOC值状态下,可输出大功率的电能,使增程式电动汽车在低SOC下加速性能仍然良好;在高SOC状态下,可以接受大电流充电,以保证制动能量回收的效率不受SOC状态的影响;在保持高SOC状态下,可延长其使用寿命;能量密度及比能量高,以减小电池组的体积和质量;安全性好。

动力电池是整车驱动的主要能量源,是能量储存装置,应具有良好的充放电性能,用以保证车辆的动力性和再生制动回收的能力;其容量应能够满足增程式电动汽车性能要求的纯电动续航里程;其电压等级要与电力系统电压等级和变化范围一致;其充放电功率应能够满足整车驱动和电器负载的功率要求。

增程式电动汽车纯电动模式的续航里程较短,动力电池容量要求比纯电动汽车低。

3. 增程器

发动机、发电机及其控制器共同组成了增程器(APU)。增程器是增程式电动汽车动力传动系统的关键组件,发动机/发电机系统与驱动车轮在机械上是分离的,发动机的转速和转矩与速度和牵引转矩的需求无关,因此可控制发动机运行在其转速-转矩平面上的任意点。通常应控制发动机使其运行在最佳工况区,此时发动机的油耗和排放降到最低程度,由于发动机和驱动车轮没有机械连接,因此最佳的发动机运行状态是可以实现的,与驱动电机系统的运行模式和控制策略密切相关。

增程器只提供电能,电能用来驱动电机或者为动力电池充电,增加电汽车的续航里程,发动机到驱动电机之间的动力传动路线没有机械连接,可以将电能用于驱动车辆,不经过动力电池的充放电过程,降低了从增程器到动力电池的能量传递损失。

增程器根据电能来源的不同可分为发动机/发电机组、燃料电池和超级电容等，其中发动机/发电机组的增程器是目前应用最多和技术最成熟的增程器。增程器用发动机的选型目前主要有往复式发动机和转子式发动机。往复式发动机属于传统发动机，是最为常见的一种发动机。转子式发动机一般燃烧效率较低，但其特殊的结构使其具有旋转顺畅、利于小型化的优点，符合增程器的设计要求；且在增程器上转子式发动机是在一定条件下启动，因此并不比往复式发动机逊色。

增程器中发动机与发电机连接方式主要有两种：弹性联轴器结构连接和直接刚性连接件连接。前者轴线尺寸会较大，对定位安装工艺要求高；后者发电机惯量及动态加载会给轴系带来冲击，存在动力过载损坏轴系的危险。

增程器要稳定可靠，可以立刻启动并进入正常工作状态。为了实现高效率和低排放的要求，要求系统处在最优工作点工作，因此控制器非常关键，通过控制策略和优化措施，在保证整车动力性前提下提高经济性和效率。

4. 整车控制器

整车控制器通过 CAN 网络与发动机控制器、发电机控制器、驱动电机控制器以及电池管理系统进行信息交互，实现增程的控制。增程器、驱动电机、动力电池三者之间通过整车控制器进行电能交互，实现能量的最优分配。同时动力电池通过车载充电机充电，保证纯电动模式下的行驶。

增程式电动汽车与纯电动汽车相比，可以随时在加油站加油，续航里程得到很大提高。在相同的续航里程条件下，增程式电动汽车动力电池的容量只需要纯电动汽车的 30%～40%，无须配备大容量的动力电池，制造成本大幅降低。当动力电池 SOC 值降低到阈值时，转为增程模式运行，避免了动力电池的过放电，寿命可以得到延长。

增程式电动汽车与常规混合动力电动汽车相比，由于混合动力电动汽车采用了复杂的机械动力混合结构，发动机和电机复合驱动，电池能量很小，只起到辅助驱动和制动能量回收的作用。增程式电动汽车采取电池扩容的方式解决了电池驱动的续驶能力问题。增程式电动汽车能外接充电，尽可能利用晚间低谷电力充电，进一步提高了能源利用率。

增程式电动汽车与插电式混合动力电动汽车相比，增程式电动汽车在电能充足条件下行驶时发动机不参与工作。因此，增程式电动汽车并不需要像插电式混合动力电动汽车那样对其工作模式进行特定的说明。增程式电动汽车所使用的动力电池、驱动电机以及动力系统的用电功率都必须从满足整车性能的要求而加以设计，车辆所搭载的动力电池及其容量也必须从能够满足纯电动汽车整车性能需要的角度加以考虑。在动力电池电能充足的情况下，增程式电动汽车必须在所有的工作模式下维持纯电动模式。在增程器设计方面，增程式电动汽车允许将发动机的功率显著降低，发动机所提供的动力不需要达到车辆动力性能所需的峰值功率，仅满足车辆行驶所需要的持续动力需求即可。

增程式电动汽车能够有效提高燃料利用率，主要有以下几点原因。

① 由于发动机不是直接与机械系统相连，发动机的工作状态相对独立，可将发动机设定于最佳效率点工作。

② 在电量保持模式下，主要由发动机驱动整车行驶，当需求功率较小时，发动机关闭，由动力电池驱动整车行驶；当需求功率较大时，动力电池提供发动机功率不足的部分，这样可避免发动机的工作点波动，保证发动机工作于最佳效率点。

③ 当车辆制动时，动力电池能有效回收制动能量。

综上所述，增程式电动汽车是一种可增加续航里程的纯电动汽车，兼有混合动力电动汽车和纯电动汽车的特征，是现阶段解决新能源汽车技术问题最切实可行的方案之一。增程式电动汽车具有以下特点。

① 在纯电动模式下，发动机不启动，由动力电池驱动整车行驶，这样可减少整车对石油的依赖，缓解石油危机。

② 在动力电池电能不足时，为了保证车辆性能和动力电池的安全性，进入电量保持模式，由动力电池和发动机联合驱动整车行驶。

③ 整车纯电动续航里程满足大部分人员每天行驶里程的要求，动力电池可利用晚间低谷电力充电，缓解供电压力。

④ 整车大部分情况下在电量消耗模式下行驶，能达到零排放和低噪声的效果。

⑤ 发动机与机械系统不直接相连，发动机可工作于最佳效率点，大大提高了整车燃料效率。

第三节 燃料电池电动汽车技术

燃料电池电动汽车（FCEV）是以燃料电池作为动力源或主动力源的汽车，通过氢气和氧气的化学作用产生的电能驱动车辆行驶。与传统汽车相比，燃料电池电动汽车增加了燃料电池和氢气罐，其电能来自于氢气燃烧，工作时只要加氢气就可以，不需要外部补充电能。

一、燃料电池电动汽车的组成

典型燃料电池电动汽车主要由燃料电池、高压储氢罐、辅助动力源、DC/DC变换器、驱动电机和整车控制器等组成，如图4-76所示。

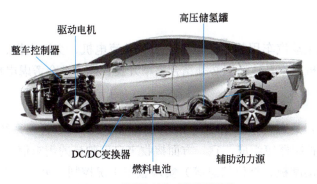

图 4-76　燃料电池电动汽车的结构

1. 燃料电池

燃料电池是燃料电池电动汽车的主要动力源，它是一种不燃烧燃料而直接以电化学反应方式将燃料的化学能转变为电能的高效发电装置。

发电的基本原理是：电池的阳极（燃料极）输入氢气（燃料），氢分子（H_2）在阳极催化剂作用下被离解成为氢离子（H^+）和电子（e^-），H^+ 穿过燃料电池的电解质层向阴极（氧化极）方向运动，e^- 因通不过电解质层而由一个外部电路流向阴极；在电池阴极输入氧气（O_2），氧气在阴极催化剂作用下离解成为氧原子（O），与通过外部电路流向阴极的 e^- 和穿过电解质的 H^+ 结合生成稳定结构的水（H_2O），完成电化学反应放出热量。这种电化学反应与氢气在氧气中发生的剧烈燃烧反应是完全不同的，只要阳极不断地输入氢气，阴极不断地输入氧气，电化学反应就会连续不断地进行下去，e^- 就会不断地通过外部电路流动形成电流，从而连续不断地向汽车提供电力。

2. 高压储氢罐

高压储氢罐是气态氢的储存装置，用于给燃料电池供应氢气。为保证燃料电池电动汽车一次充气有足够的续航里程，就需要多个高压储氢罐来储存气态氢气。一般轿车需要 2 ~ 4 个高压储气瓶，大客车上需要 5 ~ 10 个高压储氢罐。

3. 辅助动力源

根据 FCEV 的设计方案不同，其采用的辅助动力源也有所不同，可以用蓄电池组、飞轮储能器或超大容量电容器等共同组成双电源系统。

4. DC/DC 变换器

FCEV 的燃料电池需要装置单向 DC/DC 变换器，蓄电池和超级电容器需要装置双向 DC/DC 变换器。DC/DC 变换器的主要功能有调节燃料电池的输出电压，能够升压到 650V；调节整车能量分配；稳定整车直流母线电压。

> 5. 驱动电机

燃料电池电动汽车用的驱动电机主要有直流电机、交流电机、永磁同步电机和开关磁阻电机等，具体选型必须结合整车开发目标，综合考虑电机的特点。

> 6. 整车控制器

整车控制器是燃料电池电动汽车的大脑，由燃料电池管理系统、电池管理系统、驱动电机控制器等组成，它一方面接收来自驾驶员的需求信息（如点火开关、油门踏板、制动踏板、挡位信息等）实现整车工况控制；另一方面基于反馈的实际工况（如车速、制动、电机转速等）以及动力系统的状况（燃料电池及动力蓄电池的电压、电流等），根据预先匹配好的多能源控制策略进行能量分配调节控制。

丰田 Mirai 燃料电池电动汽车的结构如图 4-77 所示。

图 4-77　丰田 Mirai 燃料电池电动汽车的结构

二、燃料电池电动汽车的工作原理

燃料电池电动汽车的工作原理如图 4-78 所示，高压储氢罐中的氢气和空气中的氧气在汽车搭载的燃料电池中发生氧化还原化学反应，产生出电能驱动电机工作，驱动电机产生的机械能经变速传动装置传给驱动轮，驱动汽车行驶。

三、燃料电池电动汽车的特点

燃料电池电动汽车与内燃机汽车和纯电动汽车相比，具有以下优点。

① 效率高。燃料电池的工作过程是化学能转化为电能的过程，不受卡诺循环的限制，能量转换效率较高，可以达到 30% 以上，而汽油机和柴油机汽车整车效率分别为 16%～18% 和 22%～24%。

② 续航里程长。采用燃料电池系统作为能量源，克服了纯电动汽车续航里程短的缺点，其长途行驶能力及动力性已经接近于传统内燃机汽车。

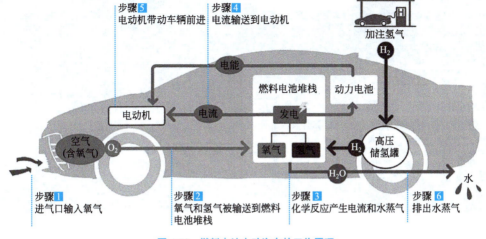

图 4-78 燃料电池电动汽车的工作原理

③ 绿色环保。燃料电池没有燃烧过程,以纯氢作燃料,生成物只有水,属于零排放。采用其他富氢有机化合物用车载重整器制氢作为燃料电池的燃料,生产物除水之外还可能有少量的 CO_2,接近零排放。

④ 过载能力强。燃料电池除了在较宽的工作范围内具有较高的工作效率外,其短时过载能力可达额定功率的 200% 或更大。

⑤ 噪声低。燃料电池属于静态能量转换装置,除了空气压缩机和冷却系统以外无其他运动部件,因此与内燃机汽车相比,运行过程中噪声和振动都较小。

⑥ 设计方便灵活。燃料电池汽车可以按照 X-By-Wire 的思路进行汽车设计,改变传统的汽车设计概念,可以在空间和重量等问题上进行灵活的配置。

燃料电池电动汽车具有以下缺点。

① 燃料电池汽车的制造成本和使用成本过高。

② 辅助设备复杂,且质量和体积较大。

③ 启动时间长,系统抗振能力有待进一步提高。此外,在 FCEV 受到振动或者冲击时,各种管道的连接和密封的可靠性需要进一步提高,以防止泄漏,降低效率,防止严重时发生安全事故。

第五章
汽车智能网联技术

智能网联技术的典型应用是智能网联汽车。智能网联汽车是指搭载先进的车载传感器、控制器、执行器等装置,并融合现代通信与网络技术,实现车与X(车、路、行人、云端等)的智能信息交换、共享,具备复杂环境感知、智能决策、协同控制等功能,可实现车辆"安全、高效、舒适、节能"行驶,并最终实现替代人来操作的新一代汽车。智能网联汽车主要涉及智能传感器技术、网联系统技术、无线通信技术、导航定位技术和车路协同控制技术等。

第一节 智能传感器技术

一、超声波雷达

超声波雷达也称超声波传感器,它是利用超声波特性研制而成,是在超声波频率范围内(>20kHz)将交变的电信号转换成声信号或将外界声场中的声信号转换为电信号的能量转换器件。

超声波雷达在汽车上经常用于倒车,所以也称倒车雷达。

1. 超声波雷达的组成

超声波雷达内部有一个发射头和一个接收头,安装在同一面上。在有效的检测距离内,发射头发射特定频率的超声波,遇到检测面反射部分超声波;接收头接收返回的超声波,由芯片记录声波的往返时间,并计算出距离值;超声波雷达可以通过模拟接口和ⅡC接口两种方式将数据传输给控制单元,如图5-1所示。

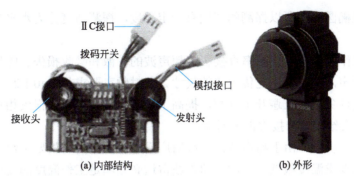

图 5-1 超声波雷达的组成

2. 超声波雷达的测距原理

超声波雷达的测距原理如图 5-2 所示，超声波发射头发出的超声波脉冲，经介质（空气）传到障碍物表面，反射后通过介质（空气）传到接收头，测出超声脉冲从发射到接收所需的时间，根据介质中的声速，求得从探头到障碍物表面之间的距离。设探头到障碍物表面的距离为 L，超声波在空气中的传播速度为 v（约为 340m/s），从发射到接收所需的传播时间为 t，当发射器和接收器之间的距离远小于探头到障碍物之间的距离时，则有 $L=vt/2$。只要能测出传播时间，即可求出测量距离。

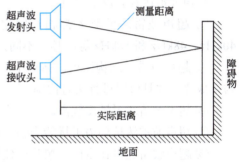

图 5-2 超声波雷达的测距原理

3. 超声波雷达的技术参数

超声波雷达的技术参数主要有测量距离、测量精度、探测角度、工作频率和工作温度等。

（1）测量距离　超声波雷达的测量距离取决于其使用的波长和频率；波长越长，频率越小，测量距离越大。测量汽车前后障碍物的短距超声波雷达测量距离一般为 0.15～2.50m；安装在汽车侧面、用于测量侧方障碍物距离的长距超声波雷达测量距离一般为 0.30～5.0m。

（2）测量精度　测量精度是指传感器测量值与真实值的偏差。超声波雷达测量精度主要受被测物体体积、表面形状、表面材料等影响。被测物体体积过小、表面形状凹凸不平、物体材料吸收声波等情况都会降低超声传感器测量精度。测量精度越高，感知信息越可靠。测量精度要求在 ±10cm 以内。

（3）探测角度　由于超声波雷达发射出去的超声波具有一定的指向性，波束的截面类似椭圆形,所以探测的范围有一定限度,探测角度分为水平视场角和垂直视场角。

(4)工作频率　工作频率直接影响超声波的扩散和吸收损失、障碍物反射损失、背景噪声,并直接决定传感器的尺寸。发射频率要求是(40±2)kHz,这样传感器方向性尖锐,且避开了噪声,提高了信噪比;虽然传播损失相对低频有所增加,但不会给发射和接收带来困难。

(5)工作温度　由于超声波雷达应用广泛,有的应用场景要求温度很高,有的应用场景要求温度很低,因此,超声波雷达必须满足工作温度的要求。工作温度一般要求 $-30 \sim +80$℃。

4. 超声波雷达的特点

超声波雷达具有以下优点。

① 超声波雷达的频率都相对固定,例如汽车上用的超声波雷达,频率有40kHz、48kHz 和 58kHz 等,频率不同,探测的范围也不同。

② 超声波雷达结构简单,体积小,成本低,信息处理简单可靠,易于小型化与集成化,并且可以进行实时控制。

③ 超声波雷达灵敏度较高。

④ 超声波雷达抗环境干扰能力强,对天气变化不敏感。

⑤ 超声波雷达可在室内、黑暗中使用。

超声波雷达具有以下不足。

① 超声波雷达探测距离短,一般为 $3 \sim 5$m,因此应用范围受到限制。

② 超声波雷达适合于低速,在速度很高的情况下测量距离具有一定的局限性。

③ 超声波有一定的扩散角,只能测量距离,不可以测量方位,所以只能在低速时使用,而且必须在汽车的前、后保险杠不同方位上安装多个超声波雷达。

④ 对于低矮、圆锥、过细的障碍物或者沟坎,超声波雷达不容易探测到。

⑤ 超声波的发射信号和余振的信号都会对回波信号造成覆盖或者干扰,因此在低于某一距离后就会丧失探测功能,这就是普通超声波雷达的探测有盲区的原因之一,若在盲区内,则系统无法探测障碍物。因此,比较好的解决办法是在安装超声波雷达的同时安装摄像头。

5. 超声波雷达的类型及应用

智能网联汽车上常见的超声波雷达有两种:第一种是安装在汽车前后保险杠上的,也就是用于探测汽车前后障碍物的传感器,测量距离一般为 $0.15 \sim 2.5$m,称为驻车辅助传感器(UPA);第二种是安装在汽车侧面的,用于测量停车位长度的超声波雷达，测量距离一般为 0.30～5.0m，称为泊车辅助传感器（APA）。

超声波雷达主要用于自动泊车辅助系统。自动泊车辅助系统在汽车低速巡航时，使用超声波雷达感知周围环境，帮助驾驶员找到尺寸合适的空车位，并在驾驶员发送泊车指令后，将汽车泊入车位。

自动泊车辅助系统使用的传感器包括 8 个安装于汽车前、后的 UPA 超声波雷达和 4 个安装于汽车两侧的 APA 超声波雷达，雷达的感知范围如图 5-3 所示。

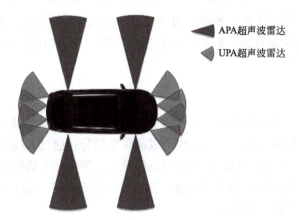

图 5-3　自动泊车辅助系统雷达环境感知范围

APA 超声波雷达的探测范围远而窄，常见 APA 最远测量距离为 5m；UPA 超声波雷达的探测范围近而宽，常见的 UPA 测量距离为 3m。不同的探测范围决定了他们不同的分工。

APA 超声波雷达的作用是在汽车低速巡航时，完成空库位的寻找和校验工作。如图 5-4 所示，随着汽车低速行驶过空库位，安装在前侧方的 APA 超声波雷达的测量距离有一个先变小，再变大，再变小的过程。一旦汽车控制器探测到这个过程，可以根据车速等信息得到库位的宽度以及是否是空库位的信息。后侧方的 APA 在汽车低速巡航时也会探测到类似的信息，可根据这些信息对空库位进行校验，避免误检。

图 5-4　APA 超声波雷达检测库位原理图

使用 APA 超声波雷达检测到空库位后，汽车控制器会根据自车的尺寸和库位的大小，规划出一条合理的泊车轨迹，控制转向盘、变速器和油门踏板进行自动泊车。在泊车过程中，安装在汽车前后的 8 个 UPA 会实时感知环境信息，实时修正泊车轨迹，避免碰撞。

自动泊车辅助需要驾驶员在车内实时监控，以保证泊车顺利完成，属于 SAE L2 级别的自动驾驶技术。

二、毫米波雷达

毫米波雷达是工作在毫米波频段（30～300GHz）的雷达，它通过发射与接收高频电磁波来探测目标，后端信号处理模块利用回波信号计算出目标的距离、速度和角度等信息。

1. 毫米波雷达的组成

毫米波雷达包括发射模块、接收模块、信号处理模块及天线，如图 5-5 所示。毫米波雷达在工作状态时，发射模块生成射频电信号，通过天线将电信号（电能）转化为电磁波发出；接收模块接收到射频信号后，将射频电信号转换为低频信号；再由信号处理模块从信号中获取距离、速度和角度等信息。毫米波雷达工作的必要条件还在于软件算法的实现。

2. 毫米波雷达的测量原理

毫米波雷达是利用多普勒效应测量得出目标的距离和速度，它通过发射源向给定目标发射毫米波信号，并分析发射信号频率和反射信号频率之间的差值，精确测量出目标相对于毫米波雷达的距离和速度等信息。

毫米波雷达通过发射模块发射毫米波信号，发射信号遇到目标后，经目标的反射会产生回波信号，发射信号与回波信号相比形状相同，时间上存在差值；当目标与毫米波雷达信号发射源之间存在相对运动时，发射信号与回波信号之间除存在时间差外，还会产生多普勒频率，如图 5-6 所示。图 5-6 中，Δf 为调频带宽；

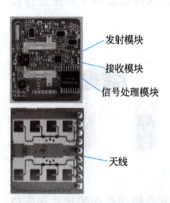

图 5-5 毫米波雷达的组成

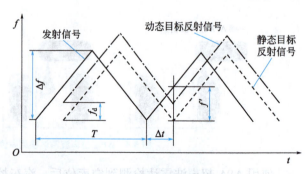

图 5-6 毫米波雷达的测量原理

f_d 为多普勒频率；f' 为发射信号与反射信号的频率差；T 为信号发射周期；Δt 为发射信号与回波信号的时间间隔。

毫米波雷达测量的距离和速度分别为

$$s = \frac{c\Delta t}{2} = \frac{cTf'}{4\Delta f} \tag{5-1}$$

$$u = \frac{cf_d}{2f_0} \tag{5-2}$$

式中，s 为相对距离；u 为相对速度；c 为光速；f_0 为发射信号的中心频率。

通过毫米波雷达的发射天线发射出毫米波信号后，遇到被监测目标反射回来，通过毫米波雷达并列的接收天线，通过收到同一监测目标反射信号的相位差，就可以计算出被监测目标的方位角。方位角测量原理如图 5-7 所示。毫米波雷达发射天线 TX 向目标发射毫米波，两个接收天线 RX1 和 RX2 接收目标反射信号。方位角 α_{AZ} 是通过毫米波雷达接收天线 RX1 和接收天线 RX2 之间的几何距离 d，以及两根毫米波雷达天线所收到反射回波的相位差 b，然后通过三角函数计算得到方位角 α_{AZ} 的值，就可以知道被监测目标的方位角。

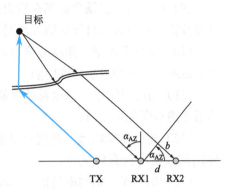

图 5-7 利用毫米波雷达测量目标方位角

$$\alpha_{AZ} = \arcsin\left(\frac{\lambda b}{2\pi d}\right) \tag{5-3}$$

由于毫米波雷达具有监测目标的位置、速度和方位角的优势，再结合毫米波雷达较强的抗干扰能力，可以全天候全天时稳定工作，因此，毫米波雷达成为智能网联汽车核心传感器之一。

3. 毫米波雷达的技术参数

（1）最大探测距离　最大探测距离是指毫米波雷达所能检测目标的最大距离，不同的毫米波雷达，最大探测距离是不同的。

（2）距离分辨率　距离分辨率是指在规定条件下，毫米波雷达能区分前后临近两个目标的最小距离间隔。

（3）距离灵敏度　距离灵敏度是指单目标的距离变化时，毫米波雷达可探测的最小绝对变化距离值。

（4）距离测量精度　距离测量精度是指毫米波雷达测量单目标时，目标距离的测量值与其真值之差。

（5）最大探测速度　最大探测速度是指毫米波雷达能够探测目标的最大速度。

（6）速度分辨率　速度分辨率表示速度维区分两个同一位置的目标的能力。

（7）速度灵敏度　速度灵敏度是指单目标的速度变化时，毫米波雷达可探测的最小绝对变化速度值。

（8）速度测量精度　速度测量精度是指毫米波雷达测量单目标时，目标速度的测量值与其真值之差。

（9）视场角　视场角是指在规定的测试条件下，在满足规定识别率的状态下，毫米波雷达有效识别目标的探测范围，分为水平视场角和垂直视场角。

（10）角度分辨率　角度分辨率是指在规定条件下，毫米波雷达模组能区分左右临近两个目标的最小角度间隔。

（11）角度灵敏度　角度灵敏度是指单目标的角度变化时，毫米波雷达可探测的最小绝对变化角度值。

（12）角度测量精度　角度测量精度是指毫米波雷达测量单目标时，目标角度的测量值与其真值之差。

（13）识别率　识别率是指毫米波雷达模组正确识别目标信息的程度。

（14）误检率　误检率是指毫米波雷达模组将目标识别为一个错误目标的比例。

（15）漏检率　漏检率是指毫米波雷达模组未能识别目标报文的比例。

4. 毫米波雷达的特点

毫米波雷达具有以下优点。

① 探测距离远。毫米波雷达探测距离远，可达 200m 以上。

② 探测性能好。毫米波波长较短，汽车在行驶中的前方目标一般都是金属构成，这会形成很强的电磁反射，其探测不受颜色与温度的影响。

③ 响应速度快。毫米波的传播速度与光速一样，并且其调制简单，配合高速信号处理系统，可以快速地测量出目标的距离、速度和角度等信息。

④ 适应能力强。毫米波具有很强的穿透能力，在雨、雪、大雾等恶劣天气依然可以正常工作，而且不受颜色和温度的影响。

⑤ 抗干扰能力强。毫米波雷达一般工作在高频段，而周围的噪声和干扰处于中低频区，基本上不会影响毫米波雷达的正常运行，因此，毫米波雷达具有抗低频干扰的特性。

毫米波雷达具有以下缺点。

① 毫米波雷达是利用目标对电磁波的反射来发现并测定目标位置，而充满杂波的外部环境给毫米波雷达感知经常带来虚警问题。

② 覆盖区域呈扇形，有盲点区域。
③ 无法识别交通标志和交通信号灯。
④ 无法识别道路标线。

5. 毫米波雷达的类型及应用

毫米波雷达按探测距离可分为近距离（SRR）、中距离（MRR）和远距离（LRR）毫米波雷达。近距离毫米波雷达一般探测距离小于 60m；中距离毫米波雷达一般探测距离为 100m 左右；远距离毫米波雷达探测距离一般大于 200m。有的企业只分为近距离雷达和远距离雷达，具体探测距离以产品说明书为准。

毫米波雷达按采用的毫米波频段不同，划分有 24GHz、60GHz、77GHz 和 79GHz 毫米波雷达。主流可用频段为 24GHz 和 77GHz，其中 24GHz 适合近距离探测，77GHz 适合远距离探测。从 24GHz 过渡到 77GHz，距离分辨率和精度将会提高约 20 倍。例如，24GHz 毫米波雷达的距离分辨率为 75cm，而 77GHz 毫米波雷达则提高到 4cm，这使其可以更好地探测多个彼此靠近的目标。

毫米波雷达在智能网联汽车上主要应用于自适应巡航控制系统、前向碰撞预警系统、自动紧急制动系统、盲区监测系统、变道辅助系统、后向碰撞预警系统、驻车辅助系统、自动跟车系统等。

目前多以 24GHz 和 77GHz 毫米波雷达产品为主。由于 77GHz 频段的部件体积小、天线尺寸短，容易实现单芯片集成结构，具备更高的速度分辨率、信噪比和输出功率，有利于减少成本等优点，所以未来全球车载毫米波雷达的频段将选择 76～81GHz 频段。

三、激光雷达

激光雷达是激光探测及测距系统的简称，是一种以激光器作为发射光源，采用光电探测技术手段的主动遥感设备。激光雷达是工作在光波频段的雷达，它利用光波频段的电磁波先向目标发射探测信号，然后将其接收到的同波信号与发射信号相比较，从而获得目标的位置（距离、方位和高度）、运动状态（速度、姿态）等信息，实现对目标的探测、跟踪和识别。

1. 激光雷达的组成

激光雷达主要由发射系统、接收系统以及信号处理与控制系统组成，如图 5-8 所示。发射系统主要负责向障碍物发出激光信号；接收系统主要负责接收经障碍物反射之后回来的激光信息；信号处理与控制系统主要负责将接收回来的信号进行处理，它是激光雷达系统最关键的环节，将直接影响激光雷达系统的测量精度。激光雷达的硬件核心是激光器和探测器；软件的核心是信号的处理算法。不同类型的激光雷达，其组成是有一定差异的。

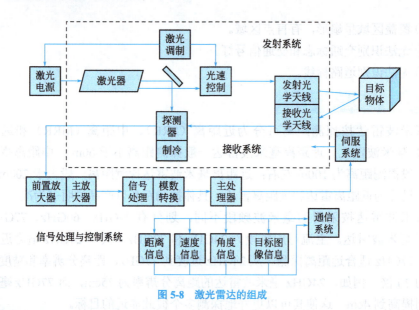

图 5-8 激光雷达的组成

2. 激光雷达的测距原理

激光雷达的测距原理是通过测算激光发射信号与激光回波信号的往返时间,从而计算出目标的距离。首先,激光雷达发出激光束,激光束碰到障碍物后被反射回来,由激光接收系统进行接收和处理,从而得知激光从发射至被反射回来并接收之间的时间,即激光的飞行时间,根据飞行时间,可以计算出障碍物的距离。根据所发射激光信号的不同形式,激光测距方式可分为脉冲法激光测距和相位法激光测距两大类,如图 5-9 所示。S 为待测距离;c 为光在空气中传播的速度,$c=3×10^8 m/s$;光脉冲从发射到接收的时间为 T;$\Delta \varphi$ 为发射波和返回波之间的相位差;f 为正弦波频率。

(1)脉冲法激光测距　脉冲法是通过激光雷达的发射器发出脉冲激光照射到障碍物后会有部分激光反射回来,由激光雷达的接收器接收。同时激光雷达内部可以记录发射和接收的飞行时间间隔,根据光速可以计算出要测量的距离。

(2)相位法激光测距　相位法由激光发射器发出强度调制的连续激光信号,照射到障碍物后反射回来,测量光束在往返中会产生相位的变化,通过计算激光信号在雷达与障碍物之间来回飞行产生的相位差,换算出障碍物的距离。

3. 激光雷达的技术参数

(1)最大探测距离　最大探测距离通常需要标注基于某一个反射率下的测得值,例如白色反射体大概是 70% 反射率,黑色物体是 7%～20% 反射率。

(2)距离分辨率　距离分辨率是指两个目标物体可区分的最小距离。

(3)测距精度　测距精度是指对同一目标进行重复测量得到的距离值之间的

误差范围。

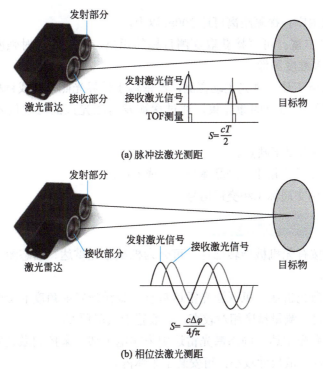

图 5-9　激光雷达的测距原理

（4）测量帧频　测量帧频与摄像头的帧频概念相同，激光雷达成像刷新帧频会影响激光雷达的响应速度，刷新率越高，响应速度越快。

（5）数据采样率　数据采样率是指每秒输出的数据点数，等于帧率乘以单幅图像的点云数目，通常数据采样率会影响成像的分辨率，特别是在远距离，点云越密集，目标呈现就越精细。

（6）视场角　视场角又分为垂直视场角和水平视场角，是激光雷达的成像范围。

（7）角度分辨率　角度分辨率是指扫描的角度分辨率，等于视场角除以该方向所采集的点云数目，因此本参数与数据采样率直接相关。

（8）波长　激光雷达所采用的激光波长，波长会影响雷达的环境适应性和对人眼的安全性。

4. 激光雷达的特点

激光雷达具有以下优点。

① 分辨率高。激光雷达可以获得极高的角度、距离和速度分辨率。通常激光雷达的角分辨率不低于 0.1mard，也就是说可以分辨 3km 距离上相距 0.3m 的两个

目标,并可同时跟踪多个目标;距离分辨率可达 0.1m;速度分辨率能达到 10m/s 以内。

② 探测范围广。探测距离可达 300m 以上。

③ 信息量丰富。可直接获取探测目标的距离、角度、反射强度、速度等信息,生成目标多维度图像。

④ 可全天候工作。激光主动探测,不依赖于外界光照条件或目标本身的辐射特性,它只需发射自己的激光束,通过探测发射激光束的回波信号来获取目标信息。

激光雷达具有以下缺点。

① 与毫米波雷达相比,产品体积大,成本高。

② 不易识别交通标志和交通信号灯。

5. 激光雷达的产品类型及应用

激光雷达按有无机械旋转部件,可分为机械激光雷达、固态激光雷达和混合固态激光雷达。

(1) 机械激光雷达 机械激光雷达带有控制激光发射角度的旋转部件,体积较大,价格昂贵,测量精度相对较高,一般置于汽车顶部。

(2) 固态激光雷达 固态激光雷达则依靠电子部件来控制激光发射角度,无须机械旋转部件,故尺寸较小,可安装于车体内。

(3) 混合固态激光雷达 混合固态激光雷达没有大体积旋转结构,采用固定激光光源,通过内部玻璃片旋转的方式改变激光光束方向,实现多角度检测的需要,并且采用嵌入式安装。

根据线束数量的多少,激光雷达又可分为单线束激光雷达与多线束激光雷达。

(1) 单线束激光雷达 单线束激光雷达扫描一次只产生一条扫描线,其所获得的数据为 2D 数据,因此无法区别有关目标物体的 3D 信息。不过,由于单线束激光雷达具有测量速度快、数据处理量少等特点,多被应用于安全防护、地形测绘等领域。

(2) 多线束激光雷达 多线束激光雷达扫描一次可产生多条扫描线,目前市场上多线束激光雷达产品包括 4 线束、8 线束、16 线束、32 线束、64 线束、128 线束等,其细分可分为 2.5D 激光雷达及 3D 激光雷达。2.5D 激光雷达与 3D 激光雷达最大的区别在于激光雷达垂直视野的范围,前者垂直视野范围一般不超过 10°,而后者可达到 30° 甚至 40° 以上,这也就导致两者对于激光雷达在汽车上的安装位置要求有所不同。

少线束激光雷达主要用于智能网联汽车 ADAS,奥迪 A8L 安装的 4 线束激光雷达如图 5-10 所示,可实现自适应巡航控制系统、车道偏离预警系统、自动紧急制动系统、交通拥堵辅助系统等。

(a) 激光雷达外形　　　　　　(b) 激光雷达内部

图 5-10　奥迪 A8 安装的 4 线束激光雷达

多线束激光雷达具有高精度电子地图定位、障碍物识别、可通行空间检测、障碍物轨迹预测等功能。

L4 级和 L5 级的智能网联汽车必须使用多线束激光雷达，360° 发射激光，从而达到 360° 扫描，获取车辆周围行驶区域的三维点云，通过比较连续感知的点云、物体的差异检测其运动，由此创建一定范围内的 3D 地图，如图 5-11 所示。

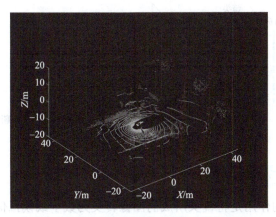

图 5-11　激光雷达获取车辆周围的三维点云图

无人驾驶汽车的精准定位和路径跟踪必须依靠激光雷达和高精度地图等，如图 5-12 所示。

四、视觉传感器

视觉传感器是指通过对摄像头拍摄到的图像进行图像处理，对目标进行检测，并输出数据和判断结果的传感器。视觉传感器在智能网联汽车或无人驾驶汽车上的应用是以摄像头（机）形式出现，并搭载先进的人工智能算法，便于目标检测和图像处理。

图 5-12 利用激光雷达进行精准定位和路径跟踪

1. 视觉传感器的组成

视觉传感器主要由光源、镜头、图像传感器、模数转换器、图像处理器、图像存储器等组成,如图 5-13 所示,其主要功能是获取视觉传感器要处理的最原始图像。

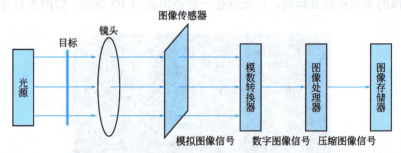

图 5-13 视觉传感器的组成

2. 视觉传感器的成像原理

图像传感器的作用是将镜头所成的图像转变为数字或模拟信号输出,是视觉检测的核心部件,主要有 CCD 图像传感器和 CMOS 图像传感器二种,如图 5-14 所示。CCD 是电荷耦合器件(Charge Coupled Device)的英文缩写,CMOS 是互补金属氧化物半导体(Complementary Metal Oxide Semiconductor)的英文缩写。

(1)CCD 成像原理 CCD 成像原理是当光线与图像从镜头透过投射到 CCD 表面时,CCD 就会产生电流,将感应到的内容转换成数码资料储存起来。CCD 像素数目越多,单一像素尺寸越大,收集到的图像就会越清晰。

(2)CMOS 成像原理 CMOS 成像原理是利用硅和锗这两种元素所做成的半导体,使其在 CMOS 上共存着带负电的 N 级和带正电的 P 级半导体,这两个互补效应所产生的电流即可被处理芯片记录和解读成影像。

CCD 与 CMOS 的主要差异:CCD 传感器中,每一行中每一个像素的电荷数据都会依次传送到下一个像素中，由最底端部分输出，再经由传感器边缘的放大器进行放大输出；而在 CMOS 传感器中，每个像素都会邻接一个放大器及 A/D 转换电路，用类似内存电路的方式将数据输出。

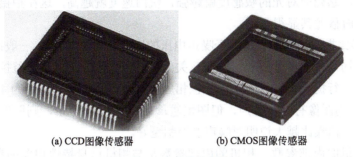

(a) CCD 图像传感器　　　　(b) CMOS 图像传感器

图 5-14　图像传感器

造成这种差异的原因在于：CCD 的特殊工艺可保证数据在传送时不会失真，因此各个像素的数据可汇聚至边缘再进行放大处理；而 CMOS 工艺的数据在传送距离较长时会产生噪声，因此，必须先放大再整合各个像素的数据。

相比于 CCD，CMOS 虽然成像质量不如 CCD，但是 CMOS 因为耗电省（仅为 CCD 芯片的 1/10 左右）、体积小、质量轻、集成度高、价格低，迅速得到各大厂商的青睐，目前除了专业摄像机，大部分带有摄像头设备使用的都是 CMOS。

3. 视觉传感器的技术参数

（1）图像传感器的技术参数　图像传感器的技术参数主要有像素、帧率、靶面尺寸、感光度和信噪比等。

① 像素是图像传感器的感光最小单位，即构成影像的最小单位。一帧影像画面是由许多密集的亮暗、色彩不同的点所组成，这些小点称为像素。像素的多少是由 CCD/CMOS 上的光敏元件数目所决定的，一个光敏元件就对应一个像素。因此像素越大，意味着光敏元件越多，相应的成本就越大。像素用两个数字来表示，如 720×480，720 表示在图像长度方向上所含的像素点数，480 表示在图像宽度方向上所含的像素点数，二者的乘积就是该相机的像素数。

② 帧率代表单位时间所记录或播放的图片的数量，连续播放一系列图片就会产生动画效果，根据人的视觉系统，当图片的播放速度大于 15 幅/s 的时候，人眼就基本看不出来图片的跳跃；在达到 24~30 幅/s 时就已经基本觉察不到闪烁现象。每秒的帧数或说帧率表示图形传感器在处理图像时每秒能够更新的次数。高的帧率可以得到更流畅、更逼真的视觉体验。

③ 靶面尺寸也就是图像传感器感光部分的大小。一般用英寸来表示，通常这个数据指的是这个图像传感器的对角线长度，如常见的有 1/3in。靶面越大，意味

着通光量越好，而靶面越小则比较容易获得更大的景深。比如，1/2in 可以有比较大的通光量，而 1/4in 可以比较容易获得较大的景深。

④ 感光度代表通过 CCD 或 CMOS 以及相关的电子线路感应入射光线的强弱。感光度越高，感光面对光的敏感度就越强，快门速度就越高，这在拍摄运动车辆、夜间监控的时候尤其显得重要。

⑤ 信噪比指的是信号电压对于噪声电压的比值，单位为 dB。一般摄像机给出的信噪比值均是自动增益控制（AGC）关闭时的值。因为当自动增益控制接通时，会对小信号进行提升，使得噪声电平也相应提高。信噪比的典型值为 45～55dB，若为 50dB，则图像有少量噪声，但图像质量良好；若为 60dB，则图像质量优良，不出现噪声。信噪比越大说明对噪声的控制越好。

（2）相机的内部参数　相机的内部参数是与相机自身特性相关的参数，主要有焦距、光学中心、图像尺寸和畸变系数等。

① 焦距是指镜头的光学中心到图像传感器的距离。焦距有可变焦距和不可变焦距，一般单位是毫米（mm）。

② 相机的镜头是由多个镜片构成的复杂光学系统，光学系统的功能等价于一个薄透镜，实际上薄透镜是不存在的。光学中心是这一等价透镜的中心。不同结构的镜头其光学中心位置也不一样，大部分在镜头内的某一位置，但也有在镜头前方或镜头后方的。

③ 图像尺寸是指构成图像的长度和宽度，可以用像素为单位，也可以用厘米（cm）为单位。

④ 畸变系数分为径向畸变系数和切向畸变系数。径向畸变发生在相机坐标系转换为物理坐标系的过程中；切向畸变产生的原因是透镜不完全平行于图像。

（3）相机的外部参数　相机的外部参数是指相机的安装位置，即相机离地高度以及相机相对于车辆坐标系的旋转角度。离地高度是指从地面到相机焦点的垂直高度；相机相对于车辆坐标系的旋转角度有俯仰角、偏航角和横滚角。外部参数可以通过棋盘格标定获得，但要注意标准镜头和鱼眼镜头的差别。

4. 视觉传感器的特点

视觉传感器具有以下特点。

① 视觉图像的信息量极为丰富，尤其是彩色图像，不仅包含有视野内目标的距离信息，而且还有该目标的颜色、纹理、深度和形状等信息。

② 在视野范围内可同时实现车道线检测、车辆检测、行人检测、交通标志检测、交通信号灯检测等，信息获取量大。当多辆智能网联汽车同时工作时，不会出现相互干扰的现象。

③ 视觉 SLAM，通过摄像头可以实现同时定位和建图。

④ 视觉信息获取的是实时的场景图像,提供的信息不依赖于先验知识,有较强的适应环境的能力。

⑤ 视觉传感器与机器学习、深度学习等人工智能相融合,可以获得更佳的检测效果,必将扩大视觉传感器在智能网联汽车和无人驾驶汽车上的应用范围。

视觉传感器的发展趋势是探测距离越来越远,必须与深度学习相结合,识别能力越来越强。在未来几年,视觉传感器的最大探测距离可达到 200～300m,像素在 200 万～800 万之间,性能与远距离毫米波雷达差距大幅缩小,同时具备成本和图像识别等方面的优势。

5. 视觉传感器的类型及应用

视觉传感器在智能网联汽车上的应用是以摄像头方式出现的,一般分为单目摄像头、双目摄像头、三目摄像头和环视摄像头,如图 5-15 所示。

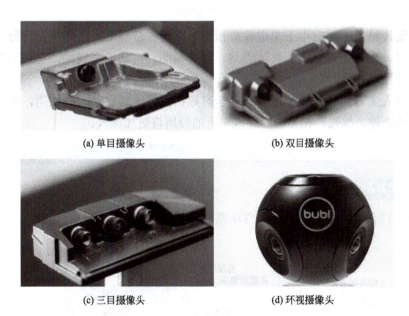

(a) 单目摄像头　　(b) 双目摄像头

(c) 三目摄像头　　(d) 环视摄像头

图 5-15　视觉传感器的类型

(1) 单目摄像头　单目摄像头的优点是成本低廉,能够识别具体障碍物的种类,识别准确;缺点是由于其识别原理导致其无法识别没有明显轮廓的障碍物,工作准确率与外部光线条件有关,并且受限于数据库,没有自学习功能。

(2) 双目摄像头　相比于单目摄像头,双目摄像头没有识别率的限制,无须先识别,可直接进行测量;直接利用视差计算距离,精度更高;无须维护样本数据库。

(3) 三目摄像头　三目摄像头感知范围更大,但同时标定三个摄像头,工作量大,而且算法更复杂。

(4)环视摄像头 环视摄像头一般至少包括4个摄像头,实现360°环境感知。视觉传感器在智能网联汽车上的主要安装位置如图5-16所示。

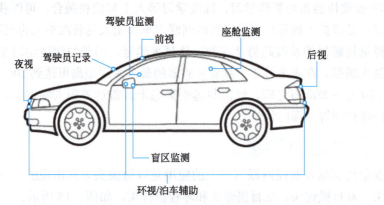

图5-16 视觉传感器的安装位置

视觉传感器主要应用于车道偏离预警、车道保持辅助、前向碰撞预警、行人碰撞预警、交通标志识别、盲区监测、夜视辅助、自动泊车辅助、全景泊车、驾驶员疲劳预警等。

随着人工智能的机器学习、深度学习等在图像处理算法中的应用,视觉传感器的功能会越来越强,在智能网联汽车上的应用将更加深入。

五、智能传感器的配置实例

1. 奥迪A8的智能传感器

图5-17所示为奥迪A8配备自动驾驶系统的智能传感器,它配置了1个4线

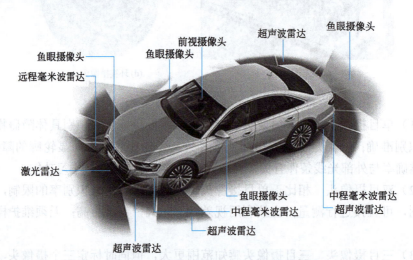

图5-17 奥迪A8环境感知传感器的配置

束激光雷达、1个前视摄像头、4个鱼眼摄像头、1个远程毫米波雷达、2个中程毫米波雷达、12个超声波雷达，属于L3级自动驾驶。

2. 沃尔沃XC90的智能传感器

图5-18所示为沃尔沃与优步联合开发的XC90自动驾驶汽车智能传感器的配置，它配置了前视摄像头、侧视摄像头、后视摄像头、超声波雷达、毫米波雷达和激光雷达。

图5-18　XC90自动驾驶汽车环境感知传感器的配置

3. 特斯拉的智能传感器

图5-19所示为特斯拉电动汽车智能传感器的配置，它配置了1个三目摄像头、

图5-19　特斯拉电动汽车环境感知传感器的配置

2个侧前视摄像头、2个侧后视摄像头，1个后视摄像头、1个毫米波雷达和12个超声波雷达，属于L3级自动驾驶。侧前视摄像头和侧后视摄像头的覆盖范围相互重叠，保证无盲区。

三目摄像头分别是鱼眼摄像头、长焦摄像头和中距摄像头，它们的探测距离分别是60m、250m和150m；侧前视摄像头的探测距离为80m；侧后视摄像头的探测距离为100m；后视摄像头的探测距离为50m；毫米波雷达的探测距离为160m。

4. Waymo第五代无人驾驶汽车的智能传感器

Waymo第五代无人驾驶汽车如图5-20所示。

图5-20　Waymo第五代无人驾驶汽车

Waymo第五代无人驾驶汽车具有以下特点。

① 第五代Waymo Driver系统有摄像头、毫米波雷达、激光雷达以及计算设备，传感器及其计算能力更加强大。

② Waymo的新款激光雷达系统的识别分辨率更高，识别范围更广。激光雷达作为Waymo Driver系统中最强大的传感器之一，激光雷达可以精准探测四周的环境，将周围环境塑造成3D图景，即使在没有任何照明的夜晚也能看清道路。

③ 车顶安装了一个360°的激光雷达，最远可以探测300m以外的物体，可以形成实时的车辆鸟瞰图，同时也能探测到路旁的骑行者和行人；同时也安装了360°摄像头、长距离摄像头以及2个毫米波雷达。

④ 在车辆四周分别安装了近距离激光雷达，能增加探测的视野范围，检测正在靠近车辆的物体。

⑤ 视觉系统由29个摄像头组成，能够为Waymo Driver系统提供更高分辨率的图像，以及更广的视野。这些摄像头的视野也有所重叠，不会产生视野盲区。摄像头、激光雷达与清洁系统和加热装置组装在一起，能够在任何天气下都能保证正常运行。

⑥ Waymo的远距离摄像头和360°视觉系统，可以探测到更远的位置，让车辆可以识别更多重要的细节，探测到500m以外的停车标志。此外，车辆侧边的摄像头系统可以和侧边激光雷达配合使用，为Waymo Driver系统提供另一个视

角,更准确辨认正在靠近车辆的物体。

⑦ Waymo 的新型高分辨率毫米波雷达分别安装在车辆的 6 个位置,可以追踪静态和动态的物体,还可以看到远处的小物体,对间隔较近的物体加以区分。毫米波雷达与激光雷达、摄像头形成互补,在特殊天气条件下就能更大程度发挥其功能。

可以看出,智能传感器的配置和功能各不相同。随着汽车电动化、智能化和网联化的发展,智能网联汽车配备的智能传感器的数量将会逐渐增加,传感器的性能要求也会逐渐提高。

第二节 网络系统技术

智能网联汽车主要包括三种网络:以车内总线通信为基础的车内网络,也称为车载网络;以短距离无线通信为基础的车载自组织网络;以远距离通信为基础的车载移动互联网络。因此,智能网联汽车的网络系统是由车载网、车载自组织网和车载移动互联网融合而成,如图 5-21 所示。

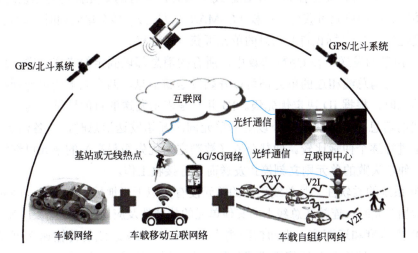

图 5-21 智能网联汽车网络体系构成

车载网络是基于 CAN、LIN、FlexRay、MOST、以太网等总线技术建立的标准化整车网络,实现车内各电器、电子单元间的状态信息和控制信号在车内网上的传输,使车辆具有状态感知、故障诊断和智能控制等功能;车载自组织网络是基于短距离无线通信技术自主构建的 V2V、V2I、V2P 之间的无线通信网络,实现 V2V、V2I、V2P 之间的信息传输,使车辆具有行驶环境感知、危险辨识、智能控制等功能，并能够实现 V2V、V2I 之间的协同控制；车载移动互联网是基于远距离通信技术构建的车辆与互联网之间连接的网络，实现车辆信息与各种服务信息在车载移动互联网上的传输，使智能网联汽车用户能够开展商务办公、信息娱乐服务等。

一、车载网络

车载网络的应用提高了信息传输的速度，增强了汽车控制系统的稳定性和可靠性，特别是智能网联汽车和无人驾驶汽车，对车载网络提出了更高的要求。目前，汽车车载网络类型主要有 CAN、LIN、FlexRay、MOST、以太网等。

1. CAN 总线网络

CAN 是控制器局域网络（Controller Area Network）的英文缩写，是德国博世公司在 1985 年时为了解决汽车上众多测试仪器与控制单元之间的数据传输，而开发的一种支持分布式控制的串行数据通信总线。目前，CAN 总线已经是国际上应用最广泛的网络总线之一，它的数据信息传输速率最大为 1Mbit/s，属于中速网络，通信距离（无须中继）最远可达 10km。

CAN 总线网络具有以下特点。

① 多主控制。多主控制是指在总线空闲时，所有的单元都可开始发送消息；最先访问总线的单元可获得发送权（CSMA/CA 方式）；多个单元同时开始发送时，发送高优先级 ID（标识符）消息的单元可获得发送权。

② 消息的发送。在 CAN 协议中，所有的消息都以固定的格式发送。总线空闲时，所有与总线相连的单元都可以开始发送新消息。两个以上的单元同时开始发送消息时，根据 ID 决定优先级。ID 并不是表示发送的目的地址，而是表示访问总线的消息的优先级。两个以上的单元同时开始发送消息时，对各消息 ID 的每个位进行逐个仲裁比较。仲裁获胜（被判定为优先级最高）的单元可继续发送消息，仲裁失败的单元则立刻停止发送而进行接收工作。

③ 系统的柔软性。与总线相连的单元没有类似于"地址"的信息。因此在总线上增加单元时，连接在总线上的其他单元的软硬件及应用层都不需要改变。

④ 高速度和远距离。当通信距离小于 40m 时，CAN 总线的传输速率可以达到 1Mbit/s。通信速度与其通信距离成反比，当其通信距离达到 10km 时，其传输速率仍可以达到约 5kbit/s。

⑤ 远程数据请求。可通过发送"遥控帧"请求其他单元发送数据。

⑥ 错误检测功能、错误通知功能、错误恢复功能。错误检测功能是指所有的单元都可以检测错误；错误通知功能是指正在发送消息的单元一旦检测出错误，会强制结束当前的发送，并立即同时通知其他所有单元；错误恢复功能是指强制结束发送的单元会不断反复地重新发送此消息，直到成功发送为止。

⑦ 故障封闭。CAN 总线可以判断出错误的类型是总线上暂时的数据错误（如外部噪声等）还是持续的数据错误（如单元内部故障、驱动器故障、断线等）。根据此功能，当总线上发生持续的数据错误时，可将引起此故障的单元从总线上隔离出去。

⑧ 连接。CAN 总线可以同时连接多个单元，可连接的单元总数理论上是没有限制的。但实际上，可连接的单元数受总线上的时间延迟及电气负载的限制。降低传输速率，可连接的单元数增加；提高传输速率，则可连接的单元数减少。

总之，CAN 总线具有实时性强、可靠性高、传输速率快、结构简单、互操作性好、总线协议具有完善的错误处理机制、灵活性高和价格低廉等特点，在车载网络上已经得到广泛的应用。

汽车 CAN 总线有两条：一条用于驱动系统的高速 CAN 总线，速率达到 500kbit/s；另一条用于车身系统的低速 CAN 总线，速率为 100kbit/s。高速 CAN 总线主要连接发动机、自动变速器、ABS/ASR、ESP 等对通信实时性有较高要求的系统；低速 CAN 总线主要连接灯光、电动车窗、自动空调及信息显示系统等，多为低速电动机和开关量器件，对实时性要求低而数量众多。不同速度的 CAN 网络之间通过网关连接。对汽车 CAN 总线上的信号进行采集时，需要确定所采集的信号处于哪个 CAN 网络中，以便于设置合适的 CAN 通道波特率。

图 5-22 所示为 CAN 总线在汽车上的应用实例。

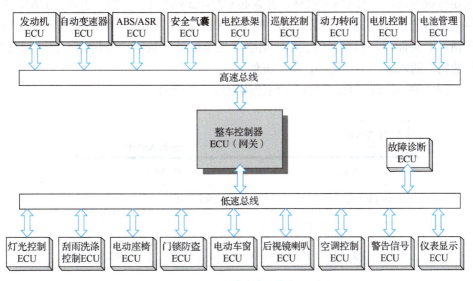

图 5-22　CAN 总线在汽车上的应用实例

2.LIN 总线网络

LIN 是局部连接网络（Local Interconnect Network）的英文缩写，也被称为局域网子系统,是专门为汽车开发的一种低成本串行通信网络,用于实现汽车中的分布式电子系统控制。LIN 网络的数据传输速率为 20kbit/s,属于低速网络,媒体访问方式为单主多从,是一种辅助总线,辅助 CAN 总线工作。在不需要 CAN 总线的带宽和多功能的场合,使用 LIN 总线可大大降低成本。

LIN 总线网络具有以下特点。

① LIN 总线的通信是基于 SCI 数据格式,媒体访问采用单主节点、多从节点的方式,数据优先级由主节点决定,灵活性好。

② 一条 LIN 总线最多可以连接 16 个节点,共有 64 个标识符。

③ LIN 总线采用低成本的单线连接,传输速率最高可达 20kbit/s。

④ 不需要进行仲裁,同时在从节点中无须石英或陶瓷振荡器,只采用片内振荡器就可以实现自同步,从而降低了硬件成本。

⑤ 几乎所有的 MCU(微控制单元)均具备 LIN 所需硬件,且实现费用较低。

⑥ 网络通信具有可预期性,信号传播时间可预先计算。

⑦ 通过主机节点可将 LIN 与上层网络(CAN)相连接,实现 LIN 的子总线辅助通信功能,从而优化网络结构,提高网络效率和可靠性。

⑧ 总线通信距离最大不超过 40m。

由于一个 LIN 网络通常由一个主节点、一个或多个从节点组成,所以 LIN 网络为主从式控制结构。各个 LIN 主节点是车身 CAN 总线上的节点,通过 CAN 总线连接成为低速车身 CAN 网络,并兼起 CAN/LIN 网关的作用。引入带 CAN/LIN 网关的混合网络有效地降低了主干网的总线负载率。LIN 网络主要应用于车窗、门锁、开关面板、后视镜等。LIN 网络将模拟信号用数字信号代替,实现对汽车低速网络的需求,结构简单,维修方便。

图 5-23 所示为 LIN 总线在车门控制模块中的应用。

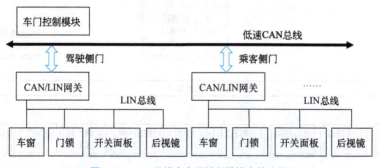

图 5-23 LIN 总线在车门控制模块中的应用

3. FlexRay 总线网络

FlexRay 是一种用于汽车的高速可确定性的、具备故障容错的总线系统。汽车中的控制器件、传感器和执行器之间的数据交换主要是通过 CAN 网络进行的。然而新的线控技术（X-by-wire）系统设计思想的出现，导致车辆系统对信息传送速度尤其是故障容错与时间确定性的需求不断增加。FlexRay 通过在确定的时间槽中传送信息，以及在两个通道上的故障容错和冗余信息的传送，可以满足这些新增加的要求。

FlexRay 总线网络具有以下特点。

① 数据传输速率高。FlexRay 网络最大传输速率可达到 10Mbit/s，双通道总数据传输速率可达到 20Mbit/s，因此，应用在车载网络上，FlexRay 的网络带宽可以是 CAN 网络的 20 倍。

② 可靠性好。FlexRay 能够提供很多 CAN 网络所不具有的可靠性特点，尤其是 FlexRay 具备的冗余通信能力。具有冗余数据传输能力的总线系统使用两个相互独立的信道，每个信道都由一组双线导线组成。一个信道失灵时，该信道应传输的信息可在另一条没有发生故障的信道上传输。此外，总线监护器的存在进一步提高了通信的可靠性。

③ 确定性。FlexRay 是一种时间触发式总线系统，它也可以通过事件触发方式进行部分数据传输。在时间控制区域内，时隙分配给确定的信息。一个时隙是指一个规定的时间段，该时间段对特定信息开放。对时间要求不高的其他信息则在事件控制区域内传输。确定性数据传输用于确保时间触发区域内的每条信息都能实现实时传输，即每条信息都能在规定时间内进行传输。

④ 灵活性。灵活性是 FlexRay 总线的突出特点，反映在以下方面：支持多种方式的网络拓扑结构，如点对点连接、串级连接、主动星形连接、混合型连接等；信息长度可配置，可根据实际控制应用需求，为其设定相应的数据载荷长度；双通道拓扑既可用于增加带宽，也可用于传输冗余的信息；周期内静态、动态信息传输部分的时间都可随具体应用而改变。

为了满足不同的通信需求，FlexRay 在每个通信周期内都提供静态和动态通信段。静态通信段可以提供有界延迟，而动态通信段则有助于满足在系统运行时间内出现的不同带宽需求。FlexRay 帧的固定长度静态段用固定时间触发的方法来传输信息，而动态段则使用灵活时间触发的方法来传输信息。

FlexRay 网络具有速度快、效率高、容错性强等特点，可用于汽车动力和底盘系统的控制数据传输。

① 替代 CAN 总线。在数据传输速率要求超过 CAN 的应用会采用两条或多条 CAN 总线来实现，FlexRay 将是替代这种多总线解决方案的理想技术。

② 用作"数据主干网"。FlexRay 具有很高的数据传输速率，且支持多种拓扑结构，非常适合于车辆主干网络，用于连接多个独立网络。

③ 用于分布式测控系统。分布式测控系统用户要求确切知道消息到达时间，

且消息周期偏差非常小，这使得 FlexRay 成为首选技术，如用于动力系统、底盘系统的一体化控制中。

④ 用于高安全性要求的系统。FlexRay 本身不能确保系统安全，但它具备大量功能以支持面向安全的系统设计。

图 5-24 所示是奥迪 A8 中的 FlexRay 总线拓扑结构。奥迪 A8 使用 FlexRay 总线可以实现驾驶动态控制、车距控制、自适应巡航控制和图像处理等功能。

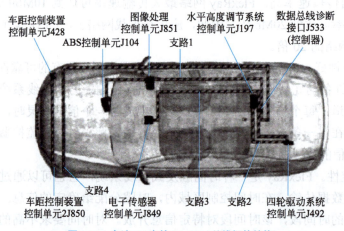

图 5-24 奥迪 A8 中的 FlexRay 总线拓扑结构

4. MOST 总线网络

MOST（多媒体定向系统传输）总线是使用光纤或双绞线作为传输介质的环形网络，可以同时传输音/视频流数据、异步数据和控制数据，支持高达 150Mbit/s 的传输速率。

MOST 总线标准已经发展到第 3 代。MOST25 是第 1 代总线标准，最高可支持 24.6Mbit/s 的传输速率，以塑料光纤作为传输介质；第 2 代标准 MOST50 的传输速率是 MOST25 的两倍，除了采用塑料光纤作为传输介质，还可采用非屏蔽双绞线作为传输介质；第 3 代标准 MOST150，不仅最高可支持 147.5Mbit/s 的传输速率，还解决了与以太网的连接等问题，MOST150 将成为 MOST 总线技术发展的趋势。

MOST 总线网络具有以下特点。

① 在保证低成本的条件下，最高可以达到 147.5Mbit/s 的数据传输速率。

② 无论是否有主控计算机都可以工作。

③ 支持声音和压缩图像的实时处理。

④ 支持数据的同步和异步传输。

⑤ 发送/接收器嵌有虚拟网络管理系统。

⑥ 支持多种网络连接方式，提供 MOST 设备标准，具有方便、简洁的应用系统界面。

⑦ 通过采用 MOST，不仅可以减轻连接各部件的线束的质量，降低噪声，而且可以减轻系统开发技术人员的负担，最终在用户处实现各种设备的集中控制。

⑧ 光纤网络不会受到电磁辐射干扰与搭铁环的影响

MOST 可以实现实时传输声音和视频，以满足高端汽车娱乐装置的需求，主要用于车载电视、车载电话、车载 CD、车载互联网、DVD 导航等系统的控制中，也可以用在车载摄像头等行车系统中。

MOST 总线在别克通用车型上的应用如图 5-25 所示。

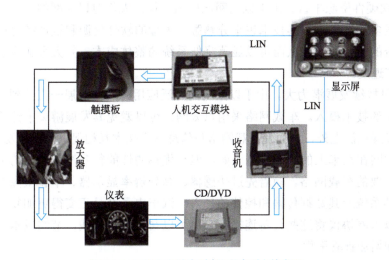

图 5-25 MOST 总线在别克通用车型上的应用

5. 以太网

以太网（Ethernet）是由美国施乐（Xerox）公司创建，并由施乐、英特尔（Intel）和数字装备（DEC）公司联合开发的基带局域网规范，是当今现有局域网采用的最通用的通信协议标准。以太网包括标准以太网（10Mbit/s）、快速以太网（100Mbit/s）、千兆以太网（1000Mbit/s）和万兆以太网（10Gbit/s）。

以太网具有以下特点。

① 数据传输速率高。现在以太网的最大传输速率能达到 10Gbit/s，并且还在提高，比任何一种现场总线都快。

② 应用广泛。基于 TCF/IP 协议的以太网是一种标准的开放式网络，不同厂商的设备很容易互联。这种特性非常适合于解决不同厂商设备的兼容和互操作的问题。以太网是目前应用最广泛的局域网技术，遵循国际标准规范 IEEE802.3，受到广泛的技术支持。几乎所有的编程语言都支持以太网的应用开发，如 Java、

C++、VB等。

③ 容易与信息网络集成，有利于资源共享。由于具有相同的通信协议，以太网能实现与互联网的无缝连接，方便车辆网络与地面网络的通信。车辆网络与互联网的接入极大地解除了为获取车辆信息而带来的地理位置上的束缚。这一性能是目前其他任何一种现场总线都无法比拟的。

④ 支持多种物理介质和拓扑结构。以太网支持多种传输介质，包括同轴电缆、双绞线、光缆、无线等，使用户可根据带宽、距离、价格等因素作多种选择。以太网支持总线型和星型等拓扑结构，可扩展性强，同时可采用多种冗余连接方式，提高网络的性能。

⑤ 软硬件资源丰富。由于以太网已应用多年，人们对以太网的设计、应用等方面有很多的经验，对其技术也十分熟悉。大量的软件资源和设计经验可以显著降低系统的开发成本，从而可以显著降低系统的整体成本，并大大加快系统的开发和推广速度。

⑥ 可持续发展潜力大。由于以太网的广泛应用，它的发展一直受到广泛的重视和大量的技术投入。车载网络采用以太网，可以避免其发展游离于计算机网络技术的发展主流之外，从而使车载网络与信息网络技术互相促进，共同发展。

以太网在汽车上的应用刚刚开始，但它优越的性能得到汽车业界的重视，有望成为重要的车载网络。随着先进传感器、高分辨率显示器、车载摄像头、先进驾驶辅助系统及其数据传输和控件的加入，汽车电子产品正变得更加复杂。采用标准的以太网协议将这些设备连接起来，可以帮助简化布线，节约成本，减少线束质量和增加行驶里程。

图 5-26 所示为以太网在智能网联汽车上的应用实例。

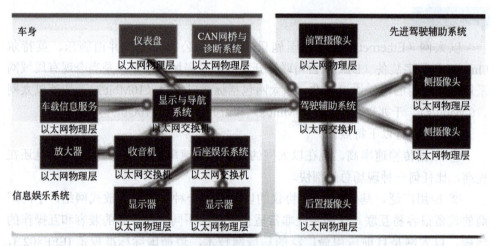

图 5-26　以太网在智能网联汽车上的应用

二、车载自组织网络

车载自组织网络是一种自组织、结构开放的车辆间通信网络，能够提供车辆之间以及车辆与路边基础设施之间的通信，通过结合全球定位系统及无线通信技术，如无线局域网、蜂窝网络等，可为处于高速移动状态的车辆提供高速率的数据接入服务，并支持车辆之间的信息交互，已成为保障车辆行驶安全，提供高速数据通信、智能交通管理及车载娱乐的有效技术。车载自组织网络是智能交通系统未来发展的通信基础，也是智能网联汽车安全行驶的保障。

车载自组织网络结构主要分为 3 种，即 V2V 通信、V2I 通信、V2P 通信。V2V 通信是通过 GPS 定位辅助建立无线多跳连接，从而能够进行暂时的数据通信，提供行车信息、行车安全等服务；V2I 通信能够通过接入互联网获得更丰富的信息与服务；V2P 通信的研究刚刚起步，目前主要通过智能手机中的特种芯片提供行人信息和交通状况，以后会有更多通信方式。

车载自组织网络特点主要包括节点速度、运动模式、节点密度、节点异构性和可预测的运动性等。

(1) 节点速度　在移动的车载自组织网络中，最重要的特征就是节点的速度。车辆和道路两侧的路侧单元都可能成为节点。节点的可能速度为 0～200km/h。对于静态的路侧单元或车辆处于堵车路段时，其车速为零。在高速公路上，车辆的最高速度可能会达到 200km/h 左右。这两种极端情况对于车载自组织网络中的通信系统构成了特殊的挑战。当节点速度非常高时，由于几百米的通信半径相对较小，会造成共同的无线通信窗口非常短暂。例如，如果两辆车以 90km/h 的速度朝相反的方向行驶，假定理论上无线通信范围为 300m，通信只能持续 12s。不过，同方向行驶的车辆，如果相对速度较小或中等，则这些同向车辆间的拓扑变化相对较少。如果同向行驶车辆的相对速度很大，那么接收发机就得考虑诸如多普勒效应等物理现象。链路层难以预测连接的中断，容易导致频繁的链路故障。对于路由或多跳信息传播，车辆间短暂的相遇以及一般的车辆运动导致拓扑高度不稳定，使得基于拓扑的路由在实际中毫无用处。节点速度很大时对应用程序的影响也很大，比如由于速度太快，导致即时环境变化太快，使得对环境感知的应用也变得困难。在另外一种极端情况下，即节点几乎不移动，网络拓扑相对稳定。然而，车辆的缓慢移动意味着车辆密度很大，这会导致高干扰、介质接入等诸多问题。

(2) 运动模式　车辆是在预定义的道路上行驶的，一般情况下有两个行驶方向。只有在十字路口时，车辆的行驶方向才具有不确定性。将道路分为高密度城市道路、高速公路和乡村道路三种类型。在城市中，道路密度相对较高，有大街也有小巷，许多十字路口将道路分割成段，道路两边的建筑物也会影响到无线通信，车辆的运动速度较慢，道路的方向变化频率明显高于高速公路；高速公路一一般是多车道的，路段也很长，并且存在出口和匝道，车辆的运动速度较快，行驶方向能够较长时间保持不变；乡村道路通常很长，十字路口比城市环境要少得多，在这种环境下，由于路面车辆过少，一般很难形成连通的网络。

这些运动场景造成了很多挑战，尤其是路由问题。城市场景下，交通流非常的无序，与此相反，高速公路上的车流却形成了另外一个极端，几乎整个运动都处于一维情况。

（3）节点密度　除了速度和运动模式外，节点密度是车载自组织网络节点移动性的第三个关键属性。在共同的无线通信范围内，可能存在零到几十、甚至上百的车辆。假设在某四车道的高速公路上遇到交通阻塞，并且每 20m 存在一辆装备车辆，通信半径假定为 300m，则在理论上其通信范围内有 120 辆车辆。当节点密度非常小时，几乎不可能完成瞬时消息转发。在这种情况下，需要更复杂的消息传播机制，可以先存储信息，并在车辆相遇时转发信息。这样可能导致一些信息被同一车辆重复多次。当节点密度很大时，情况则不同。消息只可能被选定的节点重复，否则会导致重载信道。

节点密度与时间也相关。在白天，高速公路和城市中节点密度较高，足以实现瞬时转发，有足够的时间使路由处理分段网络。但在夜间，无论哪种类型的道路，车辆都很少。

（4）节点异构性　在车载自组织网络中，节点有许多不同种类。首先是车辆和路侧单元的区别。而车辆可以进一步分为城市公交、私家车、出租车、救护车、道路建设和维修车辆等，并不是每辆车都要安装所有的应用。例如，救护车需要安装能够在其行驶路线上发出警告的应用。对于路侧单元也类似，基于自身的能力，路侧单元节点可以简单地向网络发送数据，或拥有自组织网络的完整功能。此外，路侧单元节点可以提供对背景网络的访问，如向交通管理中心报告道路状况。路侧单元与车辆节点不同，其性能较强。对于各种应用，它们不像车辆节点拥有相同的传感器，也不处理传递给驾驶员的消息，或对车辆采取措施。路侧单元节点是静态的，与个人或公司无关，不需要太多的信息保护。

（5）可预测的运动性　尽管车辆节点的运行规律比较复杂，但车辆的运动趋势在一定程度上仍然是可以预测的。在高速公路场景，根据车辆所处的车道、实时的道路状况以及汽车自身的速度和方向，就可以推测汽车在随后短时间内的运动趋势。在城市场景中，不同类型的车辆具有不同的运动趋势。公交车的行驶平均速度缓慢且具有间隔性静止状态，因此根据公交节点的速度大小和道路特点就可以推测出短时间内的运动趋势。

车载自组织网络的应用场景主要包括碰撞预警、避免交通拥堵、紧急制动警告、并线警告和交叉路口违规警告等。随着车载自组织网络技术的发展，其应用范围越来越广泛，主要涉及安全、驾驶、公共服务、商用、娱乐等。

车载移动互联网是以车为移动终端，通过远距离无线通信技术构建的车与互联网之间的网络，实现车辆与服务信息在车载移动互联网上的传输。

三、车载移动互联网

车载移动互联网的组成如图 5-27 所示，它先通过短距离通信技术在车内建立无线个域网或无线局域网，再通过 4G/5G 网络与互联网连接。

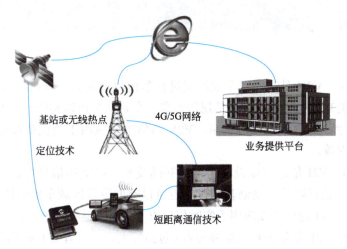

图 5-27　车载移动互联网的组成

车载移动互联网的典型应用就是车联网。车联网主要面向道路交通，为交通管理者提供决策支持，为车辆与车辆、车辆与道路提供协同控制，为交通参与者提供信息服务，更多表现在汽车基于现实中的场景应用，主要涉及安全类、驾驶类、娱乐类和服务类的应用。

智能网联汽车通过车载移动互联网，可以实现导航及位置服务、实时交通信息服务、网络信息服务、汽车使用服务、汽车出行服务、商务办公等。汽车与互联网互联，赋予了汽车连接真实世界的能力。

第三节　V2X 通信技术

V2X 是指车用无线通信技术，它是将车辆与一切事物相连接的新一代信息通信技术，其中 V 代表车辆，X 代表任何与车辆交互信息的对象，当前 X 主要包含车辆、行人、路侧基础设施和网络。

V2X 交互的信息模式包括车辆与车辆（V2V）、车辆与路侧基础设施（V2I）、车辆与行人（V2P）、车辆与网络（V2N）之间的交互，如图 5-28 所示。

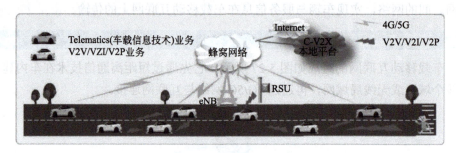

图 5-28　V2X 通信技术

（1）V2V　V2V 是指通过车载终端进行车辆间的通信。车载终端可以实时获取周围车辆的车速、位置、行车情况等信息，车辆间也可以构成一个互动的平台，实时交换文字、图片和视频等信息。V2V 通信主要应用于避免或减少交通事故、车辆监督管理等。

（2）V2I　V2I 是指车载设备与路侧基础设施（如交通信号灯、交通摄像头、路侧单元等）进行通信，路侧基础设施也可以获取附近区域车辆的信息并发布各种实时信息。V2I 通信主要应用于实时信息服务、车辆监控管理、不停车收费等。

（3）V2P　V2P 是指弱势交通参与者（包括行人、骑行者等）使用用户设备（如手机、穿戴设备等）与车载设备进行通信。V2P 通信主要应用于避免或减少交通事故、信息服务等。

（4）V2N　V2N 是指车载设备通过接入网/核心网与云平台连接，云平台与车辆之间进行数据交互，并对获取的数据进行存储和处理，提供车辆所需要的各类应用服务。V2N 通信主要应用于车辆导航、车辆远程监控、紧急救援、信息娱乐服务等。

V2X 将"人、车、路、云"等交通参与要素有机地联系在一起，不仅可以支撑车辆获得比单车感知更多的信息，促进自动驾驶技术创新和应用；还有利于构建一个智慧的交通体系，促进汽车和交通服务的新模式新业态发展，对提高交通效率、节省资源、减少污染、降低事故发生率、改善交通管理具有重要意义。

V2X 技术分类如图 5-29 所示。

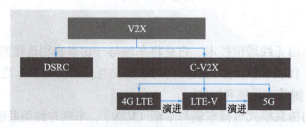

图 5-29　V2X 技术分类

一、DSRC 通信技术

DSRC（专用短程通信技术）是一种高效的短程无线通信技术，它可以实现在特定小区域内对高速运动下的移动目标的识别和双向通信，例如车辆与车辆（V2V）、车辆与基础设施（V2I）双向通信，实时传输图像、语音和数据信息，将车辆和道路有机连接。

DSRC 通信系统主要由车载单元（OBU）、路侧单元（RSU）以及 DSRC 协议 3 部分组成，如图 5-30 所示。路侧单元通过有限光纤（Fiber）的方式连入互联网。深色车代表 V2V/V2I 类安全业务，浅色车代表车载信息技术广域业务。车与车之间的信息交换通过 RSU 和 OBU 之间通信实现，车载信息技术业务通过 802.11p+RUS 回程的方式实现。可以看到，DSRC 架构中需要部署大量的 RSU 才能较好地满足业务需要，建设成本较高。

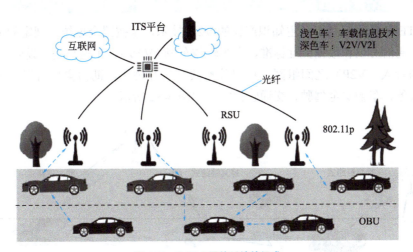

图 5-30　DSRC 通信系统的组成

二、C-V2X 通信技术

C-V2X 是基于蜂窝的 V2X 通信技术，它是基于 4G/5G 等蜂窝网通信技术演进形成的车用无线通信技术，包含了两种通信接口：一种是车、人、路之间的短距离直接通信接口（PC5）；另一种是终端和基站之间的蜂窝通信接口（Uu），可实现长距离和更大范围的可靠通信，如图 5-31 所示。

C-V2X 是基于 3GPP 全球统一标准的通信技术，包含 LTE-V2X（LTE-V）和 5G-V2X，从技术演进角度讲，LTE-V 支持向 5G-V2X 平滑演进。

LTE-V 可支持 L1～L3 级别的智能网联业务，包含红绿灯车速引导、交通事故提醒、远程诊断、紧急制动提醒等应用场景。

5G-V2X 相比 LTE-V 将在时延、可靠度、速率、数据包大小等方面有大幅度提高，可支持 L4/L5 级别的自动驾驶业务，包含车辆编队行驶、自动驾驶、远程控制、传感器信息共享等应用场景。

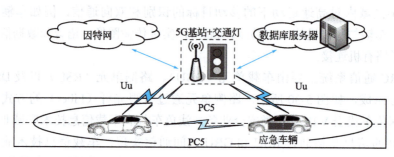

图 5-31　C-V2X 通信技术

三、LTE-V 通信技术

LTE-V 是我国具有自主知识产权的 V2X 技术，是按照全球统一规定的体系架构及其通信协议和数据交互标准，在车辆与车辆（V2V）、车辆与基础设施（V2I）、车辆与行人（V2P）之间组网，构建数据共享交互桥梁，助力实现智能化的动态信息服务、车辆安全驾驶、交通管控等，如图 5-32 所示。

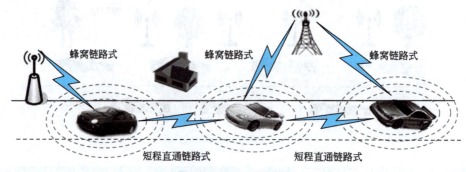

图 5-32　LTE-V 通信技术

LTE-V 通信由用户终端、路侧单元（RSU）和基站 3 部分组成，如图 5-33 所示。LTE-V 通信方式针对车辆应用定义了两种通信方式，即蜂窝链路式（LTE-V-Cell）和短程直通链路式（LTE-V-Direct），其中蜂窝链路式通过 Uu 接口承载传统的车联网车载信息技术业务，操作于传统的移动宽带授权频段；短程直通链路式通过 PC5 接口实现 V2V、V2I 直接通信，促进实现车辆安全行驶。在短程直通链路式通信模式下，车辆之间的信息交互基于广播方式，可采用终端直通模式，也可经由 RSU 来进行交互，大大减少了 RSU 需要的数量。

V2X 技术包括 LTE-V 和 DSRC 两种，其中 LTE-V 是基于 LTE 的智能网联汽车协议，由 3GPP 主导制定规范，主要参与厂商包括华为、大唐、LG 等；DSRC

主要基于 IEEE 802.11p 与 IEEE 1609 系列标准，是一种专门用于 V2V 和 V2I 之间的通信标准，主要由美国、日本主导。

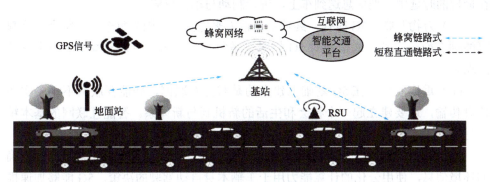

图 5-33　LTE-V 通信的组成

LTE-V 和 DSRC 均需要路侧单元（RSU），但两种技术中 RSU 承载的能力不尽相同。两种技术中，RSU 均会为车辆提供道路相关的信息，如红绿灯、限速等，在 V2I 的模式下将这些信息发给车辆。不同点在 V2V 模式下的信息交互：在 DSRC 技术下，V2V 的信息交流必须通过 RSU，因此 RSU 个数需求量很大；在短程直通链路式通信模式下，车辆之前的信息交互基于广播方式，可采用终端直通模式，也可经由 RSU 来进行交互，因此 RSU 需求的数量很小。

四、5G 通信技术

5G 是第 5 代移动通信系统。5G 是 4G 的延伸，是对现有无线接入技术（包括 3G、4G 和 Wi-Fi）的技术演进，以及一些新增的补充性无线接入技术集成后解决方案的总称。

5G 网络将融合多类现有或未来的无线接入传输技术和功能网络，包括传统蜂窝网络、大规模多天线网络、认知无线网络、无线局域网、无线传感器网络、小型基站、可见光通信和设备直连通信等，并通过统一的核心网络进行管控，以提供超高速率和超低时延的用户体验及多场景的一致无缝服务。

5G 移动通信技术具有以下特点。

（1）高速度　对于 5G 的基站峰值要求不低于 20Gbit/s，用户可以每秒钟下载一部高清电影，也可支持 VR 视频。高速度给未来对速度有很高要求的业务提供了机会和可能。

（2）泛在网　泛在网有两个层面的含义：一是广泛覆盖；二是纵深覆盖。

（3）低功耗　5G 要支持大规模物联网应用，就必须要有功耗的要求。如果能把功耗降下来，让大部分物联网产品一周充一次电，甚至一个月充一次电，就能大大改善用户体验，促进物联网产品的快速普及。

（4）低时延　5G 时延降低到 1ms，5G 的一个新场景是无人驾驶汽车，需要中央控制中心和汽车进行互联，车与车之间也应进行互联。在高速行驶中，需要在最短的时延中，把信息送到车上，进行制动与车控反应。

（5）万物互联　5G 时代，终端不是按人来定义的，因为每个人、每个家庭都可能拥有数个终端。通信业对 5G 的愿景是每平方千米，可以支撑 100 万个移动终端。

（6）重构安全　在 5G 基础上建立的是智能互联网，智能互联网不仅要实现信息传输，还要建立起一个社会和生活的新机制与新体系。智能互联网的基本精神是安全、管理、高效、方便，这就需要重新构建安全体系。

5G 网络本身具有的超大带宽、超低时延特性，可以实时搜集传输更多更精确的环境信息，使用云化的计算能力用于车辆本身自动驾驶的决策。5G 能够加速推进 V2X 在智能网联汽车上的应用，可以增强安全性，减少行车时间/提高能源效率，加速网络效应。

第四节　导航定位技术

导航定位是负责实时提供智能网联汽车的运动信息，包括位置、速度、姿态、加速度、角速度等，一般采用的是多传感器融合定位的方式。

目前，智能网联汽车的导航定位技术主要有全球卫星定位系统（GPS）、差分全球卫星定位系统、北斗卫星导航定位系统（BDS）、惯性导航系统（INS）、同时定位与地图构建（SLAM）技术和高精度地图定位等。

一、全球卫星定位系统

全球卫星定位系统（GPS）是由美国国防部建设的基于卫星的无线电导航定位系统。它能连续为世界各地的陆海空用户提供精确的位置、速度和时间信息，最大优势是覆盖全球、全天候工作，可以为高动态、高精度平台服务，目前得到普遍应用。

GPS 是由导航卫星、地面监控设备和 GPS 用户组成的，如图 5-34 所示。

导航卫星由分布在 6 个地球椭圆轨道平面上的 21 颗工作卫星和 3 颗在轨备用卫星组成，相邻轨道之间的卫星彼此呈 30°，每个轨道面上都有 4 颗卫星，在距离地球约 20000km 的高空上进行监测。这些卫星每 12h 环绕地球一圈，在地球上的任何地方、任何时间都可以观测到 4 颗以上的 GPS 卫星，保持定位的精度，从而提供连续的全球导航能力。导航卫星的任务是接收和存储来自地面监控设备发送来的导航定位控制指令，微处理器进行数据处理，以原子钟产生基准信号和精确的时间为基准向用户连续发送导航定位信息。

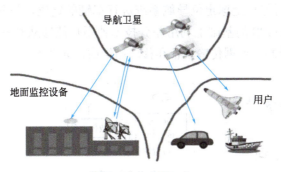

图 5-34　GPS 的组成

地面监控设备由 1 个主控站、4 个注入站和 6 个监测站组成，它们的任务是实现对导航卫星的控制。

GPS 用户主要由 GPS 接收机和 GPS 数据处理软件组成。GPS 接收机的主要功能是接收、追踪、放大卫星发射的信号，获取定位的观测值，提取导航电文中的广播星历以及卫星时钟改正参数等。GPS 数据处理软件的主要功能是对 GPS 接收机获取的卫星测量记录数据进行预处理，并对处理的结果进行平差计算、坐标旋转和分析综合处理，计算出用户所在位置的三维坐标、速度、方向和精确时刻等。

GPS 具有以下特点。

① 能够全球全天候定位，因为 GPS 卫星的数目较多，且分布均匀，保证了地球上任何地方、任何时间至少可以同时观测到 4 颗 GPS 卫星，确保实现全球、全天候连续的导航定位服务。

② 覆盖范围广，能够覆盖全球 98% 的范围，可满足位于全球各地或近地空间的军事用户连续精确地确定三维位置、三维运动状态和时间的需要。

③ 定位精度高，GPS 相对定位精度在 50km 以内可达 6～10m，100～500km 可达 7～10m，1000km 可达 9～10m。

④ 观测时间短，20km 以内的相对静态定位仅需 15～20min；快速静态相对定位测量时，当每个流动站与基准站相距 15km 以内时，流动站观测时间只需 1～2min；采取实时动态定位模式时，每站观测仅需几秒钟。

⑤ 可提供全球统一的三维地心坐标，可同时精确测定测站平面位置和大地高程。

⑥ 测站之间无须通信，只要求测站上空开阔，这既可大大减少测量工作所需的经费和时间，也使选点工作更灵活，可省去经典测量中的传算点、过渡点等的测量工作。

二、差分全球卫星定位系统

卫星距离测量存在着卫星钟与传播延迟导致的误差等问题。为了提高 GPS 定位精度，可以采用差分全球定位导航系统进行车辆的定位。差分全球卫星定位系统（DGPS）是在 GPS 的基础上利用差分技术使用户能够从 GPS 中获得更高的精度。DGPS 由基准站、数据传输设备和移动站组成，如图 5-35 所示。

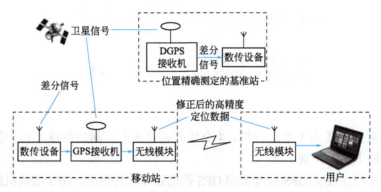

图 5-35　DGPS 的组成

DGPS 实际上是把一台 GPS 接收机放在位置已精确测定的点上，组成基准站。基准站接收机通过接收 GPS 卫星信号，将测得的位置与该固定位置的真实位置的差值作为公共误差校正量，通过无线数据传输设备将该校正量传送给移动站的接收机。移动站的接收机用该校正量对本地位置进行校正，最后得到厘米级的定位精度。附近的 DGPS 用户接收到修正后的高精度定位信息，从而大大提高其定位精度。

根据 DGPS 基准站发送的信息方式可将 DGPS 定位分为三类，即位置差分、伪距差分和载波相位差分（RTK）。这三类差分方式的工作原理是相同的，都是由基准站发送改正数，由移动站接收并对其测量结果进行改正，以获得精确的定位结果。所不同的是，发送改正数的具体内容不一样，其差分定位精度也不同。

载波相位差分（RTK）技术是建立在实时处理两个测站的载波相位基础上的，它能够实时地提供测站点在指定坐标系中的三维定位结果，并达到厘米级精度。在 RTK 作业模式下，基站采集卫星数据，并通过数据链将其观测值和站点坐标信息一起传送给移动站，而移动站通过对所采集到的卫星数据和接收到的数据链进行实时载波相位差分处理（历时不足 1s），得出厘米级的定位结果，是无人驾驶汽车常用的精准定位方法之一。

三、北斗卫星导航定位系统

北斗卫星导航定位系统（BDS）目前在汽车领域还没有大面积推广应用，但在国家制订的智能网联汽车发展规划中，已明确提出要大力推广北斗卫星导航定位系统在智能网联汽车和无人驾驶汽车中的应用。

北斗卫星导航定位系统由空间段、地面段和用户段三部分组成，如图 5-36 所示。

图 5-36　BDS 的组成

北斗系统空间段由若干地球静止轨道卫星、倾斜地球同步轨道卫星和中圆地球轨道卫星三种轨道卫星组成混合导航星座；北斗系统地面段包括主控站、时间同步/注入站和监测站等若干地面站；北斗系统用户段包括北斗兼容其他卫星导航系统的芯片、模块、天线等基础产品，以及终端产品、应用系统与应用服务等。

北斗卫星导航定位系统具有以下特点。

① 空间段采用三种轨道卫星组成的混合星座，与其他卫星导航系统相比，高轨卫星更多，抗遮挡能力强，尤其在低纬度地区性能优势更为明显。

② 提供多个频点的导航信号，能够通过多频信号组合使用等方式提高服务精度。

③ 创新融合了导航与通信功能，具备定位导航授时、星基增强、地基增强、精密单点定位、短报文通信和国际搜救等多种服务能力。

四、惯性导航系统

惯性导航系统（INS）是一种利用惯性传感器测量载体的角速度信息，并结合给定的初始条件实时推算速度、位置、姿态等参数的自主式导航系统。具体来说，惯性导航系统属于一种推算导航方式，即从一已知点的位置根据连续测得的运动载体航向角和速度推算出其下一点的位置，因而可连续测出运动体的当前位置。

惯性导航系统主要采用加速度传感器和陀螺仪传感器来测量载体参数，其原理如图 5-37 所示。

加速度传感器和陀螺仪结合就是惯性测量单元（IMU），一个测量速度，一个测量方向。IMU 的一个重要特征在于它以高频率更新，其频率可达到 1000Hz，所以 IMU 可以提供接近实时的位置信息。

惯性导航系统可以看成是 IMU 与软件的结合。图 5-38 所示为 IMU 产品，通过内置的微处理器，能够以最高 200Hz 的频率输出实时的高精度三维位置、速度、姿态信息。

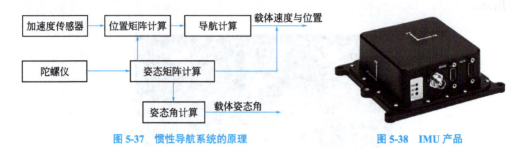

图 5-37　惯性导航系统的原理　　　　图 5-38　IMU 产品

基于 GPS 或 BDS 和惯性传感器的融合是无人驾驶汽车一种重要的定位技术。

惯性导航系统主要有两个作用：一个是在 GPS 信号丢失或很弱的情况下，暂时替代 GPS，用 IMU 进行定位；另一个作用是配合激光雷达进行精准定位。

惯性导航系统主要具有以下优点。

① 由于它是不依赖于任何外部信息，也不向外部辐射能量的自主式导航系统，故隐蔽性好，也不受外界电磁干扰的影响。

② 可全天候在全球任何地点工作。

③ 能提供位置、速度、航向和姿态角数据，所产生的导航信息连续性好而且噪声低。

④ 数据更新率高，短期精度和稳定性好。

惯性导航系统主要具有以下缺点。

① 由于导航信息经过积分而产生，定位误差随时间而增大，长期精度差。

② 每次使用之前需要较长的初始对准时间。

③ 不能给出时间信息。

五、同时定位与地图构建（SLAM）技术

同时定位与地图构建（Simultaneous Localization and Mapping，SLAM）是指搭载特定传感器的主体，在没有环境先验信息的情况下，于运动过程中建立环境的模型，同时估计自己的运动。如果这里的传感器为相机，则为视觉 SLAM；如果传感器为激光雷达，则为激光 SLAM。

1. 视觉 SLAM 技术

目前，视觉 SLAM 可分为单目、双目、深度相机（RGB-D）三个大类。另还有鱼眼、全景等特殊相机，但目前在研究和产品中还属于少数。此外，结合惯性测量元件（Inertial Measurement Unit，IMU）的视觉 SLAM 也是现在研究的热点之一。

单目相机 SLAM 仅用一个摄像头就能完成 SLAM。最大的优点是传感器简单

且成本低廉，但同时也有个大问题，就是不能确切地得到深度。一方面是由于绝对深度未知，单目 SLAM 不能得到目标的运动轨迹及地图的真实大小，如果把轨迹和房间同时放大两倍，单目看到的像是一样的，因此，单目 SLAM 只能估计一个相对深度。另一方面，单目相机无法依靠一张图像获得图像中物体离自己的相对距离。为了估计这个相对深度，单目 SLAM 要靠运动中的三角测量，来求解相机运动并估计像素的空间位置。也就是说，它的轨迹和地图只有在相机运动之后才能收敛，如果相机不进行运动时，就无法得知像素的位置。单目 SLAM 不受环境大小的影响，因此既可以用于室内，又可以用于室外。

双目相机和深度相机的目的在于通过某种手段测量物体离我们的距离，克服单目无法知道距离的缺点。如果知道了距离，场景的三维结构就可以通过单个图像恢复出来，也就消除了尺度不确定性。尽管都是为测量距离，但双目相机与深度相机测量深度的原理是不一样的。

双目相机由两个单目相机组成，但这两个相机之间的距离（基线）是已知的。通过这个基线来估计每个像素的空间位置。计算机上的双目相机需要大量的计算才能估计每一个像素点的深度。双目相机测量到的深度范围与基线相关。基线距离越大，能够测量到的就越远，所以无人车上搭载的双目通常会较大。双目相机的距离估计是比较左右眼的图像获得的，并不依赖其他传感设备，所以它既可以应用在室内，也可应用于室外。

深度相机的最大特点是可以通过红外结构光或 TOF 原理，直接测出图像中各像素离相机的距离。因此，它比传统相机能够提供更丰富的信息，也不必像单目或双目那样费时费力地计算深度。深度相机主要用于室内 SLAM，室外则较难应用。

双目或多目相机的缺点是配置与标定均较为复杂，其深度量程和精度受双目的基线与分辨率限制，而且视差的计算非常消耗计算资源，需要使用 GPU 和高速数据采集系统（FPGA）加速后，才能实时输出整张图像的距离信息。

2. 激光 SLAM 的特点

激光 SLAM 就是根据一帧帧连续运动的点云数据，从中推断出激光雷达自身的运动以及周围环境的情况。激光 SLAM 根据其所用的激光雷达的线束不同可细分为 2D 激光 SLAM 和 3D 激光 SLAM。

激光 SLAM 具有能够准确测量环境中目标点的角度与距离、无须预先布置场景、可融合多传感器、能在光线较差环境中工作、能够生成便于导航的环境地图等特点，成为目前定位方案中不可或缺的新技术。

在 SLAM 过程中，无人车通过激光雷达感知周围环境，并对周围环境进行重建，然后通过观测数据计算无人车当前的位姿，并融合无人车内部里程计、加速度计等传感器推算得到的位姿改变,以此对无人车进行精准的定位。与此同时,通过无人车的定位信息以及外部传感器在当前时刻的观测信息,对地图进行增量式更新,在通过建好的地图作为先验信息进行下一步的定位与建图,周而复始。

激光 SLAM 主要分为定位与建图两个部分,主要要解决三个基本问题:第一,环境中信息量如此之大,不可能全部拿来用,那么该如何从周围环境中提取出有用的信息,也就是特征提取问题;第二,不同时刻观测到的环境信息之间有什么联系,即数据关联问题;第三,如何来描述周围环境,即地图表示问题。

3. 视觉 SLAM 与激光 SLAM 的区别

从成本、应用场景、地图精度、易用性对视觉 SLAM 与激光 SLAM 进行比较。

(1)成本 激光雷达普遍价格较高,但目前国内也有低成本的激光雷达解决方案,而视觉 SLAM 主要是通过摄像头来采集数据信息,跟激光雷达一对比,摄像头的成本显然要低很多。但激光雷达能更高精度地测出障碍点的角度和距离,方便定位导航。

(2)应用场景 视觉 SLAM 的应用场景要丰富很多。视觉 SLAM 在室内外环境下均能开展工作,但是对光的依赖程度高,在暗处或者一些无纹理区域是无法进行工作的。而激光 SLAM 目前主要被应用在室内,用来进行地图构建和导航工作。

(3)地图精度 激光 SLAM 在构建地图的时候,精度较高,构建的地图精度可达到 2cm 左右;视觉 SLAM,比如深度摄像机的测距范围在 3~12m 之间,地图构建精度约 3cm;所以激光 SLAM 构建的地图精度一般来说比视觉 SLAM 高,且能直接用于定位导航。

(4)易用性 激光 SLAM 和基于深度相机的视觉 SLAM 均是通过直接获取环境中的点云数据,根据生成的点云数据,测算哪里有障碍物以及障碍物的距离。但是基于单目、双目和鱼眼摄像机的视觉 SLAM 方案,则不能直接获得环境中的点云,而是形成灰色或彩色图像,需要通过不断移动自身的位置,通过提取和匹配特征点,利用三角测距的方法测算出障碍物的距离。

激光 SLAM 的建图效果如图 5-39 所示。

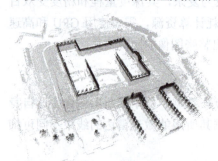

图 5-39 激光 SLAM 的建图

总体来说,激光 SLAM 相对更为成熟,也是目前最为可靠的定位导航方案;而视觉 SLAM 仍是今后研究的一个主流方向,但未来,两者融合是必然趋势。

六、高精度地图

高精度地图就是精度更高、数据维度更多的电子地图。精度更高体现在精确到厘米级别，数据维度更多体现在其包括了除道路信息之外的与交通相关的周围静态信息。

1. 高精地图的信息

高精度地图将大量的行车辅助信息存储为结构化数据，这些信息可以分为以下两类。

① 道路数据，比如车道线的位置、类型、宽度、坡度和曲率等车道信息。

② 车道周边的固定对象信息，比如交通标志、交通信号灯等信息，车道限高、下水道口、障碍物及其他道路细节，高架物体、防护栏、道路边缘类型、路边地标等基础设施信息。

图 5-40 所示为一高精度地图。

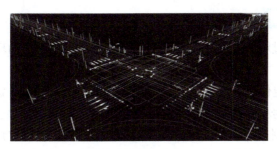

图 5-40　高精度地图

高精度地图里的信息都有地理编码，导航系统可以准确定位地形、物体和道路轮廓，从而引导车辆行驶。其中最重要的是对路网精确的三维表征（厘米级精度），比如路面的几何结构、道路标示线的位置、周边道路环境的点云模型等。有了这些高精度的三维表征，自动驾驶系统可以通过比对车载的 GPS、IMU、激光雷达或视觉传感器的数据精确确认自己当前的位置。另外，高精度地图中包含有丰富的语义信息，比如交通信号灯的位置和类型、道路标示线的类型以及哪些路面是可以行驶等。

2. 高精度地图与导航电子地图的对比

（1）使用对象　导航电子地图的使用者是驾驶员，有显示；高精度地图的使用者是自动驾驶系统，无显示。

（2）精度　导航电子地图的精度在米级别，商用 GPS 精度为 5m；高精度地图的精度在厘米级别，可以达到 10～20cm 级别。

（3）数据维度　导航电子地图数据只记录道路级别的数据，如道路形状、坡度、曲率、铺设、方向等；高精度地图不仅增加了车道属性相关（车道线类型、车道宽度等）数据，更有诸如高架物体、防护栏、树、道路边缘类型、路边地标等大量目标数据，能够明确区分车道线类型、路边地标等细节。

（4）功能　导航电子地图起的是辅助驾驶的导航功能；高精度地图通过"高精度高动态多维度"数据，起的是为自动驾驶提供自变量和目标函数的功能。

（5）数据的实时性　无人驾驶时代所需的局部动态地图根据更新频率划分可将所有数据划分为 4 类：永久静态数据，更新频率约为 1 个月；半永久静态数据，更新频率为 1h；半动态数据，更新频率为 1min；动态数据，更新频率为 1s。导航电子地图可能只需要前两者；高精地图为了应对各类突发状况，保证自动驾驶的安全实现，需要更多的半动态数据以及动态数据，这大大提升了对数据实时性的要求。

（6）所属系统　导航电子地图属于信息娱乐系统；高精度地图属于车载安全系统。

3. 高精地图的功能

在自动驾驶过程中，高精度地图起到了高精度定位、辅助环境感知、路径规划等功能。

（1）高精度定位　导航电子地图的匹配依赖于 GPS 定位，定位准确性取决于 GPS 的精度、信号强弱以及定位传感器的误差；高精地图相对于导航电子地图有着更多维度的数据，比如道路形状、坡度、曲率、航向、横坡角等，通过更高维数的数据结合高效率的匹配算法，高精度地图能够实现更高尺度的定位与匹配。利用高精度地图匹配可以将车辆位置精准地定位在车道上，从而提高车辆定位的精度。

（2）辅助环境感知　高精度地图可以看作是无人驾驶汽车的传感器，对车载传感器无法探测的部分进行补充，进行实时状况的监测及外部信息的反馈；车载传感器有其局限性，如易受恶劣天气的影响，此时可以使用高精度地图来获取当前位置精准的交通状况。

（3）路径规划　对于提前规划好的最优路径，由于实时更新的交通信息，最优路径可能也在随时发生变化。此时高精度地图在云计算的辅助下，能有效地为无人驾驶汽车提供最新的路况，帮助无人驾驶汽车重新制定最优路径。

总之，高精度地图可以解决环境感知中传感器在雨雪、大雾天气里不适用的问题，在规划和决策中对地理数据进行修正，提高准确度，并且大量减少车载传感器的数目，降低整车成本，加快无人驾驶的商用化。

高精度定位是无人驾驶汽车的核心关键技术。所谓高精度是指定位精度要达到厘米级，任何一种单一方案都不能实现，必须采用组合定位方式。

百度 Apollo 系统使用了激光雷达、RTK（载波相位差分）技术与 IMU（惯性测量单元）融合的方案，多种传感器融合加上一个误差状态卡尔曼滤波器，使定位精度可以达到 5~10cm，且具备高可靠性和鲁棒性，市区允许最高速度超过 60km/h。

第五节　车路协同控制技术

车路协同控制是指基于无线通信、传感探测等技术进行车路信息获取，通过 V2V、V2I 信息交互和共享，实现车辆和基础设施之间智能协同与配合，达到优化利用系统资源、提高道路交通安全、缓解交通拥堵的目标。

车路协同控制已成为智能交通发展的新方向，而新一代的通信技术则是车路协同控制的关键，它为智能交通提供 V2V、V2I 之间高速可靠的智能传输通道。

智慧交通车路协同控制的架构如图 5-41 所示。车路协同通过端、管、云三层架构实现环境感知、数据融合计算、决策控制，从而提供安全、高效、便捷的智慧交通服务。

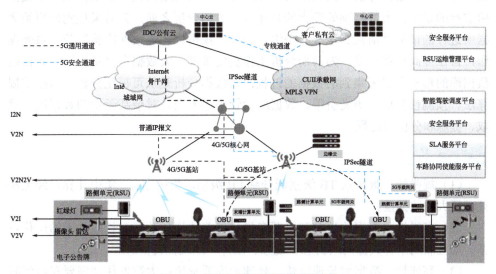

图 5-41　智慧交通车路协同控制的架构

（1）端　端是指交通服务中实际参与的实体元素，包括通信功能的车载单元（On Board Unit，OBU）、路侧单元（Road Side Unit，RSU）等，感知功能的摄像头、雷达等，以及路侧交通设备包括红绿灯、电子公告牌等。

（2）管　管是指实现交通各实体元素互联互通的网络，包括 4G/5G、C-V2X，网络支持根据业务需求的灵活配合，同时保障通信的安全可靠。

（3）云　云是指实现数据汇集、计算、分析、决策以及基本运维管理功能的平台，根据业务需求可部署在边缘侧或中心云。

在"端-管-云"新型交通架构下，车端和路端将实现基础设施的全面信息化，形成底层和顶层的数字化映射；5G 与 C-V2X 联合组网构建广覆盖蜂窝通信与直联通信协同的融合网络，保障智慧交通业务连续性；人工智能和大数据实现海量数据分析与实时决策，建立智慧交通的一体化管控平台。

一、大数据技术

大数据是指数据没有办法在可容忍的时间下使用常规软件方法完成存储、管理和处理任务。大数据是需要新处理模式才能具有更强的决策力、洞察发现力和流程优化能力的海量、高增长率和多样化的信息资产。大数据是"未来的新石油"。

自动驾驶汽车每行驶 8h 将产生并消耗约 40TB 的数据，这意味着自动驾驶汽车将至少像依赖石油或电力一样依赖数据。自动驾驶汽车可以通过大数据分析，做出明确、合理的决策，保障汽车安全行驶。随着自动驾驶程度的提高，为自动驾驶提供支持的技术变得更加复杂，这就需要更多的数据。

从大数据的生命周期来看，大数据主要包括大数据采集、大数据预处理、大数据存储、大数据分析。大数据采集是对各种来源的结构化和非结构化海量数据所进行的采集；大数据预处理指的是在进行数据分析之前，先对采集到的原始数据所进行的诸如"清洗、填补、平滑、合并、规格化、一致性检验"等一系列操作，旨在提高数据质量，为后期分析工作奠定基础；大数据存储是指用存储器以数据库的形式存储采集到的数据的过程；大数据分析是从可视化分析、数据挖掘算法、预测性分析、语义引擎、数据质量管理等方面，对杂乱无章的数据进行萃取、提炼和分析的过程。

1. 大数据技术的特点

（1）规模性　数量从 TB 级别跃升到 PB 级别，集中储存/集中计算已经无法处理巨大的数据量。

（2）多样性　数据的种类和来源多样化，非结构化数据增长远大于结构化数据，如互联网中有大量网络日志、视频、图片、地理位置信息等。

（3）高速性　数据增长速度快，处理速度要求快；大数据往往需要在秒级时间范围从各种类型的数据中获得高价值的信息，这一点和传统的数据挖掘技术有着本质的不同。

（4）价值性　价值密度低，商业价值高；只要合理利用数据并对其进行准确的分析，将会带来很高的价值回报。

大数据特点可以归纳为 4 个 "V" ——Volume（规模性）、Variety（多样性）、Velocity（高速性）和 Value（价值性）。

2. 大数据技术在自动驾驶中的应用

自动驾驶主要依靠智能传感器感知周围环境信息，并自行作出驾驶行为决策，控制车辆到达既定目的地。其核心在于深度的 AI 算法，但这又依靠海量大数据和高性能计算。

（1）自动驾驶汽车如何收集数据　自动驾驶汽车使用来自各种内置传感器来收集数据，在自动驾驶汽车中，来自各种内置传感器的数据可以在毫秒内得到处理和分析。这使得汽车不仅可以从 A 点到 B 点安全行驶，而且还可以将路况信息传递给云端，从而传递给其他车辆。然后，来自互联汽车的大数据将与其他智能汽车共享。

（2）哪些传感器帮助自动驾驶汽车收集数据　为了观察和感知自身周围的一切，自动驾驶汽车通常使用三种类型传感器：摄像头、毫米波雷达和激光雷达。摄像头可帮助汽车获得周围环境的 360° 全景。不仅如此，现代摄像头还可以提供逼真的 3D 图像，识别物体和人，并确定它们之间的距离。但恶劣的天气条件、损坏的交通标志和对比度不足会影响摄像头的性能。天气条件不会影响毫米波雷达，它可以检测移动物体，实时测量距离和速度。激光雷达可以创建周围环境的 3D 图像并绘制地图，从而在汽车周围创建 360° 视图。

在自动驾驶中，一个更为关键的组件是帮助分析自动驾驶汽车中数据的软件。连接到网络后，自动驾驶汽车不仅可以将其所有传感器的数据传递到云端，而且还能立即对情况做出响应。

（3）自动驾驶汽车如何处理大数据　自动驾驶汽车必须有传感器、人工智能软件和云服务器。自动驾驶汽车通过定位技术确定自己的世界坐标位置，并结合来自内部传感器的数据来确定它的速度和方向；同时，还需要在地图中定位，标志、标记、车道和各种障碍物都要考虑在内。利用收集到的数据，自动驾驶汽车可以针对道路上的许多可能情况制定策略。自动驾驶汽车之间的数据共享将有助于避免交通堵塞，同时考虑天气状况并应对紧急情况。

3. 大数据技术对自动驾驶的作用

① 环境感知。尽管自动驾驶汽车配有雷达和视觉传感器，使它们能够感知周围的环境，但如果不能获得可靠的数据流，以及了解周围的情况和未来的预判，自动驾驶汽车就会存在安全风险。未来的自动驾驶汽车可以依靠传感器和已有的大数据，将不同数据有效融合起来，建立一个基于大数据的感知系统，保障自动驾驶汽车的安全行驶。

② 驾驶行为决策。自动驾驶汽车行驶过程中，如何将汽车控制好，这样的驾驶行为决策在路况简单时，过去传统的方式是基于规则的判定。而在未来更复杂的环境包括拥堵情况，基于数据驱动的驾驶行为的决策，会变成未来整个发展的

主流。大数据在交通行业已经实现商业化应用。采集了车速及安全带使用、制动、加速习惯及下班后的用车习惯等相关信息。若该类数据可以共享，用于自动驾驶，研发人员可将该类数据用于机器学习，更精确地定位车辆信号及路况情况，从而提升自动驾驶的安全性，降低事故发生率。

如何将海量数据高效地传输到运营点和云集群中，如何将全部海量数据成体系地组织在一起，快速搜索，灵活使用，为数据流水线和各业务应用如训练平台、仿真平台、汽车标定平台提供数据支撑，均涉及大数据技术。

二、云计算技术

云计算没有统一的定义，简单来说，云计算就是将很多计算机资源和服务集中起来，人们只要接入互联网，将能很轻易、方便地访问各种基于云的应用信息，省去安装和维护的烦琐操作。

美国国家标准与技术研究院对云计算的定义：云计算是一种按使用量付费的模式，这种模式提供可用的、便捷的、按需的网络访问，进入可配置的计算资源共享池（资源包括网络、服务器、存储、应用软件、服务），这些资源能够被快速提供，只需投入很少的管理工作，或与服务供应商进行很少的交互。

1. 云计算的特点

（1）支持异构基础资源　云计算可以构建在不同的基础平台之上，即可以有效兼容各种不同种类的硬件和软件基础资源。硬件基础资源主要包括网络环境下的计算（服务器）、存储（存储设备）和网络（交换机、路由器等设备）；软件基础资源则包括单机操作系统、中间件、数据库等。

（2）支持资源动态扩展　支持资源动态伸缩，实现基础资源的网络冗余，意味着添加、删除、修改云计算环境的任一资源节点，都不会导致云环境中的各类业务的中断，也不会导致用户数据的丢失。而资源动态流转则意味着在云计算平台下实现资源调度机制，资源可以流转到需要的地方。如在系统业务整体升高情况下，可以启动闲置资源，纳入系统中，提高整个云平台的承载能力。而在整个系统业务负载低的情况下，则可以将业务集中起来，而将其他闲置的资源转入节能模式，从而在提高部分资源利用率的情况下，达到其他资源绿色、低碳的应用效果。

（3）支持异构多业务体系　在云计算平台上，可以同时运行多个不同类型的业务。异构表示该业务不是统一的，不是已有的或事先定义好的，而应该是用户可以自己创建并定义的服务。

（4）支持海量信息处理　云计算在底层需要面对各类众多的基础软硬件资源；在上层需要能够同时支持各类众多的异构的业务；而具体到某一业务，往往也需要面对大量的用户。由此，云计算必然需要面对海量信息交互，需要有高效、稳定的海量数据通信/存储系统作支撑。

（5）按需分配、按量计费　按需分配是云计算平台支持资源动态流转的外部特征表现。云计算平台通过虚拟分拆技术，可以实现计算资源的同构化和可度量化，可以提供小到一台计算机，多到千台计算机的计算能力。按量计费起源于效用计算，在云计算平台实现按需分配后，按量计费也成为云计算平台向外提供服务时的有效收费形式。

因此，云计算甚至可以体验每秒10万亿次的运算能力，拥有这么强大的计算能力可以模拟核爆炸、预测气候变化和市场发展趋势。用户通过电脑、笔记本、手机等多种方式接入数据中心，按自己的需求进行运算。

2. 云计算在自动驾驶中的作用

（1）海量数据存储备份　自动驾驶汽车实际运行中产生的各类数据对远程故障诊断、定期检测是必不可少的。但海量的数据存储、备份和分析则带来成本上的压力。云端存储和大数据分析能力极大减少了这方面的成本，并且能降低因数据丢失导致的风险。其中云端实时地处理自动驾驶汽车传来的道路数据，识别哪些可以被以后数据处理应用，更新数据；哪些需要实时处理，并把对应的理解数据传给自动驾驶汽车等均涉及云计算技术。

（2）自动驾驶汽车的快速开发测试　自动驾驶汽车的功能设计、开发和测试环境的维护，其成本都是极其昂贵的，但使用效率并不高。使用云计算技术，可以快速地在云端搭建起虚拟开发测试环境，一旦新的功能和服务开发测试完成也可以直接通过云端推送给用户。自动驾驶算法的研发流程（开发、训练、验证、调试）在云端实现，从而大幅提升算法迭代效率，云计算技术对于自动驾驶是非常重要的。

因此，大数据让自动驾驶汽车具备老驾驶员的经验；云计算不但让自动驾驶汽车学习这些老驾驶员的经验成为可能，更让自动驾驶汽车在行驶中具有整个交通全局的信息视野和决策能力。

三、多接入边缘计算技术

多接入边缘计算（MEC）是一种网络架构，为网络运营商和服务提供商提供云计算能力以及网络边缘的IT服务环境。

MEC与C-V2X融合是将C-V2X业务部署在MEC平台上，借助Uu接口或PC5接口支持实现"人-车-路-云"协同交互，可以降低端到端数据传输时延、缓解终端或路侧智能设施的计算与存储压力，减少海量数据回传造成的网络负荷，提供具备本地特色的高质量服务。MEC与C-V2X融合的场景如图5-42所示。

MEC与C-V2X融合场景可按照"路侧协同"与"车辆协同"的程度进行分类。

无须路侧协同的 C-V2X 应用可以直接通过 MEC 平台为车辆或行人提供低时延、高性能服务；当路侧部署了能接入 MEC 平台的路侧雷达、摄像头、智能红绿灯、智能化标志标识等智能设施时，相应的 C-V2X 应用可以借助路侧感知或采集的数据为车辆或行人提供更全面的信息服务。在没有车辆协同时，单个车辆可以直接从 MEC 平台上部署的相应 C-V2X 应用获取服务；在多个车辆同时接入 MEC 平台时，相应的 C-V2X 应用可以基于多个车辆的状态信息，提供智能协同的信息服务。

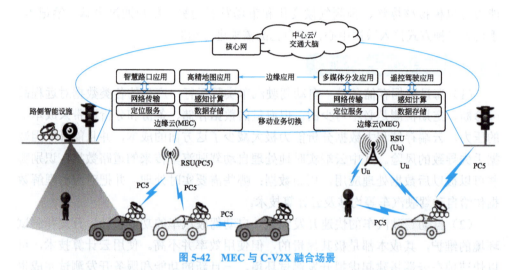

图 5-42　MEC 与 C-V2X 融合场景

依据是否需要路侧协同以及车辆协同，将 MEC 与 C-V2X 融合场景分为单车与 MEC 交互、单车与 MEC 及路侧智能设施交互、多车与 MEC 协同交互、多车与 MEC 及路侧智能设施协同交互，如图 5-43 所示。

1. 单车与 MEC 交互场景

在 C-V2X 应用中，本地信息分发、动态高精度地图、车载信息增强、车辆在线诊断等功能通过单车与 MEC 进行交互即可实现，其应用场景如图 5-44 所示。

（1）本地信息分发　MEC 作为内容分发的边缘节点，实现在线分发和流量卸载的功能；可为车辆提供音视频等多媒体休闲娱乐信息服务、区域性商旅餐饮等信息服务，或提供软件/固件升级等服务。

（2）动态高精度地图服务　MEC 可以存储动态高精度地图和分发高精度地图信息，减少时延并降低对核心网传输带宽的压力。在应用中，车辆向 MEC 发送自身具体位置以及目标地理区域信息，部署在 MEC 的地图服务提取相应区域的高精度地图信息发送给车辆。当车辆传感器检测到现实路况与高精度地图存在偏差时，可将自身传感信息上传至 MEC 用于对地图进行更新，随后 MEC 的地图服务可选择将更新后的高精度地图回传至中心云平台。

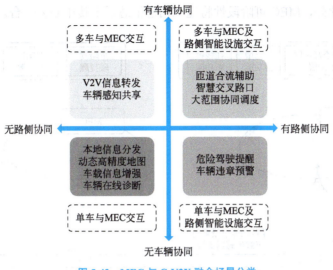

图 5-43　MEC 与 C-V2X 融合场景分类

（3）信息增强功能　MEC 提供车载信息增强功能，车辆可将车载传感器感知的视频/雷达信号等上传至 MEC，MEC 通过车载信息增强功能提供的视频分析、感知融合、AR 合成等多种应用实现信息增强，并将结果下发至车辆进行直观显示。

（4）在线诊断功能　MEC 可支持自动驾驶在线诊断功能。车辆可将其状态、决策等信息上传至 MEC，利用在线诊断功能对实时数据样本进行监控分析，用于试验、测试、评估或应对紧急情况处理。同时 MEC 可定期将样本及诊断结果汇总压缩后回传中心云平台。

在单车与 MEC 交互场景中，车辆与部署在 MEC 上的服务进行交互，无须路侧智能设施及其他车辆参与。

2. 单车与 MEC 及路侧智能设施交互场景

在 C-V2X 应用中，危险驾驶提醒、车辆违章提醒等功能可通过单车、路侧智能设施及 MEC 进行交互实现，其应用场景如图 5-45 所示。

（1）危险驾驶提醒　MEC 部署危险驾驶提醒功能后，可结合路侧智能设施，通过车牌识别等功能分析车辆进入高速的时间，定期为车辆提供疲劳驾驶提醒；或在夜间通过视频分析，提醒车辆正确使用灯光；或在感知到突发车辆事故时，提醒附近车辆谨慎驾驶；或在天气传感器感知到高温"镜面效应"、雨雪大雾等恶劣天气时，提醒车辆安全驾驶。此外，MEC 可阶段性地将危险驾驶信息汇总后上传中心云平台。

（2）车辆违章预警　MEC 部署车辆违章预警功能后，可结合路侧智能设施，通过视频识别、雷达信号分析等应用实现车牌识别，并对超速、逆行、长期占据应急车道等违章行为判定，并将违章预警信息下发对应车辆，提醒车辆遵守交通规则行驶。此外，MEC 可阶段性将违章信息汇总后上传中心云平台。

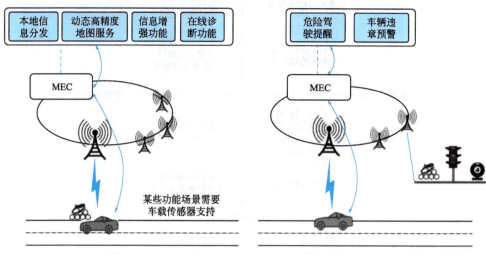

图 5-44　单车与 MEC 交互场景　　图 5-45　单车与 MEC 及路侧智能设施交互场景

在单车与 MEC 及路侧智能设施交互的场景中，车辆、路侧智能设施与部署在 MEC 上的服务进行交互，无须其他车辆参与。

3. 多车与 MEC 协同交互场景

在 C-V2X 应用中，V2V 信息转发、车辆感知共享等功能可通过多车与 MEC 协同交互实现，其应用场景如图 5-46 所示。

（1）V2V 信息转发　MEC 部署 V2X 信息转发功能后，可作为桥接节点，以 V2N2V 的方式实现车与车之间的通信，实时交流车辆位置、速度、方向及刹车、双闪开启等车辆状态信息，提升道路安全。

（2）车辆感知共享　MEC 部署车辆感知共享功能，可将具备环境感知车辆的感知结果转发至周围其他车辆，用于扩展其他车辆的感知范围。也可以用于"穿透"场景，即当前车遮挡后车视野时，前车对前方路况进行视频监控并将视频实时传输至 MEC，MEC 的车辆感知共享功能对收到的视频进行实时转发至后方车辆，便于后方车辆利用视频扩展视野，有效解决汽车行驶中的盲区问题，提高车辆的驾驶安全。

在多车与 MEC 协同交互场景中，多个车辆与部署在 MEC 上的服务进行交互，无须路侧智能设施参与。

4. 多车与 MEC 及路侧智能设施协同交互场景

C-V2X 应用中，匝道合流辅助、智慧交叉路口、大范围协同调度等功能可通过多车、路侧智能设施及 MEC 进行协同交互实现，其应用场景如图 5-47

所示。

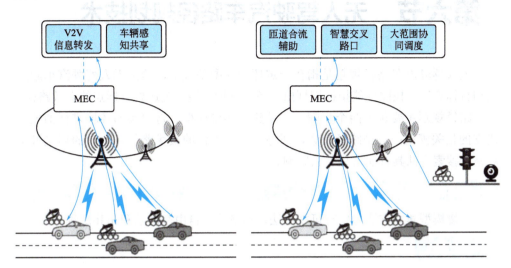

图 5-46　多车与 MEC 协同交互场景　　图 5-47　多车与 MEC 及路侧智能设施协同交互场景

（1）匝道合流辅助　MEC 部署匝道合流辅助功能，在匝道合流汇入点部署监测装置（如摄像头）对主路车辆和匝道车辆同时进行监测，并将监测信息实时传输到 MEC，同时相关车辆也可以将车辆状态信息发送至 MEC，MEC 的匝道合流辅助功能利用视频分析、信息综合、路况预测等应用功能对车、人、障碍物等的位置、速度、方向角等进行分析和预测，并将合流点动态环境分析结果实时发送相关车辆，提升车辆对于周边环境的感知能力，减少交通事故，提升交通效率。

（2）智慧交叉路口　MEC 部署智慧交叉路口功能，交叉路口处的路侧智能传感器（如摄像头、雷达等）将路口处探测的信息发送至 MEC，同时相关车辆也可以将车辆状态信息发送至 MEC。MEC 的智慧交叉路口功能通过信号处理、视频识别、信息综合等应用功能对交叉路口周边内的车辆、行人等位置、速度和方向角等进行分析和预测，并将分析结果实时发送至相关车辆，综合提升车辆通过交叉路口的安全性和舒适性；同时 MEC 的可以通过收集和分析相关信息，对交通信号灯各相位配时参数进行优化，提高交叉路口的通行效率。

（3）大范围协同调度　MEC 部署大范围协同调度功能，可在重点路段、大型收费口处借助视频传感信息，通过 MEC 进行路况分析和统一调度，实现一定范围内大规模车辆协同、车辆编队行驶等功能。或在城市级导航场景中，MEC 根据区域车辆密度、道路拥堵严重程度、拥堵节点位置以及车辆目标位置等信息，利用路径优化的算法对车辆开展导航调度，避免拥堵进一步恶化。

在多车与 MEC 及路侧智能设施交互场景中，多个车辆、路侧智能设施与部署在 MEC 上的服务进行交互。

第六节　无人驾驶汽车路径规划技术

无人驾驶汽车路径规划是指在一定环境模型基础上，给定无人驾驶汽车起始点和目标点后，按照性能指标规划出一条无碰撞、能安全达到目标点的有效路径。

路径规划主要包含两个步骤：一是建立环境模型，将现实的环境进行抽象后建立的相关模型；二是路径搜索，即寻找符合条件的最优路径。不同的环境模型对路径搜索方法具有非常显著的影响。

一、环境模型建立方法

环境模型建立方法主要有可视图法、栅格法、自由空间法和拓扑法等。

1. 可视图法

在 C 空间（Configuration Space，位姿空间）中，运动物体缩小为一点，障碍物边界相应地向外扩展为 C 空间障碍。在二维的情况下，扩展的障碍物边界可由多个多边形表示，用直线将物体运动的起点 S 和所有 C 空间障碍物的顶点以及目标点 c 连接，并保证这些直线段不与 C 空间障碍物相交，就形成一张图，称为可视图。由于任意两直线的顶点都是可见的，因此，从起点 S 沿着这些直线到达目标点的所有路径均是运动物体的无碰路径。对图搜索就可以找到最短无碰撞安全运动路径。搜索最优路径的问题就转化为从起点到目标点经过这些可视直线的最短距离问题。

可视图法的优点是概念直观，实现简单；缺点是缺乏灵活性，一旦车辆的起始点和目标点发生改变，就要重新构造可视图，而且算法的复杂性和障碍物的数量成正比，且不是任何时候都可以获得最优路径。

2. 栅格法

栅格法是用栅格单元表示整个的工作环境，将自主车辆的连续工作环境离散化分解成一系列的网格单元，一般情况下，栅格大小与自主车辆的尺寸相同，尽量把自主车辆的工作环境划分为尺寸大小相同的栅格，但是也有尺寸大小不同的情况，主要还是根据自己的实际情况来定。自主车辆的整个工作环境划分后的栅格分为两种，即自由栅格和障碍栅格。自由栅格指的是某一栅格范围内不含有任何障碍物；障碍栅格指的是这个栅格范围内存在障碍物，有的时候可能整个栅格内都布满障碍物，有的时候可能只有栅格的一部分是障碍物，但是只要有障碍物的存在就称为障碍栅格。

栅格的标识方法有两种，即直角坐标法和序号法。直角坐标法以栅格左上角第一个栅格为坐标原点，水平向右为 x 轴正方向，竖直向下为 y 轴正方向，每一个栅格区间对应于坐标轴上一个单位长度；序号法就是从栅格阵左上第一个栅格开始，按照先从左至右、从上至下的顺序给每一个栅格一个编号。

均匀分解法中栅格大小均匀分布，占据栅格用数值表示。均匀分解法能够快速直观地融合传感器信息，但是，它采用相同大小栅格会导致存储空间巨大，大规模环境下路径规划计算复杂度增高。

为了克服均匀分解法中存储空间巨大的问题，递阶分解法把环境空间分解为大小不同的矩形区域，从而减少环境模型所占空间。递阶分解法的典型代表为四叉树分解法和八叉树分解法。八叉树分解法是 2D 四叉树结构在 3D 空间的扩展，用层次式的 3D 空间子区域划分来代替大小相等、规则排列的 3D 栅格，能够较好地表示三维空间。

栅格法对环境空间的划分方法和操作都比较简单，有一致的规则，较容易实现。但由于连续的工作空间被划分为离散的栅格空间，没有考虑环境本身固有的一些特点，这就使得栅格属性代表的信息具有片面性，并且栅格法对栅格大小的划分有很大的依赖性，当栅格划分较小且环境很复杂时，搜索空间会急剧增大，算法的效率就会相当低。

3. 自由空间法

自由空间法是采用预先定义的如广义锥形和凸多边形等基本形状构造自由空间，并将自由空间表示为连通图，然后通过搜索连通图来进行路径规划。

自由空间法比较灵活，起始点和目标点的改变不会造成连通图的重构，但算法的复杂程度与障碍物的多少成正比，且不是任何情况下都能获得最短路径。

4. 拓扑法

拓扑法基本思想是降维法，即将在高维几何空间中求路径的问题转化为低维拓扑空间中判别连通性的问题。将规划空间分割成具有拓扑特征一致的子空间，根据彼此连通性建立拓扑网络，在网络上寻找起始点到目标点的拓扑路径，最终由拓扑路径求出几何路径。

拓扑法中自主车辆所处的环境用图形来表示，不同的地点用点来表示，不同点的相邻可达性用弧来表示。拓扑法的优点是不管环境多么复杂，都能找到无碰撞路径；缺点是建立拓扑网络的过程相当复杂，其计算量十分庞大。在障碍物数量增多或障碍物位置改变的时候，修改原来的拓扑网络是很棘手的问题。

总之，环境模型建立方法很多，可以根据具体情况选择，也可以把几种方法结合起来。

二、路径规划的经典算法

路径规划的经典算法主要有 Dijkstra 算法、A* 算法、D* 算法等。

1. Dijkstra 算法

Dijkstra 算法是最经典的路径搜索算法，寻找解的质量稳定，计算速度快。Dijkstra 算法使用全局搜索，不但能够保证在一个区域当中找到两个坐标之间的最短路径，而且能够找到区域中某一点到其他点中的最短路径。

Dijkstra 算法的根本思想：若每个点都设有一个坐标（d_j，p_j），其中 d_j 是原点 O 到某一点 j 的一条长度是最短的路径，p_j 则是 d_j 的前一个点，求解从原点 O 到某一点 j 的路径中最短的一条路径，其算法应该如下。

① 判断路径规划的可行性（就是说起始点和终点的选择是否可行和存储结点的容器是否正确），将存放节点的容器初始化，然后把所有结点粘贴到临时缓存。

② 首先查找离第一个节点最近的相关节点和两者之间的道路信息，并把它们都存储起来，然后通过查找与之距离最短的一个节点是不是终点，假如是终点，那么将节点存储起来，返回；若不是，则从暂时缓存中删除第一个节点，执行下一步操作。

③ 寻找离目前中间点最近的一个节点，将此节点存储起来。

④ 再次判断目前节点是不是线路规划的终点，假如是则返回节点，若不是则可以删除临时缓存中的已分析节点，重新回到步骤③。

Dijkstra 算法的核心方法就是对当前网络中存在的所有节点开始查找，找到第一个节点到任意一个节点的最短线路，这种方法并没有考虑到任何节点是否存在方向性，因此 Dijkstra 算法具有比较好的计算可靠性、稳定性；但同时也存在着缺点，在范围较大的路径规划中，Dijkstra 算法计算效果不是很好。

2. A* 算法

在静态路径下的规划算法中常用的算法为 A* 算法。它是一种启发式搜索策略，能根据求解问题的具体特征，控制搜索往最可能达到目的地方向前进。这种搜索策略针对问题本身特点进行，因而比完全搜索的方案效率要高很多，它往往只需要搜索一部分状态空间就可以达到目的地。

A* 算法是目前最为流行的最短路径启发式搜索算法，它充分运用问题域状态空间的启发信息，对问题求解选取比较适宜的估价函数，再利用估价函数的反馈结果，对它的搜索战略进行动态的调节，最终得到问题的最优解。A* 算法给出的估价函数为

$$f(j) = g(j) + h(j) \tag{5-4}$$

$g(j)$ 是从原点到当前节点 j 的代价，$h(j)$ 是从当前节点 j 到目标节点之间的最

小代价的估计函数。当 $h(j)=0$ 时，即 $h(j)$ 没有用到任何启发式信息，此种情况下，A^* 算法会演变衰退为一般的 Dijkstra 算法。因此，在一般情况下，$h(j)$ 到底为何种样式应该按照待求问题的实际情况而定，但是它务必使估价函数中的 $h(j)$ 项小于等于点 j 到目标节点的实际最小代价，那么就能得出结论，根据这样的搜索策略，就肯定可以找到最优解。

在最短路径问题中，$h(j)$ 可选择为当前顶点到目标顶点的直线距离 $d(j)$，而 $g(j)$ 则选择为原点到当前节点的实际距离 $d^*(j)$，则估价函数为

$$f(j) = d^*(j) + d(j) \tag{5-5}$$

算法步骤如下。

① 赋给初始值，初始化所有节点、临时缓存和关联容器。

② 计算初始节点和各个相关节点的权值 $f(j)$，然后保存起来，从中获得权值最小的节点，并保存该节点，最后把它从节点存储器中去掉。

③ 计算该节点是不是终点，假如是终点就返回节点，若不是终点就接着计算下一步。

④ 获得所有的中间节点与相关节点的权值 $f(j)$，然后开始判断，假如这个节点没有保存，那么把这个节点存储起来；假如这个节点已经保存，比较这个节点的权值和已保存节点的权值大小，如果不大于已保存权值，则开始更新替换。

⑤ 查找中间点的关联节点中权值最小的一个节点，将该节点保存，然后将其从节点缓存中去掉，并转到步骤③。

A^* 算法的独特之处在于使用估价模型函数，这种算法会自动地使运算结果趋向于目的地，因此，它查找的节点越少，存储空间被占用得越少。与其他算法相比，如果它们的时间复杂度是一样的，A^* 算法在实际应用中效果会更优越。

3. D* 算法

A^* 算法主要是在静态的环境下进行最短路径规划，但在实际环境下，可能由于交通环境复杂，路面的行人、路障、非机动车辆、机动车辆以及其他各种动态障碍物都会影响车辆的行进，所以有必要进行路径的动态规划。典型的动态规划算法为 D^* 算法。它的基本思想如下。

① 利用 A^* 算法对地图上给定的起始点和目标点进行路径规划，建立 OPEN 表和 CLOSED 表，存储规划路径上的每一路点到目标路点的最短路径信息。

② 在车辆对规划出的路径进行跟踪时，当下一个路点没有障碍能够通行时，则对上面规划出的路径从起始路点向后追溯到目标路点，直至车辆到达目的地。当在跟踪到某一路点 Y 时，检测到在下一路点处有障碍发生时，则在当前路点处重新建立对后续路点的规划，保存障碍物之前的路点在 OPEN 表和 CLOSED 表里的信息和指针，删除障碍物之后路点在 OPEN 表和 CLOSED 表里的信息和后继

指针。

③ 利用 A* 算法从当前路点 Y 开始向目标路点进行规划，重新规划得到最短路径。回到步骤②。

三、路径规划的智能算法

路径规划的智能算法主要有遗传算法、模拟退火算法、蚁群算法等。

1. 遗传算法

遗传算法（Genetic Algorithm，GA）是目前自主车辆路径规划研究中常用的一种算法。它是利用达尔文的生物自然遗传选择和生物自然淘汰的进化来实现的数学模型。遗传算法源于自然进化规律和遗传基因学，并且拥有"生成"与"检测"这种迭加顺序的查询算法。遗传算法把整个蚁群当中每个成员作为研究对象，而且通过随机化方法去控制当前被编码的参数空间进行查询。遗传算法的主要流程是选择、交叉、变异。GA 算法是直接可以对蚁群对象操作，没有必要考虑函数导数与连续性的限制。GA 内部存在良好并行处理能力和优秀的全局查询特色。遗传算法通过概率化的方法，能自动获得查询空间，自动地改变查询方向，不需要有明确的规定。遗传算法目前已成为较新颖的查询方法，它的计算方法不复杂、高效、实用，而且有较好的鲁棒性强。适用于并行处理领域，在各个应用部门都得到较高的赞誉。

遗传算法的基本运算过程如下。

（1）初始化　设定起始群体 $P(0)$，生成 N 个个体，设定进化代数变量 $t=0$，设定 T 最大进化代数。

（2）个体评价　获得群体 $P(t)$ 中每个样本的适应度。

（3）选择计算　选择是为了把优秀的个体或通过交配产生新的个体传到下一代。

（4）交叉计算　将最核心的交叉算子作用于群体。

（5）变异计算　把总群中的每个个体的一些基因座上的基因值改动。种群 $P(t_1)$ 是由种群 $P(t)$ 产生，历经选择、交叉、变异。

（6）结束判断　当 $t=T$ 时，停止计算，输出具有最大适应度的个体。

2. 模拟退火算法

模拟退火（Simulated Annealing，SA）算法是求解规划问题中的最优值，方法是利用热力学中经典粒子系统的降温过程。当孤立的粒子系统的温度缓慢降低时，粒子系统会保持在热力学平衡稳定的状态，最终体系将处于能量最低的情况简称基态。基态是能量函数的最小点。模拟退火法能够有效地解决复杂的系统优化问题，并且限制性约束较小。

模拟退火法的基本过程如下。

① 设定初始值，包括温度 T_0 及函数值 $f(x)$。

② 计算函数差值 $\Delta f=f(x')-f(x)$。

③ 若 $\Delta f>0$，可把新点作为下一次计算的初始值。

④ 若 $\Delta f<0$，则计算新接受概率：$p(\Delta f) = \exp\left(-\dfrac{\Delta f}{KT}\right)$，产生 [0,1] 区间上均匀分布的伪随机数 r，r 属于 [0,1]，根据 $p(\Delta f)$ 与 r 值的大小来判断下一次值的选取。

如果根据退火方案把温度一步步降低，循环执行上述步骤，这样就形成了模拟退火算法。假如此时系统的温度降到足够低，就会以为目前就是全局最优的状态。在此步骤中，如果温度迅速下降，部分极值点就会遗失；假如温度缓慢下降，这样算法的收敛速度大不如以前。

3. 蚁群算法

蚁群算法（Ant Colony Algorithm，ACA）寻找最优解效仿了真实蚂蚁的寻径行为，利用蚂蚁之间的相互通信与相互合作。蚁群算法类似于其他进化算法，首先都是一种随机查找算法；其次，都是利用候选解群体的进化来寻找最优解，具有完善的全局优化能力，不依赖于特定的数学问题。

通过蚁群算法求解某些比较复杂的优化问题时，则将体现出该算法的优越性，同时蚁群算法自身也具有不少缺陷。蚁群算法的优点如下。

① 蚁群算法在优化问题领域具有很强的搜索较优解的能力，因为它能够把一些常用的分布式计算、贪婪式搜索等特点综合起来，并且是一种正反馈机制的算法。想要快速地发现较优解，可利用正反馈机制得到；而过早收敛现象可由分布式计算来排除；这样在查找过程的前期，就会找到可实施的方法，同样，若要减少查找过程消耗的时间，可通过贪婪式搜索来实现。

② 蚁群算法具有很强的并行性。

③ 蚁群中蚂蚁之间通过信息素展开协同合作，则系统会有比较好的可扩展性。

蚁群算法也具有一些缺陷。

① 蚁群算法需要消耗比较多的时间来查找，尤其是在群体规模较大时，由于蚁群中的蚂蚁活动是任意的，即使利用信息交换都可以找到最优路径，但是在不是很长的时间里，很难发现一条比较好的线路。由于在刚开始寻找路径的时候，各线路上的信息浓度大小几乎是相同的，这样就存在一定困难。虽然利用正反馈方法反馈信息，能够让好线路上的信息量越来越多，但是需要消耗很长的时间间隔，才能使较多的信息量出现在较好的路径上，伴随正反馈的不断进行，会产生明显的差别，从而得到最好的路径。这一过程需要较长时间。

② 当查找过程进行到一定阶段时，蚁群中蚂蚁查找到的解相同，很难在深层次去查找得到更好的解，使算法出现停滞现象。

除了上述算法之外，还有其他很多算法，如基于广度优先搜索、深度优先搜索、最小生成树、神经网络、层次空间推理等。

第七节　无人驾驶汽车自主循迹控制技术

无人驾驶汽车自主循迹控制系统的主要任务包括任务规划、行为决策以及底层汽车操作。在实际应用中，汽车的自主循迹控制分为横向控制和纵向控制。横向控制主要是通过控制转向盘转角使汽车沿期望的既定路线行驶，同时满足一定的舒适性和平顺性要求。纵向控制是行车方向上的控制，主要是通过控制汽车的油门和刹车使汽车按期望的车速行驶，同时实现与前后车车距的保持及紧急避障等功能。无人驾驶汽车自主循迹横向和纵向控制系统结构如图5-48所示。

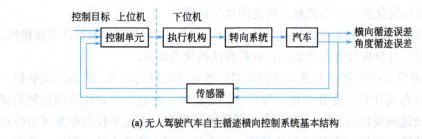

(a) 无人驾驶汽车自主循迹横向控制系统基本结构

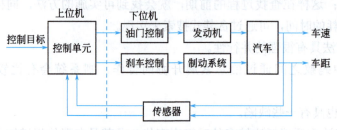

(b) 无人驾驶汽车自主循迹纵向控制系统基本结构

图5-48　无人驾驶汽车自主循迹横向和纵向控制系统结构

可以看出，无人驾驶汽车横向控制系统的上位机控制单元通过汽车横向循迹误差和角度循迹误差信息计算出期望的转向盘转角，然后通过转向执行机构实现对转向系统的实时控制，进而实现对期望道路轨迹的跟踪。纵向控制系统的上位机控制单元通过期望车速和期望车距信息分别计算出期望油门踏板信号和制动踏板信号，然后通过执行机构实现对汽车发动机和制动系统的实时控制，使汽车始终保持期望的车速行驶，同时处于安全的车距范围内。

一、无人驾驶汽车自主循迹控制系统分类

无人驾驶汽车自主循迹控制系统可以根据所选择的汽车模型、使用的控制理论以及控制内容分别进行分类。

1. 按汽车模型分类

无人驾驶汽车自主循迹控制中所选择的汽车模型可以分为汽车转向几何学模型、汽车运动学模型和汽车动力学模型。

（1）汽车转向几何学模型　汽车转向几何学模型是无人驾驶汽车自主循迹控制中使用最早也是最广泛的汽车模型，使用一个简单的公式表示无人驾驶汽车前轮转角与期望道路轨迹之间的几何关系。汽车转向几何学模型在控制时又分为非预瞄和基于预瞄两种方式。由于汽车转向几何学模型易于理解，控制方法简单，在无人驾驶汽车循迹横向控制方面有着广泛的应用。

（2）汽车运动学模型　汽车运动学模型揭示的是汽车在全局坐标系中的位移与汽车的车速、横摆角和前轮转角之间的关系。汽车运动学模型可以很好地解决无人驾驶汽车编队跟随控制问题，但由于模型复杂，计算量相对增大，增加了工程应用中可能存在的错误，而且运算过程中需要计算道路曲率的一、二阶导数，这无形中要求道路必须连续且平顺，在独立的无人驾驶汽车循迹控制中应用较少。

（3）汽车动力学模型　汽车动力学模型以牛顿力学定律为基本原理，揭示的是汽车的受力与汽车各运动学变量之间的关系。模型易于理解，在应用时算法稍显复杂，其控制精度要高于汽车转向几何学模型和汽车运动学模型。但由于普遍使用的线性二自由度汽车模型在建模时进行了一定的线性化假设，模型在非线性区的控制精度较低。

2. 按控制理论分类

无人驾驶汽车自主车循迹控制中使用的控制方法可以分成经典控制理论、现代控制理论和智能控制理论。

（1）经典控制理论　经典控制理论提出的几种稳定性判据至今在无人驾驶汽车循迹控制中仍广泛使用，奈式判据和伯德图法是判断无人驾驶汽车循迹控制器稳定性的重要方法。

（2）现代控制理论　现代控制理论是建立在状态空间法基础上的一种控制理论，系统辨识法、滑模变结构非线性法、PID控制等现代控制理论在无人驾驶汽车自主循迹控制中得到了广泛的应用。

（3）智能控制理论　智能控制理论是自动控制理论的最新发展阶段，在无人驾驶汽车的自主循迹控制领域也取得了飞速的发展。模糊控制不依赖于对象的数

学模型，而是通过输入、输出信息模仿人脑并利用先验知识进行模糊化推理，在无人驾驶汽车自主循迹控制方面有着广泛的应用前景；模糊神经网络控制将模糊控制的知识表达容易和神经网络自学习能力强这两种控制方法的优势结合起来，提高了整个控制系统的学习能力和表达能力，非常适合于无人驾驶汽车在非线性区的自主循迹控制。

3. 按控制内容分类

无人驾驶汽车自主循迹控制按照其控制内容可以分成横向控制和纵向控制。

（1）横向控制　无人驾驶汽车循迹横向控制分为补偿跟踪控制和预瞄跟踪控制。补偿跟踪控制的输入是当前时刻汽车行驶的状态信息和道路信息之间的偏差，控制器根据输入的偏差进行补偿校正，计算出相应的转向盘转角；预瞄跟踪控制则是模拟驾驶员驾驶汽车时的预瞄原理，根据未来某一时刻汽车的期望位置和预计位置之间的差值进行控制。

（2）纵向控制　纵向控制常用于现代汽车的自适应巡航控制中，其目的是使无人驾驶汽车在循迹时保持期望的既定车速，同时保持与前后车的距离处于安全标准之内。纵向控制归根结底是对汽车发动机和制动器的控制。目前在乘用车上应用比较成熟的自适应巡航控制、弯道速度控制和起步停车辅助等都属于纵向控制的范畴。

二、无人驾驶汽车自主循迹横向控制

无人驾驶汽车自主循迹横向控制是通过调整汽车的转向盘转角使汽车与期望轨迹之间的横向循迹误差最小，同时使汽车运动方向与期望轨迹切线方向之间的角度误差最小，在保证控制精度的前提下又要兼顾汽车的平顺性和舒适性。

1. 汽车转向几何学模型横向控制原理

汽车转向几何学模型是无人驾驶汽车自主循迹控制中使用最早也是最广泛的汽车模型。

在一系列假设条件下，可以用一个线性二自由度的二轮模型来代替无人驾驶汽车模型。通常的假设包括，忽略汽车的转向系统，以前轮转角作为转向输入；忽略悬架，即忽略汽车的俯仰和侧倾运动；汽车纵向车速视作定值；轮胎处于线性区，汽车侧向加速度限定在 $0.4g$ 以下；忽略地面切向力对轮胎的影响。此时，汽车前轮转角和后轮将要行驶的轨迹之间满足一个简单的几何学关系，称为汽车转向几何学模型，如图 5-49 所示。

汽车转向几何学模型的前轮转角与道路轨迹曲率半径之间的关系表示为

$$\tan\delta = \frac{L}{R} \tag{5-6}$$

式中，δ 为前轮转角，deg；L 为汽车轴距，m；R 为期望轨迹的曲率半径，m。

不同的无人驾驶汽车自主循迹横向控制方法往往使用汽车不同位置处的横向循迹误差，非预瞄汽车转向几何学模型横向控制方法使用汽车前轮处的横向循迹误差 e_f。汽车前轮处的横向循迹误差与期望轨迹的关系如图 5-50 所示。

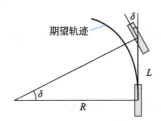

图 5-49　汽车转向几何学模型

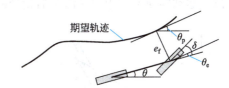

图 5-50　汽车前轮处的横向循迹误差与期望轨迹的关系

根据图 5-50 可知，汽车前轮处的角度循迹误差为

$$\theta_e = \theta - \theta_p \tag{5-7}$$

式中，θ_e 为角度循迹误差，deg；θ 为汽车横摆角，deg；θ_p 为期望的汽车横摆角，deg。

循迹控制器的目的是通过调整 δ 使 θ_e 和 e_f 都趋于 0，控制率设计为

$$\delta = \theta_e + \arctan\left(\frac{ke_f}{v}\right) \tag{5-8}$$

式中，k 为调整系数；v 为车速，m/s。

2. 汽车运动学模型横向控制原理

汽车运动学模型揭示的是汽车在全局坐标系中的位移与汽车车速、横摆角和前轮转角之间的关系，如图 5-51 所示，图中 x 和 y 表示汽车后轮中心在全局坐标系中的坐标，x_f 和 y_f 表示汽车前轮中心在全局坐标系中的坐标。

汽车前后轮中心的坐标与汽车横摆角和前轮转角之间的关系可表示为

$$\begin{cases} \dot{x}_f \sin(\theta+\delta) - \dot{y}_f \cos(\theta+\delta) = 0 \\ \dot{x}\sin\theta - \dot{y}\cos\theta = 0 \end{cases} \tag{5-9}$$

前轮坐标可以用后轮坐标和轴距表示为

$$\begin{cases} x_f = x + L\cos\theta \\ y_f = y + L\sin\theta \end{cases} \tag{5-10}$$

将式（5-10）代入式（5-9）的第一个方程中，消去 x_f 和 y_f，可得

$$\dot{x}\sin(\theta+\delta) - \dot{y}\cos(\theta+\delta) - \dot{\theta}L\cos\delta = 0 \tag{5-11}$$

根据式（5-9）的第二个方程可知后轮的约束条件，并将结果乘以 v_x 得

$$\begin{cases} \dot{x} = v_x\cos\theta \\ \dot{y} = v_x\sin\theta \end{cases} \tag{5-12}$$

将式（5-12）代入式（5-11）可得：

$$\dot{\theta} = \frac{v_x\tan\delta}{L} \tag{5-13}$$

汽车运动学模型使用的是汽车后轮处的横向循迹误差 e_d，如图 5-52 所示。

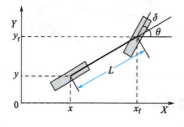
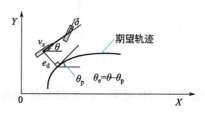

图 5-51　汽车运动学模型　　　图 5-52　汽车后轮处的横向循迹误差与期望轨迹的关系

期望轨迹曲率 $\kappa(s)$ 可用期望汽车横摆角 θ_p 与汽车沿期望轨迹行程 s 表示为

$$\kappa(s) = \frac{\dot{\theta}_p(s)}{\dot{s}} \tag{5-14}$$

$\dot{s}$ 和 $\dot{e}_d$ 与 v_x 的关系可以表示为

$$\begin{cases} \dot{s} = v_x\cos\theta_e + \dot{\theta}_p e_d \\ \dot{e}_d = v_x\sin\theta_e \end{cases} \tag{5-15}$$

将式（5-15）所示的汽车运动学模型写成矩阵形式为

$$\begin{bmatrix} \dot{s} \\ \dot{e}_d \\ \dot{\theta}_e \\ \dot{\delta} \end{bmatrix} = \begin{bmatrix} \dfrac{\cos\theta_e}{1-e_d\kappa(s)} \\ \sin\theta_e \\ \dfrac{\tan\delta}{L} - \dfrac{\kappa(s)\cos\theta_e}{1-e_d\kappa(s)} \\ 0 \end{bmatrix} v_x + \begin{bmatrix} 0 \\ 0 \\ 0 \\ 1 \end{bmatrix} \dot{\delta} \tag{5-16}$$

在进行汽车运动学模型控制器设计时，通常将其写成非完整约束系统的标准形式。一个有 2 个输入的非完整约束系统的标准形式表示为

$$\begin{cases} \dot{x}_1 = u_1(t) \\ \dot{x}_2 = u_2(t) \\ \dot{x}_3 = x_2 u_1(t) \\ \dot{x}_4 = x_3 u_1(t) \end{cases} \tag{5-17}$$

式中，x_1、x_2、x_3 和 x_4 为控制系统状态变量；$u_1(t)$、$u_2(t)$ 为控制系统的输入变量。

对式（5-17）的 4 个状态变量进行变换得

$$\begin{cases} x_1 = s \\ x_2 = -\dot{\kappa}(s)e_d\tan\theta_e - \kappa(s)[1-e_d\kappa(s)]\dfrac{1+\sin^2\theta_e}{\cos^2\theta_e} + \dfrac{[1-e_d\kappa(s)]^2\tan\delta}{L\cos^3\theta_e} \\ x_3 = [1-e_d\kappa(s)]\tan\theta_e \\ x_4 = e_d \end{cases} \quad (5\text{-}18)$$

对 2 个输入进行变换得

$$\begin{cases} v = \dfrac{[1-e_d\kappa(s)]u_1(t)}{\cos\theta_e} \\ \dot{\delta} = \alpha_2[u_2(t) - \alpha_1 u_1(t)] \end{cases} \quad (5\text{-}19)$$

α_1 和 α_2 表示为

$$\begin{cases} \alpha_1 = \dfrac{\partial x_2}{\partial s} + \dfrac{\partial x_2}{\partial e_d}[1-e_d\kappa(s)]\tan\theta_e + \dfrac{\partial x_2}{\partial \theta_e}\left\{\dfrac{\tan\delta[1-e_d\kappa(s)]}{L\cos\theta_e} - \kappa(s)\right\} \\ \alpha_2 = \dfrac{L\cos^3\theta_e\cos^2\delta}{[1-e_d\kappa(s)]^2} \end{cases} \quad (5\text{-}20)$$

经过式（5-18）～式（5-20）的变换，式（5-16）可转换为式（5-17）所示的标准形式，此时控制器的目标是使 x_2、x_3 和 x_4 趋于 0。假定系统输入 $u_1(t)$ 为已知的，且是与时间变量相关的函数，式（5-17）可写为

$$\begin{cases} \dot{x}_1 = u_1(t) \\ \begin{bmatrix} \dot{x}_2 \\ \dot{x}_3 \\ \dot{x}_4 \end{bmatrix} = \begin{bmatrix} 0 & 0 & 0 \\ u_1(t) & 0 & 0 \\ 0 & u_1(t) & 0 \end{bmatrix}\begin{bmatrix} x_2 \\ x_3 \\ x_4 \end{bmatrix} + \begin{bmatrix} 1 \\ 0 \\ 0 \end{bmatrix}u_2(t) \end{cases} \quad (5\text{-}21)$$

观察式（5-21），当 $u_1(t)$ 为一连续有界的恒正或恒负函数时，系统是可控的。同时在这种条件下，x_1 为单调函数，状态变量 $x_2 \sim x_4$ 相对于时间的微分可用其相对于 x_1 的微分表示为

$$\begin{cases} \dfrac{d}{dt} = \dfrac{d}{dx_1}\dot{x}_1 = \dfrac{d}{dx_1}u_1 \\ \text{sgn}(u_1)\dfrac{d}{dx_1} = \dfrac{1}{|u_1|}\dfrac{d}{dt} \end{cases} \quad (5\text{-}22)$$

定义 $x_i^{[j]} = \text{sgn}(u_1) \dfrac{d^j x_i}{dx_1^j}$，$u_2' = \dfrac{u_2}{u_1}$，则 $x_2^{[1]}$、$x_3^{[1]}$ 和 $x_4^{[1]}$ 可表示为

$$\begin{cases} x_4^{[1]} = \text{sgn}(u_1)x_3 \\ x_3^{[1]} = \text{sgn}(u_1)x_2 \\ x_2^{[1]} = \text{sgn}(u_1)u_2' \end{cases} \quad (5\text{-}23)$$

此时系统为线性非时变的，用 n 表示系统状态变量个数，可将系统转换为

$$x_4^{[n-1]} = \text{sgn}(u_1)^{n-1} u_2' \quad (5\text{-}24)$$

若使式（5-24）成立，u_2' 需满足

$$u_2' = -\text{sgn}(u_1)^{n-1} \sum_{i=1}^{n-1} k_i x_4^{[i-1]} \quad (5\text{-}25)$$

其中，$k_i > 0$，以满足 Hurwitz 稳定性判据，系统的输入 u_2 设计为

$$u_2(x_2, x_3, x_4, t) = u_1(t)u_2' \quad (5\text{-}26)$$

对于连续有界的恒正或者恒负输入 u_1，将式（5-23）和式（5-24）代入式（5-25）得

$$u_2(x_2, x_3, x_4, t) = -k_1|u_1(t)|x_4 - k_2 u_1(t)x_3 - k_3|u_1(t)|x_2 \quad (5\text{-}27)$$

取 $k_1 = k^3$，$k_2 = 3k^2$，$k_3 = 3k$，以保证系统的稳定性。

3. 汽车动力学模型横向控制原理

线性二自由度汽车模型同样可以进行汽车的动力学分析。汽车动力学模型表征的是汽车的受力与汽车的速度、加速度以及横摆角之间的关系，如图5-53所示。

将无人驾驶汽车的横向和纵向动力学分开，仅研究无人驾驶汽车自主循迹横向控制，汽车侧向运动和横摆运动的动力学微分方程为

$$\begin{cases} F_{yf}\cos\delta - F_{xf}\sin\delta + F_{yr} = m(\dot{v}_y + v_x\omega) \\ l_f(F_{yf}\cos\delta - F_{xf}\sin\delta) - l_r F_{yr} = I_z\dot{\omega} \end{cases} \quad (5\text{-}28)$$

式中，F_{yf}、F_{yr} 分别为汽车前、后轮侧向力，N；F_{xf} 为汽车前轮纵向力，N；l_f、l_r 分别为汽车质心至前、后轴的距离，m；m 为汽车质量，kg；v_y 为汽车横向速度，m/s；ω 为汽车横摆角速度，deg/s；I_z 为汽车相对于 z 轴的转动惯量，kg·m²。

前、后轮侧向力可用以下简化公式计算。

$$\begin{cases} F_{yf} = c_f \alpha_f = c_f \arctan\left(\dfrac{v_y + l_f\omega}{v_x}\right) - \delta \\ F_{yr} = c_r \alpha_r = c_r \arctan\left(\dfrac{v_y - l_r\omega}{v_x}\right) \end{cases} \quad (5\text{-}29)$$

式中，α_f、α_r 分别为汽车前、后轮侧偏角，rad；c_f、c_r 分别为汽车前、后轮综合侧偏刚度，N/rad。

将式（5-29）代入式（5-28），根据小角度假设理论得

$$\begin{bmatrix} \dot{v}_y \\ \dot{\omega} \end{bmatrix} = \begin{bmatrix} -\dfrac{c_f + c_r}{mv_x} & \dfrac{l_r c_r - l_f c_f}{mv_x} - v_x \\ \dfrac{l_r c_r - l_f c_f}{I_z v_x} & -\dfrac{l_f^2 c_f + l_r^2 c_r}{I_z v_x} \end{bmatrix} \begin{bmatrix} v_y \\ \omega \end{bmatrix} + \begin{bmatrix} \dfrac{c_f}{m} \\ \dfrac{l_f c_f}{I_z} \end{bmatrix} \delta \quad (5\text{-}30)$$

汽车动力学模型使用汽车质心处的横向循迹误差 e_{cg}，如图 5-54 所示。

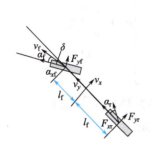
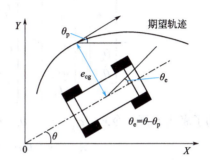

图 5-53　汽车动力学模型　　　图 5-54　汽车质心处的横向循迹误差与期望轨迹的关系

由期望轨迹的曲率可求出汽车期望横摆角速度和期望侧向加速度分别为

$$\begin{cases} \omega_s = \kappa(s) v_x \\ \dot{v}_{ys} = \kappa(s) v_x^2 \end{cases} \quad (5\text{-}31)$$

式中，$\kappa(s)$ 为期望轨迹的曲率，rad/m；$\dot{v}_{ys}$ 为汽车期望侧向加速度，m/s²；ω_s 为汽车期望横摆角速度，deg/s。

当 θ_e 足够小时，汽车质心处的横向循迹误差 e_{cg} 和角度循迹误差 θ_e 满足

$$\begin{cases} \dot{e}_{cg} = v_y + v_x \theta_e \\ \dot{\theta}_e = \omega - \omega_s \end{cases} \quad (5\text{-}32)$$

假设 v_x 为固定值，即 $\dot{v}_x = 0$，式（5-32）两端求导，得

$$\begin{cases} \ddot{e}_{cg} = \dot{v}_y + v_x \dot{\theta}_e \\ \ddot{\theta}_e = \dot{\omega} - \dot{\omega}_s \end{cases} \quad (5\text{-}33)$$

将式（5-32）和式（5-33）代入式（5-30），消除 v_y 项和 ω 项，得

$$\begin{cases} \ddot{e}_{cg} = \dfrac{-(c_f + c_r)}{mv_x} \dot{e}_{cg} + \dfrac{c_f + c_r}{m} \theta_e + \dfrac{l_r c_r - l_f c_f}{mv_x} \dot{\theta}_e + \left(\dfrac{l_r c_r - l_f c_f}{mv_x} - v_x \right) \omega_s + \dfrac{c_f}{m} \delta \\ \ddot{\theta}_e = \dfrac{l_r c_r - l_f c_f}{I_z v_x} \dot{e}_{cg} + \dfrac{l_r c_r - l_f c_f}{I_z} \theta_e - \dfrac{(l_f^2 c_f + l_r^2 c_r)}{I_z v_x} (\dot{\theta}_e + \omega_s) + \dfrac{l_f c_f}{m} \delta - \dot{\omega}_s \end{cases} \quad (5\text{-}34)$$

将式（5-34）写成状态方程的矩阵形式为

$$\begin{bmatrix} \dot{e}_{cg} \\ \ddot{e}_{cg} \\ \dot{\theta}_e \\ \ddot{\theta}_e \end{bmatrix} = \begin{bmatrix} 0 & 1 & 0 & 0 \\ 0 & -\dfrac{c_f+c_r}{mv_x} & \dfrac{c_f+c_r}{m} & \dfrac{l_f c_f - l_r c_r}{mv_x} \\ 0 & 0 & 0 & 1 \\ 0 & \dfrac{l_r c_r - l_f c_f}{I_z v_x} & \dfrac{l_f c_f - l_r c_r}{I_z} & -\dfrac{l_f^2 c_f + l_r^2 c_r}{I_z v_x} \end{bmatrix}$$

$$= \begin{bmatrix} e_{cg} \\ \dot{e}_{cg} \\ \theta_e \\ \dot{\theta}_e \end{bmatrix} + \begin{bmatrix} 0 \\ \dfrac{c_f}{m} \\ 0 \\ \dfrac{l_f c_f}{I_z} \end{bmatrix} \delta + \begin{bmatrix} 0 \\ \dfrac{l_r c_r - l_f c_f}{mv_x} - v_x \\ 0 \\ -\dfrac{l_f^2 c_f + l_r^2 c_r}{I_z v_x} \end{bmatrix} \omega_s + \begin{bmatrix} 0 \\ 0 \\ 0 \\ -1 \end{bmatrix} \dot{\omega}_s \qquad (5\text{-}35)$$

为了表达方便，令 $\boldsymbol{x} = [e_{cg} \quad \dot{e}_{cg} \quad \theta_e \quad \dot{\theta}_e]^T$，式（5-35）可简化为

$$\dot{\boldsymbol{x}} = \boldsymbol{A}\boldsymbol{x} + \boldsymbol{B}_1 \delta + \boldsymbol{B}_2 \omega_s + \boldsymbol{B}_3 \dot{\omega}_s \qquad (5\text{-}36)$$

由式（5-35）可知，ω_s 项的大小仅对 $\ddot{\theta}_e$ 产生影响，而在无人驾驶汽车自主循迹横向控制时，更关注的是 e_{cg}、$\dot{e}_{cg}$、θ_e 和 $\dot{\theta}_e$ 的大小而不考虑 $\ddot{\theta}_e$ 的大小，故此处可以忽略 $\boldsymbol{B}_3 \dot{\omega}_s$ 项，此时系统表示为

$$\dot{\boldsymbol{x}} = \boldsymbol{A}\boldsymbol{x} + \boldsymbol{B}_1 \delta + \boldsymbol{B}_2 \omega_s \qquad (5\text{-}37)$$

系统控制律可以设计为

$$\begin{aligned}\delta &= -\boldsymbol{K}\boldsymbol{x} \\ &= -k_1 e_{cg} - k_2 \dot{e}_{cg} - k_3 \theta_e - k_4 \dot{\theta}_e \end{aligned} \qquad (5\text{-}38)$$

式中，$k_1 \sim k_4$ 为矩阵 $\boldsymbol{K}$ 的 4 个特征值。

为了获得期望的特征值，使用最优控制中的线性二次型调节器对闭环矩阵 $\boldsymbol{A} - \boldsymbol{B}_1 \boldsymbol{K}$ 的特征值进行计算。

设 $\boldsymbol{A}_d$ 和 $\boldsymbol{B}_d$ 为矩阵 $\boldsymbol{A}$ 和 $\boldsymbol{B}_1$ 的离散形式，则系统的最优前轮转角可表示为离散形式

$$\delta(k) = -\boldsymbol{K}\boldsymbol{x}(k) \qquad (5\text{-}39)$$

式中，$\boldsymbol{K} = (R + \boldsymbol{B}_d^T \boldsymbol{P} \boldsymbol{B}_d)^{-1} \boldsymbol{B}_d^T \boldsymbol{P} \boldsymbol{A}_d$；$R$ 为加权系数。

矩阵 $\boldsymbol{P}$ 满足黎卡提方程

$$\boldsymbol{P} = \boldsymbol{A}_d^T \boldsymbol{P} \boldsymbol{A}_d - \boldsymbol{A}_d^T \boldsymbol{P} \boldsymbol{B}_d (R + \boldsymbol{B}_d^T \boldsymbol{P} \boldsymbol{B}_d)^{-1} \boldsymbol{B}_d^T \boldsymbol{P} \boldsymbol{A}_d + \boldsymbol{Q} \qquad (5\text{-}40)$$

定义目标函数代价方程为

$$J = \sum_{k=0}^{\infty} x^T(k)Qx(k) + \delta^T(k)R\delta(k) \tag{5-41}$$

为了方便对控制器进行调整，假定对角矩阵 Q 为

$$Q = \mathrm{diag}\{[q_1,\ q_2,\ q_3,\ q_4]\} \tag{5-42}$$

为了进一步简化计算，令 $R=1$，矩阵 Q 中的对角线元素 $q_2 \sim q_4$ 满足

$$q_2 = q_3 = q_4 = 0 \tag{5-43}$$

求出最优解对应的矩阵 K 的 4 个特征值 $k_1 \sim k_4$，并通过式（5-38）可求得最优前轮转角。

三、无人驾驶汽车自主循迹纵向控制

无人驾驶汽车的纵向控制是根据当前道路的曲率、障碍物等情况以及汽车当前的车速、侧向加速度和纵向加速度等状态变量，计算出期望的纵向车速。

无人驾驶汽车纵向控制，依据的模型主要有侧向加速模型、道路宽度和曲率模型、可容忍误差模型、循迹误差模型、数据拟合模型等。

1. 侧向加速度模型

当车速较低时，纵向车速 v_x 与侧向加速度 a_y 的关系满足

$$a_y = \frac{v_x^2}{R} \tag{5-44}$$

式中，R 为期望轨迹的曲率半径，m。

后来对这种模型进行了发展，提出了一种经验模型来表征侧向加速度相对于车速的递减关系

$$\frac{a_y}{a_{y\max}} = 1 - e^{\beta(v_0 - v_x)} \tag{5-45}$$

式中，$a_{y\max}$ 为最大可忍受侧向加速度，m/s²；$v_0 - v_x$ 为车速递减，m/s；β 为经验因子。

经验因子 β 的选择与驾驶习惯有关，大的 β 表示在汽车到达最大可忍受侧向加速度之前，倾向于以比较高的车速行驶；小的 β 表示在汽车到达最大可忍受侧向加速度之前，倾向于以比较低的车速行驶，以满足更加舒适的侧向加速度感受。

2. 道路宽度和曲率模型

道路宽度和曲率有关的纵向控制模型为

$$v_x = 20.9 - 0.578\kappa(s) + 0.681(W - 7.3) \tag{5-46}$$

式中，$\kappa(s)$ 为道路曲率，rad/m；W 为道路宽度，m。

另外，还有一种指数模型为

$$v_x = v_0(1-e^{-\zeta R}) \tag{5-47}$$

式中，v_0 为期望最高车速，m/s；R 为道路曲率半径，m；ζ 为经验系数。

当道路的曲率半径比较小，即道路的曲率比较大时，期望纵向车速也比较小；当道路的曲率半径逐步增大，即道路的曲率逐渐减小时，期望纵向车速也越来越大，并最终到达一个期望的最高车速。

3. 可容忍误差模型

可容忍误差指的是预防汽车超出道路边界所允许的最大误差为

$$\lambda = (W - W_v)/2 \tag{5-48}$$

式中，λ 为可容忍误差，m；W_v 为汽车宽度，m。

对于某一款固定车型，W_v 可视作固定值，可容忍误差模型就变成了期望车速与道路宽度之间的关系模型。

研究发现，汽车的纵向车速与道路的宽度之间是一种非线性关系

$$\frac{1}{v_x} = a_1 + b_1 T_d \tag{5-49}$$

式中，a_1、b_1 为辨识系数；$T_d = \ln\left[\dfrac{2W_v}{W - W_v}\right]$ 定义为循迹困难度。

可容忍误差模型适于连续弯道的循迹控制任务，但没有考虑道路曲率对速度决策的影响。

4. 循迹误差模型

循迹误差模型是使用越线时间 T_{LC} 作为安全边缘的纵向控制。研究发现，在进行车速选择时，T_{LC} 并不是一个固定值，最小的 T_{LC} 出现在汽车超越道路中线的瞬间，如图5-55所示。

假定由于转向盘转角误差而导致的汽车实际行驶轨迹的曲率半径误差 ΔR 与期望轨迹的曲率半径 R 之间是一种线性关系为

$$\Delta R = \frac{k}{1+k}R \tag{5-50}$$

式中，ΔR 为曲率半径误差（m）；k 为待定系数。

越线时间 T_{LC} 表示为

$$T_{LC} = \frac{\alpha(R - \Delta R)}{v_x} \tag{5-51}$$

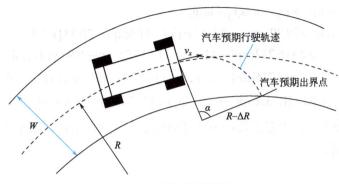

图 5-55 循迹误差模型

式（5-51）中的转角 α 表示为

$$\alpha = \arccos\left[1 - \frac{W(2R - W/2)}{4\Delta R(R - \Delta R)}\right] \tag{5-52}$$

从图 5-55 可知，如果不改变汽车转向角，汽车在将会以 $R-\Delta R$ 的曲率半径转过 α 的角度并冲出车道边缘。称 $R-\Delta R$ 为循迹误差，称这种模型为循迹误差模型。

5. 数据拟合模型

无人驾驶汽车自主循迹数据拟合纵向控制方法，最终的期望车速设计为

$$v_x = \omega_1 v_1 + \omega_2 v_2 + \omega_3 v_3 + \omega_4 v_4 \tag{5-53}$$

式中，v_1 为与汽车前方道路曲率 κ 相关的车速部分，m/s；v_2 为与汽车横向循迹误差 e_y 相关的车速部分，m/s；v_3 为与汽车侧向加速度 a_y 相关的车速部分，m/s；v_4 为与汽车纵向加速度 a_x 相关的车速部分，m/s；$\omega_1 \sim \omega_4$ 为权值系数。

通过试验数据可以分别对 v_1-κ，v_2-e_y，v_3-a_y 和 v_3-a_x 的关系进行数据拟合。

道路曲率的绝对值与车速的关系表示为

$$v_1 = 9.798\exp(-3488|\kappa|) + 18.65\exp(-20.33|\kappa|) \tag{5-54}$$

横向循迹误差的绝对值与车速的关系表示为

$$v_2 = 6.232\exp(-41.21|e_y|) + 15.35\exp(-0.9548|e_y|) \tag{5-55}$$

汽车侧向加速度的绝对值与其车速的关系表示为

$$v_3 = 7.736\exp(-2.581|a_y|) + 17.38\exp(-0.1171|a_y|) \tag{5-56}$$

汽车纵向加速度与车速的关系表示为

$$v_4 = 1.733\exp(-0.2612a_x) + 12.17\exp(0.06975a_x) \tag{5-57}$$

取 ω_1=0.5，ω_2=ω_3=0.2，ω_4=0.1，将式（5-54）～式（5-57）代入式（5-53）中，得

$$v_x = \omega_1 v_1 + \omega_2 v_2 + \omega_3 v_3 + \omega_4 v_4$$
$$= 0.5 \times [9.798\exp(-3488|\kappa|) + 18.65\exp(-20.33|\kappa|)]$$
$$+ 0.2 \times [6.232\exp(-41.21|e_y|) + 15.35\exp(-0.9548|e_y|)] \quad (5\text{-}58)$$
$$+ 0.2 \times [7.736\exp(-2.581|a_y|) + 17.38\exp(-0.1171|a_y|)]$$
$$+ 0.1 \times [1.733\exp(-0.2612a_x) + 12.17\exp(0.06975a_x)]$$

无人驾驶汽车自主循迹数据拟合纵向控制方法输出车速与原始实验车速的对比如图 5-56 所示。

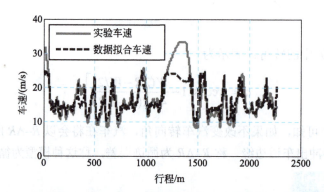

图 5-56 无人驾驶汽车自主循迹数据拟合纵向控制方法输出车速与原始实验车速对比

可以看出，无人驾驶汽车自主循迹数据拟合纵向控制方法输出的期望车速与原始实验车速基本一致，说明该纵向控制方法的控制效果良好。行程位于 1200~1400m 之间时，控制器输出的期望车速信号与原始的实验车速信号有明显差距，这说明在某些工况下数据拟合方法的控制精度还有待改善。

6. 模糊神经网络模型

利用模糊神经网络（FNNC）的自学习和自调整能力弥补影响车速各变量的非线性和时变性，对无人驾驶汽车进行自主循迹纵向控制。

无人驾驶汽车自主循迹模糊神经网络结构如图 5-57 所示。

神经网络的结构共 5 层，分别为输入层、模糊化层、模糊推理层、去模糊化层和输出层。神经网络的输入变量为道路曲率的绝对值 $|\kappa|$、循迹误差的绝对值 $|e_y|$、汽车侧向加速度的绝对值 $|a_y|$ 以及汽车纵向加速度 a_x。神经网络输出为汽车纵向车速 v_x。

4 个输入变量对应的模糊语言值变量均为 5 个——NB、NS、ZE、PS 和 PB，分别表示负大、负小、零、正小和正大。模糊规则设计为

$$R_n: \text{IF } x_i \text{ is } A_i^j \text{ Then } u \text{ is } B_{ij}; \quad i=1\sim4, \quad j=1\sim5$$

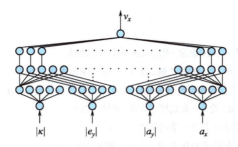

图 5-57　无人驾驶汽车自主循迹模糊神经网络结构

其中 R_n 表示第 n 条模糊规则，第 x_i 表示第 i 个输入，A_i^j 表示第 i 个输入的第 j 个语言值变量，u 表示神经网络的模糊推理输出，B_{ij} 表示神经网络的模糊推理输出对应的语言值变量，模糊规则共有 5^4 条。

考虑不同的道路结构和行驶工况下，4 个输入变量是复杂多变的，神经网络训练所需的样本应该能充分覆盖各种常见行驶工况。使用误差反向传播法对所建立的模糊神经网络进行训练，误差函数定义为

$$E_1 = \frac{1}{2}\sum_{i=1}^{m}(y_{di} - y_i)^2 \quad (5-59)$$

式中，y_{di} 为样本期望输出；y_i 为神经网络实际输出；m 为样本个数。

4 个输入变量的隶属度函数均选择高斯型。

模糊神经网络纵向控制方法输出的期望车速与训练样本的原始实验车速的对比如图 5-58 所示。

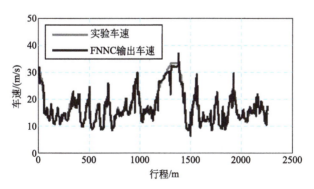

图 5-58　FNNC 输出期望车速与原始试验车速对比

可以看出，无人驾驶汽车自主循迹模糊神经网络纵向控制方法输出的期望车速信号与原始实验车速信号有较高的一致性，说明该纵向控制方法的控制精度较高。

另外，还可以采用滑模变结构控制、最优控制、鲁棒控制、模糊控制等现代控制理论和智能控制理论对无人驾驶汽车进行纵向和横向控制。

参 考 文 献

[1] 邱兆文. 汽车节能减排技术 [M]. 北京：化学工业出版社, 2015.
[2] 田晋跃. 现代汽车新技术概论 [M]. 第 2 版. 北京：北京大学出版社, 2014.
[3] 郭烈, 葛平淑, 等. 汽车安全辅助驾驶技术 [M]. 北京：北京大学出版社, 2014.
[4] 魏帮顶. 现代汽车安全 [M]. 北京：北京理工大学出版社, 2012.
[5] 郑安文. 汽车安全 [M]. 北京：北京大学出版社, 2014.
[6] 崔胜民. 现代汽车系统控制技术 [M]. 北京：北京大学出版社, 2008.
[7] 崔胜民. 新能源汽车技术 [M]. 第 2 版. 北京：北京大学出版社, 2014.
[8] 凌永成, 于京诺, 等. 汽车电子控制技术 [M]. 北京：北京大学出版社, 2006.
[9] C-NCAP 管理规则 [R]. 中国汽车技术研究中心, 2015.
[10] 王兴, 秦齐. 车载平视显示技术 [J]. 电光与控制, 2014, 21(1).
[11] 刘洪玮. 汽车自适应巡航控制系统的研究 [D]. 上海：东华大学, 2010.
[12] 陈慧岩, 熊光明, 等. 无人驾驶汽车概论 [M]. 北京：北京理工大学出版社, 2014.
[13] 付梦印, 邓志红, 等. 智能车辆导航技术 [M]. 北京：科学出版社, 2009.
[14] 王刚毅. 交通标志检测与分类算法研究 [D]. 哈尔滨：哈尔滨工业大学, 2013.
[15] 黄耀. 基于栅格法的汽车路径规划 [D]. 武汉：华中科技大学, 2008.
[16] 张琨. 智能汽车自主循迹控制策略研究 [D]. 哈尔滨：哈尔滨工业大学, 2013.
[17] 崔胜民. 现代汽车概论 [M]. 北京：人民邮电出版社, 2019.
[18] 崔胜民. 新能源汽车概论 [M]. 北京：人民邮电出版社, 2019.
[19] 崔胜民. 智能网联汽车概论 [M]. 北京：人民邮电出版社, 2019.
[20] MEC 与 C-V2X 融合应用场景白皮书 [R].IMT-2020(5G) 推进组, 2019.
[21] 5G 车路协同白皮书 [R]. 中国联合网络通信有限公司, 2020.